KB206361

般舟三昧經 心要
반주삼매경 심요

허만항 편역

비움과소통

일러두기

1. 이 책은 대만 서련정원西蓮淨苑의 비구니 스님인 혜침법사慧琛法師께서
   편찬하신《반주삼매경주般舟三昧經注》(2013년 중배판)를 주 저본으로
   편역하였다. 아울러 주석이 없는 경문에 대해서는 스님께서 2004년
   서련판교西蓮板橋 강당에서 강술하신《반주삼매경 강술》법문을 보충하
   였다. 아울러 이 책에 인용된《현호분賢護分》경문에 대해서는 혜침법사
   의 스승이신 지유智諭법사(1924-2000)의《대방등대집경현호분통
   의大方等大集經賢護分通義》(1985년 출간)를 참조하였다.

南無本師釋迦牟尼佛

極樂世界依正莊嚴圖

목 차

들어가는 말 : 무엇이 반주삼매인가?

인광印光 대사

반주般舟, 이 말은 본래 범어이다. 한역으로 불립(佛立 ; 부처님께서 눈앞에 서서 나타나심)인 까닭에 반주삼매는 「불립삼매佛立三昧」라 한다. 또한 이 염불법문은 앉지도 눕지도 잠자지도 쉬지도 않고 늘 행하는 까닭에 또한 「상행삼매常行三昧」라고도 한다. 이 법은 《반주삼매경般舟三昧經》에 나온다. 이 경은 또한 《시방현재불실재전립정경十方現在佛悉在前立定經》이라 이름하고 지루가참支婁迦讖이 동한東漢 영제靈帝 광화光和 2년(179년)에 번역한 것으로 전체 경은 3권이고, 총 16품으로 나뉘며, 그 내용은 부처님께서 현호보살賢護菩薩의 청에 응하여 설법하신 것이다. 이 경은 현존 대승경전 중에서 가장 이른 경전으로 정토경전의 선구이다. 심지어 옛날에는 이 경전이 《불설아미타경佛說阿彌陀經》의 가장 이른 문헌이라고 여기는 대덕도 있었다.

정종淨宗의 초조이신 혜원慧遠대사께서는 여산廬山 동림사東林寺에서 염불결사를 하여 이 법을 제창하시면서 상과常課로 정하셨다. 그 후 천태종

의 지자智者 대사께서도 이 법을 닦으셨고 《반주삼매경》에 주소註疏를
다셨다. 그리고 《반주삼매행법般舟三昧行法》을 편성하고 상좌삼매常坐三
昧1)·상행삼매常行三昧2)·반행반좌삼매半行半坐三昧3)와 비행비좌삼매非
行非坐三昧4) 등의 행법行法을 개연(開演 ; 연설하고 열어보임)하였으며 반주삼
매를 발양시켜 한층 더 빛나게 하셨다.

그 후 정종淨宗 2조이신 선도善導대사께서 정토경전에 의거하여 《반주찬
般舟贊》을 지으셔서 반주삼매 행도行道로 왕생하는 방법을 명시하셨다.
3조이신 승원承遠대사께서는 형산衡山에 거하면서 늘 반주삼매를 행하셨
고 나중에 당 대종(唐代宗 ; 이예李豫, 8대 황제, 불교장려)은 그 거처에 "반주도
량般舟道場"이라는 이름을 하사하였다. 스승에게 가르침을 이어받은 4조
법조法照 대사와 "자민파慈愍派"5)로 불리는 혜일慧日대사 등도 연이어

---

1) 항상 앉아서 하는 삼매로 끊임없이 행한다고 해서 일행삼매一行三昧라고도
한다. 90일을 일기一期로 고요하고 한가한 곳을 선택하여 계행을 청정히 하여
단정히 가부좌해서 바로 정념으로 화두나 염불을 일심으로 참구한다.
2) 서서 경행하면서 하는 삼매로 밥 먹을 때와 용변 볼 때 외에는 앉지 않고
서서한다. 안 자고 안 눕고 하루에 한 끼 먹고 누구와 말도 않고, 목욕도 하루에
한 번 이상 세 번까지 하며 속옷을 꼭 하루에 한 번씩 갈아입어 우리 몸에서나
주변에서 향내가 풍기고 깨끗하게 하고서 걸음걸음 소리소리 생각생각에 오직
아미타불만 염한다.
3) 반 정도는 서서 하고 반은 앉아서 하는 것으로 방등삼매方等三昧 또는 법화삼매
法華三昧라고도 한다. 한적한 곳에서 도량을 깨끗이 장엄하고 7일 동안을 기하여
1일 1식하며 수행한다.
4) 따로 방법이나 기한을 정하지 않고, 우리 일상의 마음이 가는 방향에 따르는
삼매. 행, 주, 좌, 와, 언(言), 작(作) 등의 일체에 통한다.
5) 자민파慈愍派 : 정토종의 3대파 중의 한 파로 이 파는 혜일(慧日 ; 자민삼장慈愍三
藏)대사가 인도로부터 돌아온 후 당시 선종의 모든 대덕들이 정토를 어리석은
사람의 "방편허망설方便虛妄說"로 여기는 견해를 보고서 혜일대사는 이 같은 학설에

이 선정을 닦는 행법을 발양시켰다. 당나라 시대 도선율사道宣律師가 장안長安 백천사白泉寺에 거하실 때 늘 반주삼매를 닦으셨는데, 이때 천인이 공양물을 보내는 것을 느끼고 이 정의법定意法이 드디어 보편적으로 중국에서 성행하였고, 중국을 경유하여 동으로 일본에 전해졌다.

전하는 바로는 불조께서는 밤에 밝은 별을 보고서 확철대오하셨고, 보리수 나무를 7일 밤낮으로 요행繞行하시면서 원만성불하셨다고 한다. 여기서 7일 밤낮으로 보리수나무를 요행하는 것이 바로 후인이 말한 반주를 행함(行般舟)이다. 어떤 이는 반주를 내딛음(踩般舟)이라 말하는데, 내딛음도 좋고 행함도 좋으니, 방편의 법에 불과하다. 어쨌든 이것이 반주삼매로 나중에 이 법을 닦아서 성취한 사람이 매우 많았다.

반주삼매는 움직이는 가운데 고요함을 구하는 일종의 선정을 닦는 방법이다. 실제로는 경행經行의 특수한 방식으로, 말하자면 집중 경행수련에 해당한다. 요즘말로 하면 바로 강화훈련으로 부처님께서 "식사할 **때와 용변 볼 때를 제외하고 석 달간 쉬지 않고 경행하라**(經行不得休息三月 除其飯食左右)"라고 말씀하신 것과 같다. 정말 의미상으로는 반주삼매에 불과하지만, 통상의 경행과 비교해서 한층 더 높은 수준이 요구되고, 조건이 훨씬 더 엄격하며, 시간도 훨씬 더 길고, 강도도 훨씬 세다.

염불은 물을 끓이는 것처럼 우리들이 평상시 잠깐 동안 염불하고 잠깐 동안 휴식하면 물을 끓이기 시작하다 멈추는 것과 같아서 다시 끓일

___
대해 격렬히 반대하여 선정쌍수禪淨雙修 염불왕생을 제창하여 형성된 일파이다.

때 물 온도가 벌써 많이 내려가 물을 99℃까지 끓이더라도 끓인 물과 같을 수 없고, 그 가치는 한계가 있다. 반주삼매는 물을 단번에 끓여서 물이 끓어올라 대량의 수증기를 만들고, 이를 기계를 움직이는데 사용하여 거대한 경제효과를 획득하는 것과 같다. 말법 범부는 염불법문을 닦지 않으면 생사를 벗어나기 매우 어렵다는 사실을 반드시 알아야 한다. 또한 반주삼매를 수행하지 않으면 눈앞에서 부처님을 친견하기 어렵고, 임종시 부처님의 접인을 받기 어렵다.

이 일법一法을 닦으려면 절대로 대무외大無畏·대용맹大勇猛의 마음을 내어야 한다. 대무외·대용맹의 마음이란 무엇인가? 생사를 염두에 두지 않아야 이 일법을 닦을 수 있다. 그런 인내忍耐가 없고, 그런 항심恒心이 없으며, 그런 대원大願이 없다면 이런 대행大行을 일으킬 수 없다.

실제로 우리는 「반주삼매」를 행할 수 있을까? 먼저 관념의 문제로 자신이 고생할 수 있을지 없을지를 살핀다. 고생을 할 수 있으면 행할 수 있다. 고생할 수 없다면 어떻게 반주삼매를 닦겠는가? 먼저 맹세를 하여야 한다. 장병이 전장에서 죽겠다고 맹세하듯 우리 염불하는 사람도 응당 불당에서 죽겠다고 맹세해야 한다. 염불인은 90일 동안 설령 당신의 체력이 충분하지 않고 원력이 간절하지 않을지라도 이를 악물고 "나는 반드시 불당에서 죽겠다." 이런 큰 명세를 하면 행할 수 있고, 그것도 매우 가뿐하게 행할 수 있다.

이른바 "마음을 일처에 잡아매면 일을 마치지 못함이 없다(制心一處 無事不

辦"고 한다! 생사를 염두에 두지 않으면 어떤 법이든 행할 수 있겠는가? 행할 수 없다면 부처님께서 이 법을 설한들 무슨 소용이 있겠는가? 부처님께서는 대지혜를 갖추신 분임을 알아야 한다! 이 일법을 행하지 못하면 당신은 무시이래 쌓은 생사의 업보를 어떻게 끝마치겠는가? 생사를 끝마치지 못하면 삼악도는 결정코 나의 몫이고, 생사를 끝마치지 못하면 당신이 제도해야 하는 중생과 부모님, 스승과 어른, 원친채주冤親債主는 어느 때가 되어서야 제도할 수 있겠는가?

단지 당신이 큰마음을 한번 발하고 지성심을 한번 일으켜서 범부의 마음이 부처님의 마음과 부합하면 이 공력은 불가사의하다. 90일이 되어야 한다는 것은 말할 것 없고, 900일도 이렇게 할 수 있다. 어렵다면 어디에 어려움이 있는가? 인연이 부족하기 때문이다. 불법에서는 "제법은 인연에 따라 생한다(諸法因緣生)."고 한다. 인연의 협조가 없다면 확실히 행할 수 없다. 그래서 인연의 도움을 받아야 한다. 반주염불법문을 수행하기 위해서는 인연·지연·법연의 세 가지 연이 갖추어져야 한다. 복이 없으면 삼보전三寶殿에 오를 수 없고, 연이 없으면 해탈문에 들어갈 수 없다. 만약 정법의 도량이 있고, 반주삼매요의에 정통하며, 몸소 반주삼매를 행지行持한 적이 있는 법사가 곁에서 지도하고, 게다가 자신이 정토법문에 대해 신심이 있으면 반주삼매는 수행해볼 만한 가치가 있다.

인연의 도움을 받는 것을 언급함에 있어 덧붙여 말하면, 불법에서는 또한 "만법은 오직 마음뿐이다(萬法唯心)"라고 한다. 인연은 사람이 창조하는 것으로 여러분들은 자신의 인연을 잘 길러야 한다. 어떻게 길러야 하는가? 자신이 도를 닦을 수 없다면 다른 사람이 도를 닦도록 공양하여 도를 닦는 좋은 인을 길러야 장래에 당신이 도를 닦을 수 있다. 다른 사람이 생사를 끝마칠 수 있도록 도우면 당신은 생사를 벗어나는 인因을 이미 심었다. 인과법·인연법, 이는 시간적인 제약이 있어 뛰어넘을 수 없음은 당연하다. 여러분들은 잘 발심하기만 하면 된다.

반주경에서는 "잠자지도 쉬지도 말라(不眠不休)"고 한다. 그것은 최종적인 목적이다. 정기신精氣神6)이 충분하면 신이 왕성하여 잠을 자지 않는 것이 자연스런 과정이고, 시작하지 않아도 이렇게 된다. 얼음이 석 자나 언 것이 하루의 추위가 아니고, 낙숫물이 댓돌을 뚫는 것이 하루의 공덕이 아니 듯이 하루 이틀 사이에 앉지도 눕지도 잠자지도 쉬지도 않는 경계에 도달하는 것은 아니다. 근기가 매우 예리한 사람을 제외하고 일반 행자는 반드시 다른 사람들과 함께 닦아야 한다. 혼자서 한 사람이 현재 환경으로는 닦을 수 없다. 한 방울의 물은 강물을 통과하여 큰 바다에 흘러들어야 말라버리지 않는다. 그렇지 않으면 바람이 불면 이내 사라져 버리고, 신원행도 모두 물러날 것이다. 그러나 한 사람이 집에서 짧은 시간에 연습할 수 있다.

---

6) 정精은 생명력의 근원 혹은 기초이고, 기氣는 그것에 기반하여 활성화된 생명력이며, 신神은 생명력이 결실을 얻게 하는 정신적 작용의 총체이다.

염불은 마음을 지속적으로 안정시키고
면밀하게 하며 점차로 심념心念을 청명하게 합니다.
부처님 명호가 심념과 합하여 동체가 되도록 염하여
염념念念이 부처님과 여의지 않고 법미法味가 가득 차 흘러
신심이 경안해지면 잠자려는 마음도 점차 사라집니다.
만약 염념이 청명하고 염하지 않아도 저절로 염하고
사대四大가 조화하여 늘 법희 광명이 있으면 저절로
잠자려는 마음이 전혀 없습니다.
-반주삼매경 심요-

현론懸論 : 중국에서의 반주삼매경 유통사

1. 머릿말 (前言)

중국에서 성행하고 있는 정토경전 중에서 귀에 익을 정도로 설명할 수 있는 것은 《불설무량수경佛說無量壽經》·《불설관무량수경佛說觀無量壽經》·《아미타경阿彌陀經》·《대세지보살염불원통장大勢至菩薩念佛圓通章》·《보현행원품普賢行願品》·《왕생론往生論》의 이른바 「정토오경일론」입니다. 이는 당연히 정토종 제2대 조사이신 당나라 선도화상께서 중생의 근기를 관하여 가르침을 맞추어 신원지명信願持名으로 결정코 서방에 왕생할 것을 극력 제창하신 것과 매우 큰 관련이 있습니다. 선도화상께서 그 당시 세찬 물결을 본래자리로 돌려놓고 정토법문을 최대한 발휘하여 다른 각 종파와 어깨를 나란히 할 수 있도록 만드는데 애썼습니다. 이러한 위대한 업적은 정토종의 발전에 매우 깊은 영향을 미쳤고, 신원지명을 직접 말하고 있는 경전에 잇닿아 있습니다.

이 점과 관련하여 정토종의 초조이신 혜원慧遠대사께서 여산廬山에 머무시면서 닦은 관상염불觀想念佛은 그것에 비해 비교적 널리 보급되지 못하였습니다. 그래서 그 종지로 삼는 법의 근본인 《반주삼매경般舟三昧經》도 비교적 사람들에게 덜 알려지게 되었습니다. 이밖에 당연히 《반주삼매경》 그 자체가 수행의 조건을 구비하여야 할 것을 요구하고 있는 점도 불가피하게 그것의 보급에 영향을 끼치지 않을 수 없었습니다.

그렇지만 그래도 《반주삼매경》은 아직도 정토종에서의 지위를 잃지 않고 있습니다. 하물며 부처님께서 경문 중에 수행자에게 열어 보이신 의리와 도를 닦는 방법에 대해 중요한 관건으로 일깨우신 것은 두말할 필요가 없습니다. 이 모든 것들은 불교 수행자에게 더없이 지극히 소중한 보배입니다.

본문은 주로 조사祖師를 따라 수행하면서 남겨진 진귀한 유산으로 이경에 대해 다른 측면에서 이해하면, 한편으로는 그것의 실행가능성을 알아야 하고, 다른 한편으로는 이렇게 이해하였을지라도 그것은 중국의 영향권에 들어 있다는 점을 알아야 합니다. 따라서 그것을 정면으로 인식하려면 경본經本 속에서 직접 획득해야 할 것입니다! 독자의 편의를 위해서 먼저 전체적으로 이해할 수 있도록 이 글을 경문 해석 앞에 두었습니다.

2. 번역 전래(傳譯)

부처님의 탄생지는 인도로 부처님께서는 일생동안 이곳에서 교화하셨고, 경전의 결집도 현지의 문자로 이루어졌습니다. 이 때문에 다른 지역의 사람이 불법을 학습하려면 반드시 한바탕 먼저 소화시키는 작업을 거쳐야 하는데, 이는 곧 번역입니다. 중국의 역경사업은 후한後漢

환제桓帝 시대(147년~167년)에 시작되었고, 안세고安世高가 최초의 역경삼
장법사가 되었습니다. 환제 말년에 천축의 사문인 축불삭竺佛朔과 지루가
참支婁迦讖이 낙양洛陽에 와서 반야부 등 적지 않은 경전을 번역하여
대승불법을 전파하였습니다. 그 가운데 지루가참은 영제靈帝 화광光和
2년(179년)에 축불삭과 공동으로 합작하여 서방극락정토에 관한 중요한
경전, 즉《반주삼매경》을 번역하였습니다. 이는 미타경전과 관련하여
중국에 번역 전래된 효시입니다.

이 경전은 매우 일찍 번역되었으나 애석하게도 중생이 박복하여 일찍
소실될 것입니다.《불설법멸진경佛說法滅盡經》에 이르길, "《수능엄경》과
《반주삼매경》이 먼저 소멸되고, 12부 경전이 뒤이어 사라져서 더 이상
보이지 않을 것이다. 문자가 보이지 않으면 사문의 가사도 저절로 흰
색으로 변할 것이다."라고 하였습니다.

3. 역본譯本

이 경전은 장경에 총 4종의 역본이 있습니다. 권수가 작은 것에서 많은
순서로 배열하면,

1.《발피보살경拔陂菩薩經》1권, 장품으로 나누어지지 않음(T13, no. 419),
  역자 : 전해지지 않음.
2.《반주삼매경》1권 8품, (T13, no. 417) 역자 : 후한, 지루가참
3.《반주삼매경》3권 16품, (T13, no. 418) 역자 : 후한, 지루가참

4.《현호분賢護分》5권 17품, (T13, no. 418) 역자 : 수도나굴다隋闍那崛多

《대방등대집경현호분통의大方等大集經賢護分通義》(이하《현호분통의》로 약칭)에 이르길, "지루가참은 후한 시대에 이 경 3권 16품을 다시 번역하였는데, 이름은《반주삼매경》으로 전과 동일하고 내용은 비교적 상세하다. 그 가운데 장경에 수집된 결과를 따라 보면 지루가참은 두 권을 번역하였지만, 상세본과 약본으로 다르다. 1품에서 4품은 약본과 동일하다. 〈비유품譬喩品〉 뒤에 〈무착품無著品〉을 덧붙였고, 〈4배품四輩品〉 뒤에 〈수결품授決品〉을 덧붙였다. 〈옹호품擁護品〉 뒤에 〈찬라야불품羼羅耶佛品〉, 〈청불품請佛品〉, 〈무상품無想品〉, 〈십팔불공십종력품十八不共十種力品〉을 덧붙였다. 〈권조품勸助品〉 뒤에 〈사자의불품師子意佛品〉을 덧붙였다. 〈지성품至誠品〉을 〈지성불품至誠佛品〉으로 고쳤고, 이하에 또 〈불인품佛印品〉을 덧붙여 총 16품이다."라고 말하고 있습니다.

전체적으로 말하면《반주삼매경》은 비록 4종 역본이 있지만, 모두 매우 일찍 번역되었습니다. 이는 홍전弘傳상에 반드시 비교적 큰 우세를 차지했어야 하지만, 사실은 다른 요소로 인해 그렇지 못했습니다.

4. 반주삼매, 불법에서의 지위

대승불교 역사에 있어 지극한 공헌이 있는 용수龍樹보살께서는 그가 지은 두 논서에서 이렇게 말씀하셨습니다.

첫째 《대지도론大智度論》에 이르길, "또 반야바라밀은 제불의 어머니이다. 부모님 중에서도 어머니의 공덕이 가장 중요하나니, 부처님을 반야의 어머니로, 반야삼매를 아버지로 삼는다. 삼매는 오직 산란한 마음을 거두어 지녀 지혜를 이룰 수 있지만, 제법실상諸法實相을 관할 수는 없다. 반야바라밀은 제법을 두루 관하여 실상을 관할 수 있어 통달하지 못하는 일이 없고, 성취하지 못하는 일이 없어 공덕이 큰 까닭에 어머니라고 한다. 그런 까닭에 행자가 비록 육바라밀을 행하고 갖가지 공덕과 화합하여 온갖 서원을 갖출 수 있을지라도 반야바라밀을 배우라고 말한다."라고 하였습니다.

둘째 《대주비바사론大住毗婆沙論》(약칭 《비바사론》)에 이르길, "어떤 사람은 말하길, 반주삼매 및 대비를 제불의 집이라 말하고 이 두 가지 법으로부터 모든 여래가 출생한다고 한다. 이 중에 반주삼매가 아버지가 되고 대비가 어머니가 되며, 또 반주삼매는 아버지이고 무생법인無生法忍은 어머니다. 『조보리助菩提』 중에서 말씀하신 것과 같다. 반주삼매는 아버지이고 대비와 무생은 어머니로, 일체 모든 여래는 이 두 가지 법으로부터 출생한다."라고 하였습니다.

용수 논사께서는 반주삼매를 법으로 보셨습니다. 반야지혜는 제불여래 출생의 직접적인 원인(親因), 곧 여래의 어머니이고, 반주삼매는 조연助緣, 곧 여래의 아버지라고 말씀하셨습니다. 따라서 보살도를 원만히 닦는데 반주삼매가 상당히 중요한 지위를 차지한다고 말씀드릴 수 있습니다.

5. 반주般舟란 무엇인가?

불법에는 무량한 삼매가 있는데 소연所緣 대상이나 수행법본法本 등은 같지 않고 다릅니다. 이름을 보면 뜻이 생각나듯, 이러한 삼매의 중점은 「반주般舟」에 있고, 이것이 바로 반주삼매가 기타 삼매와 다른 부분입니다. 당나라 시대 비석飛錫 법사께서 지으신 《염불삼매보왕론念佛三昧寶王論》(약칭 《보왕론》)에서는 "**범어로 반주란 현전現前함이다. (부처님을) 사유하길 그치지 않으면 부처님께서 선정 중에 출현하신다. 무릇 90일 상행도常行道란 반주의 연을 돕는 것으로 그 뜻의 정면 해석이 아니다**"라고 말씀하셨습니다. 「반주」란 범어로 그 뜻을 해석하면 현전한다는 말입니다. 이는 무슨 말입니까? 수행자가 불념佛念을 마음에 매어두고 시시각각 중단하지 않으면 인연이 성숙하여 부처님께서 이 수행인의 선정 중에 출현하시니, 이것이 바로 반주삼매의 수행특색입니다. 그러나 일반적으로 90일 동안 신업으로 정근하되 행도가 힘들어 그만두어서는 안 된다고 말하는 것은 반주삼매를 도와서 성취하는 조건을 설명한 것으로, 그것이 지닌 정면의 함의를 직접적으로 해석한 것은 아닙니다.

또 당나라 시대 선도화상의 저작인 《의관경등명반주삼매행도왕생찬依觀經等明般舟三昧行道往生讚》 중 일부를 인용하면 "**범어로 반주란 번역하면 상행도常行道이다. 혹 99일 신행이 중간에 멈추고 끊어짐이 없어 삼업무간三業無間이라 하는 까닭에 반주라 한다.**"라고 하셨습니다. 여기서 이른바 「상행도常行道」란 비석 법사의 이른바 「사유불이思惟不已 불현정중佛現定中」으로 그 표현한 뜻은 실제로 일치합니다. 바로 신구의 삼업으로

연을 부처님께 매어 두고, 중간에 중단함(間斷)이 없음을 말합니다. 또 7일 내지 90일의 전수專修는 개인의 인연에 따라 다릅니다.

총결해 말하면 반주삼매 수행의 요령은 바로 전심으로 인연을 부처님에게 매어 두고(專心繫緣於佛), 또한 그 인연한 부처님께서 선정 중에 출현할 때까지 기타 외연으로 중간에 끊어짐이 없는 것이 반주삼매로 성취한 모습입니다. 아마도 이런 원인으로 《대방광불화엄경수소연의초大方廣佛華嚴經隨疏演義鈔》(약칭 연의초) 27권에서는 더 직접적으로 얻은 결과를 통해 말하고 있습니다. "반주는 곧 염불이고, 이를 번역하면 불립삼매이다."

6. 고덕의 반주삼매 수행방법

정토법문을 닦는 사람에게는 시방세계 제불께서 모두 눈앞에 나타나는 삼매경계에 도달할 수 있다면 이는 대단히 기쁘고 축하할 일이며, 진취적으로 도전할 만한 위대한 목표입니다. 그래서 예로부터 조사대덕들 중에서 적지 않은 사람들이 이 경전을 소의경전으로 수지하여 성취한 사람이 매우 많았습니다. 지금부터 그들이 수행할 때 지닌 마음에 대해 남겨놓은 기록을 인용해보겠습니다. 그들은 후세 사람들에게 이것에 의지하여 반주삼매를 어떻게 수습할 것인가를 간략하게 알 수 있도록 하였습니다.

먼저 당나라 시대 선도화상 《관념아미타불상해삼매공덕법문觀念阿彌陀佛

相海三昧功德法門》을 인용해보겠습니다. 그 분은 전수정토專修淨土의 배를 끌고 항해하신 보살로 당시 후대에게 불후의 모범을 남기셨다고 말씀드릴 수 있습니다. 이 저작에서 염불삼매법을 이렇게 설명하셨습니다.

"삼매도량에 들어가고자 할 때 부처님께서 가르치신 방법에 의지해 먼저 도량을 잘 정리하고 존상을 안치하며 향탕香湯으로 깨끗이 청소한다. 만약 불당이 없으면 깨끗한 방을 마련하여 여법하게 청소하고 불상 하나를 서쪽 벽에 안치하라."

단장(壇場; 신앙공간)에 들어가기 앞서 사전에 반드시 도량을 장엄하는 예비 작업을 하여야 합니다. 깨끗하게 청소하는 것 이외에도 가장 주된 것은 불상을 안치하고, 반주삼매를 수행하는 자에게 이를 제공하여 소연所緣이 되도록 하여야 합니다.

"행자들은 월 1일에서 8일까지, 혹은 8일에서 15일까지, 혹은 15일에서 23일까지, 혹은 23일에서 30일까지 월별로 네 때가 좋다. 행자들은 자기 업의 경중을 헤아려서 때에 맞게 청정한 행도行道에 들어가 1일 내지 7일 동안 모두 옷을 정갈히 입고, 신과 양말을 깨끗하게 새 것으로 신어야 하며, 7일 동안 모두 1식 장재(長齋; 일정한 기간 동안 사시巳時에 재를 올리고 하루 한 끼만 식사함)를 하되, 부드러운 떡과 잡곡밥과 수시로 절인 야채로 검소하게 양을 줄여 식사한다."

외연外緣을 알맞게 준비한 후 이어서 색신色身을 안치합니다. 먼저 자기에게 적합한 시간 일정을 선택하여 자신의 일 부담을 따져보아 부담이 비교적 가벼운 사람은 7일간 전수할 수 있고, 무거운 사람도 하루를 택하여 열심히 행할 수 있습니다. 신앙공간 안에서 수행할 때 옷을 청결하게 입고 식사는 가급적 간단하게 합니다. 이는 선도화상께서 색신에 대해 지극히 단순한 입장을 취하셨고, 이것이 전수에 지극히 큰 도움이 되었음을 나타내 보입니다. 뜻을 세우고 증명하길 요구하는 것은 목적이 없이 맴돌며 종일토록 경계를 따라 굴러서는 안 된다는 뜻임을 알 수 있습니다.

"도량에서 밤낮으로 마음 단속을 이어가며 전심으로 아미타불을 염하고 마음과 소리가 이어가되, 오직 앉고 오직 서서 7일 간 잠을 자지 않으며, 또 때에 맞춰 예불 독송하며 염주도 잡을 필요 없이, 단지 합장 염불만 알고 염념이 견불見佛하는 생각을 지어라. 부처님께서 말씀하시길, 아미타부처님 진금색신의 광명이 철저히 비추고 견줄 바 없이 단정함을 그리워하면 심안으로 현전함을 볼 것이다. 이렇게 올바로 염불할 때 혹 서서 1만, 2만 번 염하고 혹 앉아서 1만, 2만 번 염하라."

이상의 단락 경문으로부터 전수專修는 절대 모호하고 두리뭉실해서는 안 되며, 정확한 소연을 수행의 대상으로 삼아야 함을 알 수 있습니다. 반주삼매 수행은 아미타부처님을 전수의 대상으로 삼습니다. 이 같은 전수의 대상은 유일해야 할 뿐만 아니라 중간에 중단함이 없어야 하며 또한 잠을 자서도 안 됩니다. 이것이 반주삼매가 기타 삼매의 특징과 다른 점입니다.

"도량 안에서 머리를 교차하며 몰래 수군거리지 말아야 한다. 밤낮으로 혹은 3시 6시, 제불 일체성현 천조지부(天曹地府; 지하명부)에게 일체업도를 고백하고, 한평생 신구의 삼업으로 지은 온갖 죄를 발로참회發露懺悔한다. 매일 짓는 죄(事)를 진실에 입각하여 참회하고 마침내 법에 의지하여 염불한다. 보이는 경계를 보이는 족족 이야기하지 말고, 선한 것은 스스로 알고 악한 것은 참회하라. 술과 고기, 오신채는 손도 대지 않고 입으로 먹지도 않겠다고 발원하고 이 말을 어긴다면 곧 몸과 입에 악창惡瘡과 함께 하겠다 발원한다. 혹 아미타경을 10만 번 원만히 염송하길 발원하여 일별로 1만 번 염불하고, 일별로 경을 15번 염송하거나 혹은 20번, 30번 염송하며 많든지 적든지 힘에 맞게 염송하여 정토에 태어나길 서원하고 부처님께서 섭수하시길 발원한다."

선도화상께서는 전수의 요령을 말씀하셨을 뿐만 아니라 신앙공간에서 반드시 참회하고 발원하는 것이 무수한 삼매 수법修法에 공통사항임을 설명하셨습니다. 왜냐하면 이렇게 수승한 묘법을 성취하려면 어떻게 범부의 하열하고 추한 몸·장기로 그것을 받아들이는 것이 허락될 수 있겠습니까? 그래서 죄를 참회하는 것이 필요한 과정입니다. 이러한 공덕 그 배후에 수행 동기와 목적이 있기 때문에 발원으로 이러한 수승한 공덕을 원만히 성취할 수 있습니다.

그 밖에 지자智者 대사께서는 그의 《마하지관摩訶止觀》 2권에서 이 삼매를 닦는 것에 대해 매우 정요精要한 견해를 언급하고 있습니다. "수행방법으로는 신업으로는 허용하는 것과 금하는 것이 있고,[7] 구업으로는 말과 침묵이 있으며,8) 의업으로는 지관이 있다.9) 이 법은 《반주삼매경》에서 나오는 것으로 번역하면 불립佛立이다." 아래에서는 지자대사께서 반주삼매를 닦는 것에 대해 세 가지 방면으로 거두어 성취하는 것을 설명하고 있습니다. 그가 수행에 대해 요점을 간명하게 제시하는 도력이 이와 같이 정확하고 매우 깊음을 충분히 알 수 있습니다.

"세 가지 요소에 따라 불립佛立하니, 첫째는 부처님의 위신력이고, 둘째는 삼매력이며, 셋째는 행자의 본래 공덕력으로 능히 선정 중에 시방의 현재불이 수행자 앞에 나타나시는 것을 볼 수 있다. 눈이 좋은 사람이 청명한 밤에 별을 보듯이 시방세계 제불도 이와 같이 수없이 볼 수 있다. 그래서 불립삼매佛立三昧라 한다."

이는 경문 중에 이 삼매를 성취하려면 세 가지 힘을 구족하여야 함을 말한 것입니다. 계속해서 먼저 신업 부분을 설명합니다.

"신업으로는 늘 경행을 실천한다. 이 법을 행할 때 악지식 및 어리석은 사람, 친척, 마을 사람을 피하고 항상 홀로 지내며 다른 사람과 함께 하거나 도움을 요청해서는 안 된다. 늘 걸식을 하고 다른 공양을 받아서는 안 된다. 도량을 엄숙하게 장식하고, 모든 공양구(供具)·향효香餚·다과 (茶果)를 갖추고, 그 몸을 씻어 깨끗이 하고, 용변을 볼 때는 매번 옷을

---

7) 몸으로 항상 걷는 것은 허용하고, 앉거나, 머무르거나, 눕는 것은 금한다.
8) 90일간 휴식하는 일 없이 항상 걸음걸이마다, 소리소리마다, 생각생각마다 모두 아미타부처님을 떠나지 않는다.
9) 아미타부처님의 불국토와 32상호를 순차적으로 혹은 역순으로 생각하여 그것이 공이고, 가이며, 중도라고 한다.

갈아입으며, 90일을 1기期로 하여 오직 전일하게 행선行旋한다. 반드시 명철한 스승의 선행을 안팎으로 본받으면서 도를 방해하는 일을 제거할 수 있고, 듣는 대상(所聞)에 대해 삼매에 처할 때 세존을 뵙는 것 같이 하여 싫어하지도 성내지도 말고 장단점을 보지도 말고 살육을 도려내어 스승에게 공양하거늘 하물며 나머지 것이랴? 스승을 받들어 모시길, 하인이 주인을 받들 듯하여, 만약 스승님에게 나쁜 마음이 생기면 구하여도 삼매를 마침내 얻기 어려우니, 반드시 어머니가 자식을 기르듯 외호하고, 반드시 함께 험한 길을 지나가듯 같이 행하라. 반드시 나의 뼈와 살이 썩어 문드러지도록 배워서 삼매를 얻지 못할지라도 끝내 쉬지 않겠다고 결심하고 서원해야 한다. 그리하여 큰 믿음을 일으켜 무너뜨릴 사람이 없고, 큰 정진을 일으켜 미치지 못할 사람이 없으며, 지혜에 들어가 이르지 못할 사람이 없고 늘 선한 스승을 따르고 섬긴다. 마침내 석 달간 세간의 상욕想欲을 생각하지 않아서 손가락 퉁기는 짧은 순간처럼 지나가고, 석 달간 눕거나 외출하지 않아서 손가락 퉁기는 짧은 순간처럼 지나가며, 마침내 앉아서 밥을 먹고 용변을 볼 때를 제외하고 석 달간 쉬지 않고 행할 수 있다. 사람들을 위해 경을 설하고 의식을 바라지 않나니, 《비바사론》 게송에 이르길, 선지식과 가까이 지내고, 게으르지 않고 정진하며, 지혜는 매우 견고하고, 믿음의 힘으로 경거망동함이 없다고 하였다."

이 단락의 경문 중에서 지자 대사께서는 경문에서 신업과 관련이 있는 부분을 정리하였으니, 이는 해야 할 것, 즉 허용되는 것(開)과 하지 말아야 하는 것, 즉 금해야 할 것(遮)의 두 개 부분이 있습니다.

신업은 응당 수행에 방해되는 인연은 피해야 합니다. 예컨대 악지식은 우리들이 잘못된 길을 가도록 인도하고, 친척이나 마을 사람들은 우리들에게 근심거리가 되기 쉽다는 등으로 이러한 인연은 될 수 있는 한 피해야 합니다. 이와 반대로 도량을 엄정하게 장식하고 게다가 전수하면 몸과 마음을 다잡게 하여 도업 닦는 것을 향해 나아가게 합니다. 스승과 어른을 받들어 모시는 것은 세간에 큰 이익이 되어 선근을 길러낼 수 있고, 보리의 싹을 양성할 수 있으므로 실행에 옮겨야 합니다.

"구업으로는 말과 침묵으로 실천한다. 90일간 몸은 늘 경행하면서 쉬지 않고, 90일간 입으로 늘 아미타불을 소리 내어 부르면서 쉬지 않으며, 90일간 마음으로 늘 아미타불을 염하면서 쉬지 않는다. 혹은 소리 내어 부르고 염하는 것을 함께 하거나, 혹은 먼저 염하고 뒤에 소리 내어 부르거나, 혹은 먼저 소리 내어 부르고 뒤에 염하여, 소리 내어 부르는 것과 염하는 것이 서로 이어져서 쉬는 때가 없어야 한다. 비록 아미타불만 소리 내어 불러도 곧 시방제불을 소리 내어 부르는 것과 같은 공덕이다. 오직 아미타불을 전념하는 것을 법문의 주인으로 삼아라. 요점을 들어 말하면 몸으로 걸음을 옮길 때마다 입으로 소리낼 때마다 마음속으로 염할 때마다 오직 아미타부처님만 계시도록 하라."

구업과 관련해서는 주로 아미타불 성호를 소리 내어 부르고 염하며, 나아가 신업과 잘 맞추는 것입니다. 신행도 중간에 끊어짐이 없고,

입으로 부처님 명호를 염하는 것도 중간에 끊어짐이 없으며, 이로 말미암아 의업을 이끌어 나가 삼업이 서로 합작하여 힘을 염불에 집중시킵니다.

"의업으로는 지관止觀을 실천한다. 서방의 아미타부처님을 염하길, 여기로부터 십만 억 불찰을 가면 보배땅·보배연못·보배나무·보배당사가 있고 여러 보살들의 중앙에 앉아 경을 설하고 석 달간 늘 염불한다. 어떻게 염하는가? 32상을 염하나니, 발바닥에 새겨진 천개 무늬 법륜상(千輻輪相)에서부터 하나하나 역연逆緣으로 무견정상無見頂相에 이르기까지 모든 상을 염하고 또한 무견정상에서 순연順緣으로 천개무늬 법륜상에 이르기까지 염하여 나 또한 이 상에 이르겠다고 발원한다."

이 단락의 경문은 주로 조사들께서 반주삼매를 닦던 방법입니다. 불토의 갖가지 장엄으로부터 보살성중 내지 아미타부처님 본신 상호 등에 이르기까지 모두 하나하나 관상을 구족해야 합니다. 또한 이로 말미암아 그 당시 이 경전의 관상염불방법을 중점으로 삼았고, 지명염불의 방법은 이에 비해 비교적 약하였음을 엿볼 수 있습니다. 비록 경전 상에 이 두 가지 방법이 모두 언급되어 있지만, 그 당시 이와 같이 운영하여 이 경전의 지명持名 상에 있는 법문으로 만들 수도 있었지만, 적은 수의 사람들에게 알려진 것이 그 원인 중의 하나가 아니겠습니까?

"……또 마치 사위성에 수문(須門; Sumati)이라는 여인이 있다는 소리를 듣고서 마음으로 기뻐하여 밤에 꿈속에서 일을 하였는데, 깨어나 그 일을 생각하니 저 여인이 오지도 않았고 내가 가지도 않았는데 즐거운 일이 완연한 것처럼 마땅히 이와 같이 염불하라. 어떤 사람이 황야(大空澤)를 걷다가 굶주리고 목이 말라 꿈에서 맛있는 음식을 얻었는데, 깨어나니 배가 고파서 스스로 일체 모든 법이 모두 꿈같다 생각하는 것처럼 마땅히 이와 같이 염불하라. 자주 염하여 쉬지 않으면 이러한 염으로 아미타부처님의 국토에 태어나니, 이를 여상념如相念이라 한다."

《반주삼매경》은 그 밖에도 한 가지 매우 주목할 만한 것이 있습니다. 경에는 염불을 수습하는 방법 말고도 왜 이처럼 염불해야 하는가에 대해 그 속에 들어있는 이치를 중생들이 이해하기 쉬운 비유로 표현하고 있다는 점입니다. 이상의 비유를 염불로 부처님을 친견할 수 있다는 이치를 설명하는데 사용할 수 있습니다. 왜 비유를 사용해야 합니까? 《대승대의장大乘大義章》 중권에 이르길, "어떤 사람이 불신으로 선정법禪定法을 행할 줄 몰라 이렇게 생각하되, 신통을 얻지 못하였는데, 어떻게 멀리 제불을 친견할 수 있겠는가? 이런 까닭에 꿈으로 비유할 뿐이다. 어떤 사람이 꿈의 힘에 의지하는 까닭에 비록 멀리 있는 일일지라도 능히 이르러 능히 친견할 수 있다. 반주삼매를 행하는 보살도 이러한 선정의 힘에 의지하는 까닭에 산림 등을 장애라고 여기지 않고 멀리 제불을 친견한다. 사람이 꿈을 믿는 까닭에 이것을 비유로 삼았다. 또 꿈은 자연의 법으로 작위로 베푸는 것이 없어도 아직 이와 같을 수 있으니, 하물며 그 공용(功用; 성취하는 능력)을 베푸는데 보지 못하겠는가?"라고 하였습니다. 여기서 수행자는 정말 꿈속의 마음 가운데 나타난 꿈속의 경계처럼 실제적인 법계진상을 체득합니다. 꿈속의 경계가 바깥

세계에서 들어오는 것도 아니고, 꿈속의 마음이 나타난 꿈속의 경계로 가는 것도 아닙니다. 도대체 어떻게 된 일입니까?

"어떤 사람이 보배를 유리 위에 기대니 그림자가 그 가운데 나타나는 것과 같다. 또한 비구가 죽은 사람의 뼈를 관하니 뼈에 갖가지 빛이 일어나는 것과 같다. 이는 어디서 오는 것도 아니고, 또한 뼈에 있는 것도 아니고, 그저 마음으로 지은 것일 뿐이다. 마치 거울 속에 비친 형상은 바깥에서 오는 것도 아니고 중간에서 생기는 것도 아닌 것과 같다. 거울이 청정한 까닭에 저절로 그 형상이 나타난다."

우리들에게 보이는 일체 바깥 경계는 거울 속에 비친 그림자 모습과 같아서 있는 그 자리(當處)에서 나타났다, 곳에 따라(隨處) 사라집니다. 실체는 어느 방향에서 와서 어느 방향으로 가는 것이 아니라 제법의 실제 모습은 꿈속의 경계처럼 환幻 같고, 화化한 것과 같습니다.

"수행인의 색이 청정한 까닭에 모든 것이 청정하다. 부처님을 친견하고자 하면 부처님을 친견하고, 친견하면 묻고 물으면 답할 것이다. 경을 듣고서 크게 기뻐하니 스스로 생각하길, 부처는 어디에서 왔는가? 나 또한 이르는 곳이 없다. 내가 염한 것이 곧 보이나니, 마음이 부처를 지어서 마음이 스스로 마음을 본다. 마음이 부처를 보고 마음이 부처의 마음이니, 나의 마음이 부처를 친견한다. 마음은 스스로 그 마음을 알 수 없고, 마음은 스스로 마음을 볼 수 없다. 마음에 억상憶想이 있으면 어리석음이고 억상이 없으면 열반(泥洹)이다. 이 법에는 보여줄 수 있는 것이 없나니, 모두 염이 만들어 낸 것으로 비록 염이 있다 하더라고 존재하는 것이 없고 공일 뿐이다.”

그래서 반주삼매를 닦아 부처님을 친견하게 될 때 일대 전기轉機가 있으니, 곧 부처님을 친견하는 동안 사유가 진일보하기 때문입니다. 왜 부처님을 친견하게 됩니까? 아미타부처님께서 서방에서 오시는 것도 아니고 나 또한 서방에 왕생하는 것도 아니기 때문입니다. 가고 옴이 없어서 서로 볼 수 있고 더 나아가 돌이켜 보면 부처님을 친견함은 실제로 자신의 마음(自心)을 보는 것입니다. 이미 일체가 마음의 표징表徵인 이상 마음으로 말미암아 일어난 온갖 사상은 모두 생사가 아니겠습니까? 이 때문에 경문에서는 “마음에 억상이 있으면 어리석음이고, 마음이 억상이 없으면 열반이다(心有想爲癡 心無想是泥洹)”라고 언급하고 있습니다. 그래서 《대승대의장大乘大義章》 중권에서 이르길, “삼계의 물건을 요달하면 모두 억상憶想 분별로부터 존재하나니, 혹은 지난 세상의 억상 과보이거나 혹은 지금 세상의 억상憶想이 이룬 바이다.”라고 하였습니다. 이로써 열반을 성취하면 바로 수천수만 가지의 생각이 함께 적멸하고 녹아서 일심으로 돌아감을 알 수 있습니다.

“게송에 이르길, 마음이란 마음은 스스로 알 수 없어 마음이 있으면 마음을 볼 수 없다. 마음에 억상이 일어나면 어리석음이고, 억상이 없으면 열반이다. 제불은 마음으로부터 해탈을 얻어 마음에 때가 없으니, 청정淸淨이라 한다. 다섯 갈래 길(五道)이 맑고 깨끗하면 색을 받지 않는다는 것을 이해한 자는 육바라밀을 성취하나니, 불인佛印이라 한다. 탐하는 것이 없고 집착하는 것이 없으며, 구하는 것이 없고 생각하는 것이 없으며, 존재하는 것이 다하고 욕망하는 것이 다하며, 쫓아서 나는 것이 없고 멸할 수 있는 것이 없어서 무너뜨릴 수도 패퇴시킬 수도 없다. 도의 요점이자 도의 근본 인因으로 이승二乘이 무너뜨릴 수 없다. 하물며 마구니와 사도(魔邪)이겠는가 운운."

제불의 지혜는 매우 깊어, 마음에서 해탈합니다. 마음에 산란한 생각이 없으니 곧 청정·열반입니다. 일체법이 모두 일심이 지은 것임을 이해하면 더 이상 탐내어 구함(貪求)과 탐욕의 생각(欲想)이 일어나지 않습니다. 마음에 조작함이 없으면 만법이 혼란한 곳이 없고, 더 이상 생하고 멸함, 가고 옴 등의 생사윤회가 없습니다.

《비바사론》에 이르길, "새로 발심한 보살은 응당 십호묘상十號妙相으로 염불하라. 말씀하신 대로 새로 발심한 보살이 십호묘상으로 염불하면 거울 속에 비친 형상처럼 훼손되거나 잃어버림이 없다. 십호묘상이란 이른바 여래如來·응공應供·정변지正遍知·명행족明行足·선서善逝·세간해世間解·무상사無上士·조어장부調御丈夫·천인사天人師·불세존佛世尊이다. 훼손되거나 잃어버림이 없음이란 관하는 대상(所觀)인 사공事空10)이 허공과 같아 법에 잃어버림이 없다. 왜 그러한가? 제법은 본래 무생적멸無生寂滅인 까닭이다. 이와 같이 일체제법은 모두 또한 이와

---

10) 어떤 것을 여사공餘事空이라고 하는가? 부처가 있든 부처가 없든 법성·법·고요·여여와 나아가 진제眞際에 머무는 것도 이와 같다. 그러므로 이것을 이공異空이라고 하며 여사공이라고 한다. 『방광반야바라밀다경放光般若波羅蜜多經』 제4.

같다. 이 사람은 명호에 연하여 선법禪法을 증장시키면 상에 반연(緣相)할 수 있고, 이 사람은 이때 선법에 즉하여 상을 얻을(得相) 수 있어 이른바 몸에 특이한 쾌락을 얻고 마땅히 반주삼매를 이룰 수 있음을 알라."라고 하셨습니다. 염불은 지명持名으로 시작합니다. 이 명호에 연하여 마음속으로 선정의 힘을 증장시키고 색신에 경안(輕安; 희열과 편안)을 느낍니다. 이른바 지혜가 생각마다 명호에 즉하여 모든 법의 실상을 보니, 허공과 같고 거울에 비친 형상과 같습니다. 이것이 진실견眞實見이자 현관現觀[11]입니다. 그래서 "법에 잃어버림이 없다"라고 하셨습니다. 바로 염불로 말미암아 이 현관을 얻는 까닭에 "염불하면 훼손되거나 잃어버림이 없다."라고 하셨습니다. 이에 반해 비록 생각마다 지명을 할지라도 생각마다 상에 집착하면 훼손되거나 잃어버림이 있습니다. 이로부터 염불법문의 정일하고 깊은 곳을 알 수 있습니다.

7. 수행과 증득의 실례

동진東晉 혜원대사의 염불결사는 염불삼매에 의지해 부처님을 친견하여 서방극락 왕생을 기약하는 것입니다. 그러나 그 당시 《관경觀經》 등

---

11) "현관現觀은 범어로 아비사마야(abhisamaya)로 보리로의 전향입니다. 개오의 과정을 표시하고, 해탈의 경계, 즉 열반으로의 전향을 의미합니다. 세간심으로는 열반을 볼 수 없고, 오직 출세간심이 있어야 볼 수 있습니다. 그래서 엄격히 말하면 현관은 견도를 가리킵니다. 이때 현관은 바로 우리들이 개오하는 소연, 즉 열반을 관함에 있습니다." 《부처님께 깨달음의 길을 묻다, 전법륜경강기轉法輪經講記》(비움과소통) 참조.

정토경전이 아직 번역되어 전래되지 않았습니다. 여산의 결사염불은 전적으로 《반주삼매경》에 의지하여 현재의 몸으로 부처님을 친견하는 것이었음을 알 수 있습니다. 비록 앞장서서 개척한 선구자일지라도 낡고 헤진 옷에 섶나무 수레를 타고 그처럼 아무도 가지 않은 길을 두려움에 떨며 아무런 도움 없이 방황하며 더듬어 찾아 가신 고통은 이루다 말로 표현할 수 없을 것입니다. 만약 부처님께서 말씀하신 경교經敎가 없고 강대한 신심과 꿋꿋하게 반드시 성취하겠다는 초인의 의지를 갖추지 않았다면 아마도 함께 닦을 것을 결사한 123분과 함께 모두 서방극락에 왕생한, 영원토록 영향력을 미칠 이 위대한 성취를 달성하기란 상당히 어려웠을 것입니다. 마침내 대중의 기대에 부응하고 정토왕생으로 통하는 대도의 한 길을 개척하여 후세 사람으로 하여금 신심을 크게 증장시켜 헤아릴 수 없이 많은 유연중생을 접인하여 정토에 왕생하도록 하셨습니다.

7일 집중염불(打佛七)을 할 때마다 마지막 일지향一支香을 태워 크게 회향할 때 멀리 앞을 내다보며 사바세계 업보의 몸을 내걸고 서방극락 청정한 법신을 원만히 성취하신 정종의 조사대덕님들의 지극히 크신 은혜에 마음속 깊이 감사의 절을 올립니다. 이렇게 행하고 이렇게 들어보이시어, 그 당시 석가모니 부처님께서 죽림정사에 계실 때 발타화跋陀和 보살에게 열어 보이신 삼매행법을 다시 한번 증명해 보이시니, 그 공덕 높고 크시어 그 혜택이 고금에 두루 미칩니다.

－운서주굉, '불설아미타경소초,

간청을 기다릴 여유가 없었던 것이다.
오직 힘이 미치지 못할까만 걱정한 까닭에
생사를 가로질러 절단하고 급히 중생을 구원하시니,
부처님이 큰 자비로이 정토문을 열어
해탈과 선정을 매우 얻기 어려우니,
말세 중생은 근기가 우둔하고 장애가 깊어
세상을 구함이 가장 시급하다(救世最急)는 것은

반주삼매경般舟三昧經

후한後漢 월지삼장月支三藏 지루가참支婁迦讖 역

민국民國 서련정원西蓮淨苑 석혜침釋慧琛[12] 편저

[서분序分]

문사품問事品 제일第一

[증신서證信序]

육성취六成就

1-1

이와 같이 들었다. 한때 부처님께서 왕사성 죽원정사에서 대보살·
비구·비구니·우바새·우바이와 제천·용·아수라·야차·가루
라·긴다라·마후라가 등 무앙수의 대중과 함께 계셨나니, 모두

---

12) 혜침법사慧琛法師 (1962-2012) 대만 서련정원西蓮淨苑의 비구니. 81년부터
《철오선사어록徹悟禪師語錄》,《반주삼매경般舟三昧經》,《환사인현경幻士仁賢經》,
《관경연기觀經緣起》,《법화연의려측法華玄義蠡測》 등의 강경설법을 하시고, 2012
년 왕생하셨다.

다 대법회에 모여 앉아 있었다.

聞如是, 一時佛在羅閱祇, 加鄰竹園中, 與大菩薩比丘、比丘尼、優婆
塞、優婆夷, 及諸天、龍、阿須輪、諸夜叉、迦樓羅、甄陀羅、摩睺勒等, 無
央數衆, 一切都在大會坐。

일시一時

《관무량수불경소觀無量壽佛經疏》(약칭 관경소; 천태지자 저술)에 이르길, "지
금 긴지 짧은지, 진실인지 가짜인지 논하지 말고, 이 경을 설해 마치고서
총괄해 「일시」라고 한다." 하였습니다. 곧 시간의 겉모습에서 연구
토론하는 것이 아닙니다. 어쨌든 「일시」는 오랜 시간을 말합니다. 이
경전이 위로는 여래께서 중생을 접인하여 여래의 정토(淨城)에 왕생하게
하시는 보리원심菩提願心에 계합하고, 아래로는 오탁악세에서 중생이
고난으로부터 벗어나길 구하는 출리심出離心에 계합하도록 경전을 원만
히 선설하니, 「일시」라 합니다.

라열기羅閱祇

마갈타(摩竭陀 ;Magadha)국 왕사성王舍城의 범명(Rajagriha 라자그리하)입니
다. 《묘법연화경문구妙法蓮華經文句》(약칭 법화문구)에 이르길, "왕사성이란
천축말로 라열기가라羅閱祇伽羅이다. 라열기羅閱祇는 왕사王舍이고, 가라
伽羅는 성城을 말한다. 국명은 마갈타인데, 이는 해치지 말라(不害)로
사형(刑殺)의 법이 없음을 말한다. 또한 마갈제摩竭提라고도 하는데, 이는
천라天羅로 천라란 왕의 이름이다. 왕의 이름으로 국명을 삼았다." 하였
습니다. 《인왕반야경소仁王般若經疏》(약칭 인왕소)에 이르길, "왕사성이란

외국말로 마하열기가라摩訶悅祇伽羅이다. 마하는 크다는 말이고, 열기는 왕사를 말하며, 가라는 성을 말한다." 하였습니다. 이 밖에 《무량수경》 및 《관경》도 세존께서 왕사성에서 선설하셨습니다.

가린죽원加鄰竹園

가란타迦蘭陀 장자가 소유한 죽림竹林으로 마갈타 국 왕사성과 상모성(上 茅城; Kuśāgārapura 쿠싸가라푸라) 사이에 있습니다. 가란타 장자의 소유로 본래 니건(尼犍; nirgrantha) 외도(자이나교)에게 보시했는데, 후에 부처님께 봉헌하여 승원을 지었으니, 인도 승가의 시초로 이른바 죽림정사입니다.

비구比丘

성문聲聞 250조의 구족계를 받은 출가행자로 걸사乞士·파악破惡·포마怖魔의 세 가지 뜻을 함유하고 있습니다. 수행하여 무학無學의 과위果位에 이르면 아라한阿羅漢이라 합니다. 아라한도 세 가지 뜻을 함유하고 있는데, 첫째 응공應供으로 곧 걸사과乞士果이고, 둘째 살적殺賊으로 곧 파악과破惡果이며, 셋째 무생無生으로 곧 포마과怖魔果입니다. 비록 성문승聲聞乘이 자력으로 해탈을 구하지만, 무상보리심을 발하여 소승을 돌려서 대승으로 향하면 또한 정토에서 상선인上善人입니다.

우바새優婆塞

《현호분통의賢護分通義》에 이르길, "우바새란 번역하면 청정사清淨士로 집에서 도를 닦지만, 오계를 청정히 지닐 수 있다. 또 근사남近事男이라고 하는데, 계를 청정히 지녀 삼보를 가깝게 두고 받들어 모실 수 있다."

하였습니다. 재가 대중도 본경에 있는 가르침에 의지하면 만인이 닦아 만인이 갈수 있습니다. 게다가 본경의 〈사배품四輩品〉에서는 특히 재가의 두 대중을 별도로 세워 그 수행의 요점을 설명하고 있습니다. 이는 일반경전에서 매우 보기 드물며, 인연이 있어야 만나므로 마땅히 잘 독송하여야 합니다.

제천諸天

욕계欲界에 6개 하늘이 있어 육욕천이라 합니다. 색계色界의 사선四禪에는 16개의 하늘이 있고, 무색계無色界의 사처四處에는 4개의 하늘이 있습니다. 기타 일천日天 · 월천月天 · 위타천韋馱天 등 여러 종류의 천신이 있는데, 곧 제천부諸天部입니다. 제천은 비록 즐거움을 누리지만, 여전히 삼계 윤회 가운데 있어 화택火宅을 벗어나지 못하여 끝내 구경의 안락을 얻기 어렵습니다. 그래서 선근을 지닌 제천인도 수행을 하여 필경에는 해탈을 증득하여야 합니다.

아수륜阿須輪

구역으로 아수라阿修羅입니다. 무단無端이라 번역되고, 용모가 더럽고 추하다는 뜻입니다. 또한 무주無酒라고도 하는데, 그 과보로 술이 없다는 뜻입니다. 신역으로 아소락阿素洛이라 하는데, 비천非天이라 번역됩니다. 그 과보의 수승함이 천天과 비슷하지만 천이 아니라는 뜻으로 항상 제석천과 투쟁하는 신입니다. 육도六道의 하나이고, 8부중八部衆의 하나입니다. 《법화문구》에 이르길, "아수라란 무주無酒라 한다. 사천四天 아래 꽃을 따서 대해大海에 술을 담아 어룡魚龍의 업력으로 그 맛이 변치 않고 성내고 싸움을 끊기로 맹서한 까닭에 무주신無酒神이라 말하고, 또한 부단不端이라 말한다." 하였고, 《주유마경註維摩經》에 이르길, "구마라즙대사의 말씀으로는 진秦나라 말로 술을 마시지 않는다는 뜻이다. 술을 마시지 않은 인연으로 잡보장雜寶藏을 벗어났다. 이는 악취惡趣로 남자는 추하고 여자는 단정하며, 큰 세력이 있어 늘 제석천과 같이 싸운다." 하였습니다.

야차夜叉

능담귀能噉鬼 · 첩질귀捷疾鬼 · 용건勇健 · 경첩輕捷 · 비밀祕密 등으로 번역됩니다. 《주유마경注維摩經》에 이르길, "구마라즙 대사의 말씀으로는 진나라 말로 귀인貴人, 또는 경첩輕捷이라 한다. 3종이 있으니, 첫째 땅에 있고, 둘째 허공에 있으며, 셋째 제천에 있는 야차이다. 땅의 야차는 재물을 보시하는 까닭에 허공을 날 수 없고, 제천의 야차는 수레와 말을 보시하는 까닭에 비행할 수 있다. 부처님께서 법륜을 굴리실 때 땅의 야차가 노래하면 허공의 야차가 들었고, 허공의 야차가 노래하면 사천왕이 들었으며, 이와 같이 내지 범천까지 들었다." 하였습니다.

가루라迦樓羅

《법화문구》에 이르길, "이는 금시조(金翅)이다. 금시조의 날개는 금색으로 사천四天 아래 큰 나무 위에 살고, 두 날개의 길이가 336만리이다." 하였습니다.

견타라甄陀羅

《일체경음의一切經音義》에 이르길, "옛날에는 긴나라緊那羅라 하였고 음악천音樂天이다. 미묘한 소리를 내며 노래하고 춤을 출 수 있다. 남자는 말 머리에 사람의 몸으로 노래를 할 수 있다. 여자는 단정하여 춤을 출 수 있어 천녀와 버금가는데, 많은 경우 건달바천의 아내가 된다." 하였습니다.

마후륵摩睺勒

《일체경음의—切經音義》에 이르길, "옛날에는 질박質朴이라 번역하였다. 마후라가摩睺羅伽라고도 하는데, 또한 음악의 신 부류이다. 혹 사람이 아니라고 말하기도 하고 혹 대망신大蟒神이라고도 하는데, 그 형상은 사람 몸에 뱀의 머리를 하고 있다." 하였습니다. 이상의 팔부호법용신八部護法龍神은 불법의 은혜를 받아 정법을 호지護持하기로 발심한 까닭에 법회를 열면 반드시 도량을 향해 가까이 가서 첫째 호법을 하고, 둘째 법을 듣습니다.

무앙수중無央數衆

「앙央」이란 다함(盡)입니다. 부처님께서 설법하실 때 법회에 모여 앉은 여러 대중은 4종으로 분류할 수 있습니다.

1. **발기중發起衆** : 때와 근기를 살펴서 알아 집회·서상·문답 등을 일으킬 수 있는 회중을 가리킵니다. 본경에서는 발타화보살이 곧 발기중입니다.

2. **당기중當機衆** : 숙세에 온갖 덕본을 심고 다겁토록 선근을 성숙시킨 인으로 정토법문을 들을 수 있습니다. 인연이 화합하여 때가 익어서 법회에 모여 앉아 득도하는 회중을 말합니다.

3. **영향중影響衆** : 아주 오랜 옛날부터 제불 혹은 법신대보살께서는 그

원극圓極을 숨기시고 아주 작은 부분(偏小)만 드러내시며, 당회當會의 교주인 부처님을 보좌하고 교화하십니다. 흡사 뭇 별이 달을 둘러싸는 것과 같이 덕을 드러내고 가만히 골라내는(顯德冥扶) 회중입니다.

4. **결연중結緣衆**: 숙세의 선근이 매우 적어 근기가 하열한 회중을 가리킵니다. 이러한 사람들은 현세에서 부처님을 뵙고 법을 듣고 비록 바로 그 자리에 깨달음을 체득(證悟)하여 이익을 받을 수는 없을지라도 마침내 미래에 깨달음을 체득하는 인연을 맺습니다.

일체도재대회좌一切都在大會坐

《현호분통의》에 이르길, "한쪽으로 물러나 앉아 여섯 가지를 피한다. 1. 너무 멀어지지 않고, 2. 너무 가까이 있지 않으며, 3. 상풍上風에 있지 않고, 4. 높은 곳에 있지 않으며, 5. 눈앞을 방해하지 않고, 6. 뒤에 있지 않는다." 하였습니다.

이 단락의 경문은 《현호분賢護分》에 이르길, "이때 가란타 동산은 기타이와 같이 크고 넓은 삼천대천세계 모든 지역의 대중이 가득 차서 지팡이 끝만큼의 빈 곳도 없었느니라. 이처럼 위로는 유정천有頂天에서 아래로는 범궁梵宮에 이르는 일체의 큰 위덕과 신통을 갖춘 제천대중과 내지 일체 용·야차·건달바·아수라·가루라·긴나라·마후라가 인비인 등이 모두 와서 모여 있었느니라." 하였습니다. 이것은 법회에 참가한 대중이 성황을 이루고 있는 모습으로 참가하러 온 유연有緣 중생이 온 법계를 가득 채워, 죽림정사로부터 위로 비상비비상처천非想非非想處天에 이르기까지 이 삼천대천세계의 모든 지역 내지 지팡이 끝만큼의 작은 빈 곳도 모두 없었습니다. 정토법문은 삼근을 두루 가피하고 행하기 쉬우나, 증득한 경지는 깊습니다. 누구나 단지 발심하여 행을 일으키기만 하면 모두 부처님의 가피加被·섭수攝受를 입을 수 있습니다.

인도人道로 통하는 중생 뿐만 아니라 내지 제천·용·인비인 등이 모두 수습修習하여 은덕의 바다에 목욕할 수 있습니다.

본경의 말미에 이르길, "부처님께서 이 경을 설해 마치자 발타화 보살 등 사리불·목건련 비구·아난 및 제천·아수라·용·귀신·인·비인들이 모두 크게 환희하며, 부처님께 예를 올리고 물러갔느니라." 하였습니다. "집회에 모인 대중이 환희하며 예를 올리고 물러갔다", 이는 일체경전에 공통된 문구입니다. 왜 그렇습니까? 「법法」은 궤칙軌則이기 때문에 삼업三業도 궤칙에 꼭 들어맞아야 자신도 해탈할 수 있고, 사람들도 이롭고 즐겁게 할 수 있습니다. 일체중생은 삼업을 바르게 인도하여 성인의 행에 들어가기 위해서는 모두 법에 의지하여야 합니다. 그래서 한바탕 비가 내려 두루 적시고, 대지의 중생들이 다하도록 단비가 내려 충만하게 채워줍니다.

《선견율비바사善見律毘婆沙》에는 한 단락의 고사故事가 있습니다. 한때 부처님께서 첨파국瞻婆國, 가라못(迦羅池)가에서 첨파국 사람들에게 설법하셨습니다. 그 당시 못에는 두꺼비 한 마리가 있었는데, 부처님께서 설법하시는 음성을 듣고서 매우 기뻐서 바로 못에서 나와 풀의 뿌리 아래로 뛰어 들어가 법을 들었습니다. 이때 어떤 소 치는 사람이 대중이 둘러싸고 부처님 설법을 듣고 있는 모습을 보고서 곧 부처님 처소로 갔습니다. 소 치는 사람이 부처님 설법을 듣고자 지팡이로 땅을 찔렀는데, 공교롭게도 두꺼비의 머리를 잘못 찔러 두꺼비가 곧 죽어서 도리천忉利天에 태어나 도리천왕이 되었습니다. 그 복덕으로 도리천에 태어났는데, 그가 머무는 궁전이 가로 세로가 12유순이나 되었습니다. 이에 두꺼비 천인이 모든 천녀에게 오락을 베풀다가 잠시 후 "나는 전생에 축생이었는데 어떤 인연으로 이 천궁에 태어났을까?"라는 생각이 들었습니다. 곧 천안으로 전생에 못가에서 부처님 설법을 들었고, 이 공덕으로 이런 과보를 얻었음을 관하였습니다. 두꺼비 천인은 곧 궁전을 타고 부처님 처소에 가서 머리를 숙여서 발에 예를 올렸습니다. 축생도 불법을 즐겨 들은 인연으로 죽어서 이런 복보를 얻는데, 하물며 우리들이 부지런히 정진 수학한다면 금생과 후생에 이익과 즐거움을 받지 못하겠습니까?

[발기서發起序]

발타화보살이 법회를 발기하다

1-2-1-1

이때 발타화보살이 자리에서 일어나 옷을 여미고 꿇어앉아 합장하며 부처님께 아뢰었다. "원컨대 여쭙고 싶은 것이 있사오니, 듣도록 허락하소서. 지금 여쭐까 합니다."

부처님께서 말씀하셨다. "훌륭하다. 네가 묻고 싶은 것을 마음껏 물어 보거라. 지금 너를 위해 말해주겠노라."

是時跋陀和菩薩, 從坐起整衣服, 長跪叉手白佛:「願欲有所問, 聽者今當問。」佛言:「善哉, 恣汝所問, 今當爲汝說之。」

차수叉手

두 손을 합장하여 밖으로 겸손한 태도를 보이고, 안으로 전일하게 하나의 뜻에 도달함을 말합니다.

청자聽者

듣도록 허락하소서(垂允聽許)라는 말입니다. 곧 "원컨대 부처님 저를 불쌍히 여기시어 몽매한 저를 일깨워주소서(願佛哀愍 開我蒙昧)"

《현호분통의》에 이르길, "세존이시여 자비를 드리우시어 여쭙고 싶은 것을 듣도록 허락하소서. 이 경문에 이르러 사자(師資; 스승과 제자)의 연이 합하여 경법經法이 일어난다." 하였습니다.

1-2-1-2

발타화가 부처님께 여쭈었다. "보살은 마땅히 어떠한 법을 수행하여야 거대한 바다가 수천 수만 강줄기를 끌어안듯이 지혜를 얻을 수 있겠습니까? 어떻게 수행하여야 온갖 지혜를 통달하며 들은 것을 다 이해하고 또한 의심하지 않겠습니까?

跋陀和問佛言:「菩薩當行何等法, 得智慧如巨海攬萬流? 云何行, 博達衆智所聞悉解而不疑?

지혜여거해람만류智慧如巨海攬萬流

이는 곧 일체지一切智·실지實智로 제법이 다 공空임을 통달하여 얻은 근본반야의 지혜입니다. 반야般若·공혜空慧는 삼승三乘의 성인에게 공통되는 까닭에 《금강반야바라밀경金剛般若波羅密經》(약칭 금강경)에 이르길, "일체 현인·성인이 모두 무위법으로 차별이 있느니라(一切賢聖皆以無爲法而有差別)." 하였습니다. 이 무위법은 바로 제법의 공성空性입니다. 공空 중에는 한 법도 얻을 수 없고 한 법도 버릴 수 없으며, 횡(공간)으로 두루하고 수직(시간)으로 다함이 없어 한 곳도 그것 아님이 없습니다. 그래서 큰 바다가 능히 두루 수천수만 물줄기를 끌어안을 수 있는 것과 같다고 비유하였습니다.

박달중지소문실해이불의博達衆智所聞悉解而不疑

이는 곧 도종지道種智·권지權智로 제법은 인연으로 생하고 인연으로 멸하는 것임을 요달하여 얻는 방편 구화(漚和; upāya)의 지혜입니다. 제법은 상相이 없어, 인연을 가자假藉하여 상이 나타납니다. 비록 상이 있어도 그 상은 가유假有이고, 한 곳도 인연이 모여서 이루어지지 않은 곳이 없습니다. 오직 인연일 뿐 실법(實法; 실체적 존재)이 없음을 철견徹見하고, 법이 진실로 생하지 않은 성性 위에 제법은 환幻이 생하고 환이 멸하는 화상(化相; 변화하여 나타난 상)임을 명료하게 보아야 합니다. 성性과 상相을 요달한 까닭에 "들은 것을 다 이해하고 의심하지 않을" 수 있습니다.

《기신론소필삭기起信論疏筆削記》(약칭 필삭기)에 이르길, "진지眞智는 또한 실지 근본根本·정체지正體智 등이라 한다. 이 지혜는 이치를 증명할 때 진여의 궁극(際)까지 다하여 원극圓極 아님이 없는 까닭에 변지遍知라고 하니, 곧 여래지如理智는 진의眞義를 증명한다. 속지俗智는 또한 권지權智·후득지後得 등이라 한다. 이 지혜는 분별연分別緣으로 염染·정淨 등의 법을 생하고 명료하지 않음이 없어 또한 변지遍知라 하니, 곧 여량지如量智는 속의俗義를 통달한다." 하였습니다. 법계는 본래 진여의 한 경계(一際)로 생하지도 멸하지도 않아 번뇌장煩惱障을 끊을 때13) 이 진실의 궁극을 증득하고 원만 구경합니다. 여리변지如理遍知는 걸림없이 융통하여 실지實智라고 합니다. 일체법은 인연이 화합한 것으로 인연이 서로 헤어지면 천차만별로 소지장을 끊을 때 오고 감을 철견합니다. 여량변지如量遍知는 크고 작은 부분까지 빠뜨림이 없어(巨細靡遺) 권지權智라고 합니다.

또한 진여는 한 경계로 생하지도 멸하지도 않는데, 어떻게 증지證知할

---

13) 《연의초演義鈔》에 이르길, "첫째는 실지實智로 번뇌장煩惱障을 끊고, 둘째는 권지權智로 소지장所知障을 끊는다." 하였다.

수 있습니까?《대지도론大智度論》에 이르길, "보살은 이 상을 따라 지혜·관으로 얻을 수 있고, 줄지도 늘지도 않는 경계를 성취할 수 있으니 상응相應이라 한다. 비유컨대 함과 뚜껑의 크기가 서로 일치하듯이 비록 반야바라밀이 모든 관법觀法을 소멸하지만 지혜의 힘으로 할 수 없는 것이 없고 관하지 못하는 것이 없다. 이와 같이 알면 양변에 떨어지지 않아 반야와 상응하는 것이다." 하였습니다. 함과 뚜껑은 하나는 지혜를, 하나는 진여를 각각 비유한 것입니다. 심지心智와 법성진여法性真如, 이 두 가지가 상응할 때 함과 뚜껑이 서로 합하는 것과 꼭 같아 지혜와 경계가 일여이고, 담적湛寂하여 이름이 없습니다. 이때 임시로 이름을 시설하여 실지實智라 합니다. 그리고 이렇게 공성空性을 증득한 실지實智의 힘으로 성품을 불러 드러내고, 여량변지(如量遍知 ; 후득지)로 아주 작은 차이도 없이 일체 법상을 보니, 권지權智라 합니다.

이 두 가지 문제는 발타화보살이 가장 먼저 성취한 두 가지 공덕입니다. 지혜는 보살의 눈이기 때문에 안목(目)·바탕(資)·품행(行)으로 비로소 건너가 피안에 이를 수 있습니다. 그러나 지혜에는 권과 실의 두 가지 지혜가 원만히 갖추어져 있습니다. 이렇게 되어서 진과 속을 깨달을 수 있습니다. 공空을 행해야 해탈문을 들어가 생사에 매이지 않고, 또 유有를 건너야 보살도를 행하여 열반에 머물지 않으니, 이 두 가지는 조금이라도 부족하면 원만하지 않습니다.

1-2-1-3

어떻게 수행하여야 스스로 숙명을 쫓아 태어난 것을 알겠습니까?

云何行 , 自識宿命所從來生 ?

어떻게 숙명지宿命智를 얻을 것인가? 이것은 별문別問으로 삼명(三明; tri-vidya)을 은연중에 깊이 묻고 있습니다. 이른바 삼명은 또한 삼달三達, 삼증법三證法이라고도 합니다. 무학위無學位에 도달하여 우암(愚闇; 어리석고 이치에 어두움)을 완전히 제거하고 삼사에 걸림 없이 통달한 지명(智明; 꿰뚫어 앎)을 말합니다.

(1) 숙명지증명宿命智證明으로, 즉 나와 중생의 일생 내지 백천만억 생 동안 상상相狀을 명백히 아는 지혜를 말합니다.

(2) 생사지증명生死智證明으로, 즉 중생이 죽을 때 태어날 때ㆍ선색善色인지 악색惡色인지, 혹은 삿된 법의 인연으로 악행을 성취하여 목숨이 다해 악취惡趣 중에 태어나는지, 혹은 정법의 인연으로 선행을 성취하여 목숨이 다할 때 선취 중에 태어나는지, 생사의 상상相狀을 명백히 아는 지혜를 말합니다.

(3) 누진지증명漏盡智證明으로 사성제(四諦)의 이치를 여실하게 증득하여 새는 마음(漏心; 번뇌)에서 해탈하고 일체번뇌장 등을 소멸한 지혜를 말합니다.

1-2-1-4

어떻게 수행하여야 장수를 얻을 수 있겠습니까?

云何行, 得長壽?

득장수得長壽

「장長」은 절대라는 뜻입니다. 짧은 수명과 그 양을 서로 비교한 것이 아니라 수명이 무량한 보신불報身佛이 되는 것입니다. 《법화현론法華玄論》에 이르길, "수명이 무량겁인 것은 오래 업을 닦아 얻은 것으로 이는 보불報佛이다." 하였습니다. 극락세계의 천인은 모두 수명이 무량합니다. 이것은 아미타부처님 본원으로 성취된 것입니다. 왜냐하면 보살이 무량겁의 행원으로 장엄한 부처의 무상보리이기 때문입니다. 무상보리는 본래 갖추어 움직이지 않는 자성과 상응하고, 무량겁의 보살행원은 인연에 따라 닦아 쌓은 것입니다. 자성에 계합하는 삼매를 증득하면 곧 장수를 얻을 수 있습니다.

1-2-1-5

어떻게 수행하여야 항상 대성가에서 태어나 부모 · 형제 · 종친 · 친구들이 사랑 받고 공경 받으며 살 수 있겠습니까?

云何行, 常在大姓家生, 父母兄弟宗親知識無不愛敬?

대성가大姓家

고대 인도 사회는 바라문(婆羅門; 사제) · 찰제리(剎帝利; 왕족) · 폐사(吠舍; 평민) · 수다라(首陀羅; 노예)의 사성四姓 계급으로 나뉘었습니다. 그 가운데 바라문과 찰제리는 사성 중에서 상위계급으로 대성가大姓家라 부릅니다. 아미타부처님께서는 발심 수학한 인지因地 시절에 존귀한 신분으로 공덕을 쌓았습니다. 《무량수경無量壽經》(강승개 역본)에 이르길, "혹은 장자나 거사, 부유한 집안이나 존귀한 신분이 되기도 하였고, 혹은 찰제리 국왕이나 전륜성왕이 되기도 하였으며, 혹은 육욕천의 천주 내지는 범왕이 되기도 하여 항상 4사(四事; 가사 · 음식 · 거주지 · 의약품)로써 제불의 처소에서 일체 제불을 존중하고 공양하길 중단한 적이 없었나니, 이와 같은 공덕은 이루 다 말로 설명할 수 없느니라." 하셨습니다.

1-2-1-6

어떻게 수행하여야 단정한 얼굴과 아름답고 고운 모습을 얻을 수 있겠습니까?

云何行 , 得端正顔好美艶 ?

아미타부처님께서는 인지因地 시절 정성을 다해 몸을 빼어나게 장엄하여 널리 공양을 베풀었고, 두루 법연을 맺었습니다. 《무량수경》(강승개 역본)에 이르길, "그의 입 냄새는 우발라화처럼 향기롭고 깨끗했으며, 온몸의 털구멍에서는 전단향이 흘러 나와 그 향기가 무량세계에 두루 배였고, 용모는 단정하고 상호는 매우 뛰어나고 미묘하였느니라." 하였습니다.

2-1-7

어떻게 수행하여야 뛰어난 재주가 대중과 매우 다르고, 지혜를 통달하여 포용하지 않음이 없겠습니까?

云何得高才與衆絶異 , 智慧通達無所不包 ?

앞의 경문 첫 번째, 두 번째 문제는 출세간의 지혜에 대해 질문한 것입니다. 이 경문은 이와 달리 세간법에 총명하고 탁월하고 폭넓게 통달하여 다른 사람이 미칠 수 없고, 또한 명철하지 않음이 없음을 가리킵니다. 《무량수경》(강승개 역본)에 이르길, "그때 국왕이 계셨으니, 부처님의 설법을 듣고 마음이 기쁘고 즐거워 위없이 바르고 진정한 도에 이르려는 뜻을 일으켜 국왕의 자리를 버리고 사문이 되셨으니 명호가 법장法藏이었느니라. 그는 뛰어난 재능과 용맹·명석함이 세간 사람을 뛰어넘었느니라." 하였습니다.

1-2-1-8

어떻게 수행하여야 공덕을 세우고 상호가 원만하여 스스로 성불에 이르고 위신력이 무량하며 부처의 경계를 이루어 국토를 장엄하겠습니까?

云何行, 功立相滿, 自致成佛威神無量, 成佛境界, 莊嚴國土?

부처와 국토, 두 가지 장엄은 또한 대승의 원만한 과입니다. 의보·정보 두 가지 보報는 모두 만행을 이루어서 과가 원만합니다. 이것이 보살도菩薩道 공동의 대원입니다. 원만한 보신報身으로 구법계의 유정을 건져주시고, 청정국토를 중생에게 베풀어 구경에 안락케 하십니다. 이는 《무량수경》(강승개 역본)의 경문과 같습니다. "법장 비구가 이 게송을 설하여 마치고 부처님께 아뢰어 말하길, 네 그러하옵니다. 세존이시여, 제가 무상정각無上正覺의 마음을 내었사오니, 원컨대 부처님께서 저를 위해 경법經法을 자세히 설해 주시옵소서. 저는 마땅히 가르침대로 수행하여 불국청정장엄무량묘토佛國淸淨莊嚴無量妙土를 섭취攝取하겠사오니, 저로 하여금 금생에 빨리 정각을 성취하고 수고로이 고통 짓는 생사의 근본 뿌리를 뽑아버리게 하소서."

1-2-1-9

어떻게 수행하여야 마구니와 원수를 항복받겠습니까?

云何行, 降魔怨?

이는 곧 마구니(魔羅; māra)를 항복받음을 말합니다. 이는 또 안팎으로 나누면 같지 않습니다. 마구니는 몸과 마음을 혼란케 하고, 선법善法에 장애가 되며, 뛰어난 사적(勝事)을 무너뜨리고, 혜명慧命을 빼앗아가는 존재입니다. 이들은 모두 불도佛道를 수행하는데 장애가 되므로 원수 (怨)라고 부릅니다.

또《대방광불화엄경大方廣佛華嚴經》(약칭 화엄경)에 이르길, "불자여! 보살 마하살에게는 열 가지 마구니가 있다. 무엇이 열 가지인가? 말하자면, **오음마五陰魔**는 색·수·상·행·식의 오음에 탐착하는 까닭이요, **번뇌 마煩惱魔**는 번뇌에 물드는 까닭이요, **업마業魔**는 능히 장애 하는 까닭이요, **심마心魔**는 스스로 교만한 까닭이요, **사마死魔**는 이 몸을 버리고 다음 생을 받는(受生) 까닭이요, **천마天魔**는 교만과 방일放逸을 일으키는 까닭이 요, **실선근마失善根魔**는 마음으로 뉘우치지 않는 까닭이요, **삼매마三昧魔** 는 오래 삼매 맛에 탐착하는 까닭이요, **선지식마善知識魔**는 저것들(자신의 교법·지견·증득)에 집착하는 마음을 내는 까닭이요, **부지보리정법마不知 菩提正法魔**는 모든 대원을 일으킬 수 없는 까닭이니라."라고 하였습니다.

1-2-1-10

어떻게 수행하여야 자재함을 얻어 원하는 것이 어긋나지 않겠습니까?

云何行, 而得自在所願不違?

어떻게 해야 일체법에 유희자재함을 얻어 일체 원하고 구하는 것이 어긋나거나 잃지 않겠습니까?

법은 실다운 성품이 없으므로 혜안으로 꿰뚫어 보아야 얽매이지 않는 까닭에 자재함을 얻습니다. 제법만상諸法萬象이 자심自心을 여의지 않으니, 일단 본래마음이 낭랑적적朗朗寂寂하고, 생하지도 멸하지도 않으며, 오랜 옛날에서 지금까지 관통하며, 횡으로 시방에 두루 하고, 수직으로 삼세를 궁진함을 사무쳐 증득하면 법계와 온 누리에 남김없이 섭입攝入됩니다. 이때 법은 마음을 따라 굴러서 원하는 것이 저절로 다 이루어집니다.

1-2-1-11

어떻게 수행하여야 총지문에 들어가겠습니까?

云何行, 得入總持門?

다라니陀羅尼는 총지總持로 번역되는데, 선을 잃지 않도록 지니고 악이 생하지 않도록 지님을 말합니다. 곧 무량한 불법을 총섭總攝하여 억지憶持하고 망실하지 않는 염혜력念慧力을 말합니다.

공성空性은 존재하는 것이 없고, 존재하는 것이 없는 까닭에 그 성품이 항상 공하므로 인연을 따라 존재하지 않는 것이 없습니다. 일심一心에 들어가 상념想念하는 대상인 심체心體가 없어 바야흐로 걸림 없이 억지憶持하는 공덕을 획득할 수 있습니다. 이는 흡사 거울의 본체에는 상이 없어 멀거나 가깝거나 크거나 작거나 그 흔적을 숨김이 없어 모두 거울 속에 함섭含攝되는 것과 같습니다.

1-2-1-12

어떻게 수행하여야 신족통을 얻어 모든 불국토에 두루 이르겠습니까?

云何行 , 得神足遍至諸佛土？

이는 신족통에 대한 질문입니다. 이 일련의 문제 중에서 육신통을 나누면 타심통他心通이 없습니다. 다른 역본과 대조하면 어떻게 육신통을 얻을 것인가에 대한 질문이 갖추어져 있습니다. 육근六根이 육진경계에 굴리는 바가 되면 바깥 상에 미혹되고 좁게 한정됩니다. 자성의 둥글고 밝은 본체를 증득하면 육근이 모두 막힘없이 통달하게 됩니다.

1-2-1-13

어떻게 수행하여야 사자와 같이 용맹함을 얻어 아무런 두려움이 없어 일체 마구니가 어지럽게 할 수 없게 하겠습니까?

云何行 , 得勇猛如師子無所畏 , 一切魔不能動？

이것은 사자를 비유삼아 보살이 제법이 허망하여 실체가 없고 환 같다고 비추어 보아 모든 존재가 생멸함을 벗어남을 말합니다. 보리의 길에 용맹하게 직행하기 위해서는 물에 어린 달그림자 같이 수월도량水月場道을 지어 불사佛事를 꿈속 일처럼 환 같다 알고(夢幻佛事) 성취하여야 두려움이 없습니다. 심행心行이 만약 머물러 집착하는 바가 없다면 마구니 또한 아무런 기회를 틈탈 수도 없어 그 마음을 어지럽게 할 수 없습니다.

1-2-1-14

어떻게 수행하여야 부처님의 고귀한 성품을 얻어 모든 경법을 다 수지하여 모두 이해하여 잊지 않겠습니까?

云何行, 得佛聖性 , 諸經法悉受持, 皆了知而不忘?

《대방등대집경大方等大集經》에 이르길, "선남자여, 보살마하살이 보리심을 발함도 또한 이와 같으니, 아홉 가지 성품을 여의고 정인삼매淨印三昧를 얻느니라. 무엇이 아홉 가지인가? 첫째 범부성凡夫性이요, 둘째 신행성信行性이요, 셋째 법행성法行性이요, 넷째 팔인성八忍性이요, 다섯째 수다환성須陀洹性이요, 여섯째 사다함성斯陀含性이요, 일곱째 아나함성阿那含性이요, 여덟째 아라한성阿羅漢性이요, 아홉째 벽지불성辟支佛性이니라. 이 아홉 가지 성품을 여의고 불종성佛種性에 들어가 정인삼매淨印三昧를 얻느니라." 하였습니다. 즉 범부·이승二乘의 성품을 멀리 여의면 바야흐로 부처의 고귀한 성품에 들어갈 수 있다는 뜻입니다. 고귀한 성품은 청정하여 제법을 남김없이 조견照見합니다. 태양이 하늘에 떠올라 그 광명이 시방에 두루 찬란한 것과 같습니다.

1-2-1-15

어떻게 수행하여야 자족함을 얻어 아첨하는 마음을 벗어나 삼계에 집착하지 않겠습니까?

云何行, 得自足離諛諂 , 不著三處?

삼처三處

색계·욕계·무색계의 삼계三界를 말합니다. 삼계는 생멸로 무상하여 질직質直한 마음과 상응하지 않습니다. 그러므로 의지하는 마음을 일으키지 말고, 생각마다 참 성품으로 돌아가 급히 출리出離하길 구해야 합니다.

정직한 마음으로 수행하여 원컨대 삼계에 미련을 두지 말고 고苦의 수레바퀴를 벗어나지이다.

1-2-1-16

어떻게 수행하여야 걸림이 없음을 얻어 일체지를 지니고 가르침에 부처님의 뜻을 잃지 않겠습니까?

> 云何行 , 得無罣礙持薩云若 , 敎不失佛意？

《인왕경소仁王經疏》(2권)에 이르길, "살운야각薩云若覺은 본래 두 가지 설명이 있다. 하나는 살바야薩婆若로 일체지一切智라 한다. 또 하나는 살운야薩云若로 일체종지一切種智라 한다. 본기本記에 따르면 모두 일체지一切智라 번역한다." 하였습니다. 일체지一切智란 반야공의 지혜로 모든 지혜의 근본이 됩니다. 공성空性을 요달한 까닭에 근심걱정이 없습니다. 공空은 불법의 종요로, 이 지혜를 얻으면 무릇 언설이 모두 부처님께서 깨달음을 체득하신 법에 어긋나지 않습니다.

1-2-1-17

어떻게 수행하여야 사람들이 믿고 따르겠습니까?

云何行 , 得人信 ?

득인신得人信

대중이 믿고 따르며 공경할 수 있느냐를 말합니다.

1-2-1-18

어떻게 수행하여야 여덟 가지 음성을 얻어 만억의 소리에 들어가겠습니까?

云何行 , 得八種聲入萬億音 ?

《무량수경》(하련거 회집본)에 이르길, "아미타부처님께서 설법하시는 음성은 청정하고 우레처럼 시방세계에 두루 들리며 여덟 가지 미묘한 음성으로 말씀하시나니" 하였습니다.(* 편역자 보충)

《정복보불학사전丁福保佛學辭典》에서는 "여래께서 얻으신 여덟 가지 음성을 말한다.

1) 지극히 아름다운 음성(極好音)으로 부처님의 덕이 광대한 까닭에 모두 좋은 도에 들어가게 한다. 2) 부드러운 음성(柔軟音)으로 부처님의 덕은 자비롭고 선한 까닭에 듣는 이에게 기쁨을 주고 모두 억센 마음을 버리고 저절로 율행律行에 들어가게 한다. 3) 온화하고 편안한 음성(和適音)으로 부처님께서는 중도의 이치에 거하시는 까닭에 듣는 이의 마음을 조화롭게 하여 모두로 하여금 융화되어 저절로 이치를 이해하게 하신다. 4) 존경과 지혜의 음성(尊慧音)으로 부처님의 덕은 존귀하고 높은 까닭에 듣는 이에게 존중하는 마음을 내어 지혜가 열려 명백히 이해하게 한다.

5) 음란하지 않은 음성(不女音)으로 부처님께서는 수능엄정首楞嚴定에 머물러 세욕世欲에 들어가 잊지 않는 덕이 있는 까닭에 그 음성은 일체를 경이롭게 하고 천마외도를 귀의시켜 굴복하게 한다. 6) 잘못됨이 없는 음성(不誤音)으로 부처님의 지혜는 원명圓明하여 잘못이 없도록 비추어 듣는 이에게 각각 정견을 얻어 95종의 잘못(邪非)을 여의게 한다. 7) 심원한 음성(深遠音)으로 부처님의 지혜는 여실히 끝까지 궁진하여 행위가 지극히 높아 그 음성이 뱃속에서 울려나와 시방에까지 사무쳐 들리며 듣는 이에게 가까운 곳에서 들어도 크게 들리지 않고 먼 곳에서 들어도 작게 들리지 않아 모두 매우 심원한 이치를 증득하게 한다. 8) 없어지지 않는 소리(不竭音)로 여래의 극과極果와 원행願行이 다함이 없어 다함없는 법장에 머물게 하는 까닭에 그 음성은 끊임없이 흘러나오고 그 소리는 힘이 없어지지 않는다. 그 말씀의 의미를 찾아갈 수 있다면 다함없는 상주常住의 과果를 얻게 한다."라고 설명합니다. 이 여덟 가지 음성으로 일체 언어에 들어갈 수 있어 각 세계마다 다른 부류의 중생들을 위해 정법을 선설하십니다.

1-2-1-19

어떻게 수행하여야 상호를 구족할 수 있습니까?

云何行, 得具足相好?

구족상호具足相好

상相과 호好를 모두 구족한 분이 곧 보불報佛입니다. 32상은 범부와 성인에게 모두 있습니다. 《대지도론》에 이르길, "32상은 전법륜왕에게도 있고, 제천마왕諸天魔王도 이 상을 화작化作할 수 있으며, 난타難陀

제바달다提婆達 등도 모두 32상이 있다." 하였습니다. 80수형호八十隨形好는 상을 장엄하는 것으로 오직 성인만 홀로 갖추고 있습니다. 《대지도론》에 이르길, "80수형호를 구족함은 오직 불보살에게만 있다." 하였습니다.

1-2-1-20

어떻게 수행하여야 철저하게 들을 수 있겠습니까?

云何行, 得徹聽?

육신통의 하나인 천이통을 얻는 것을 말합니다.

《무량수경》(하련거 회집본)에 이르길, "누구나 다 꿰뚫어 보고, 철저히 들어서 시방세계 과거·미래·현재의 일을 알 수 있도록 하겠나이다. 이 원을 이루지 못한다면 정각을 성취하지 않겠나이다." 하였습니다.(* 편역자 보충)

1-2-1-21

어떻게 수행하여야 도안을 얻어 아직 일이 일어나기 전에 미리 볼 수 있겠습니까?

云何行, 得道眼睹未然?

육신통의 하나인 천안통을 얻는 것을 말합니다.

《무량수경》(하련거 회집본)에 이르길, "저 부처님 국토에 있는 보살성중은 누구나 다 팔방·상하와 과거·미래·현재의 일까지 다 꿰뚫어 보고 철저하게

들을 수가 있느니라." 하였습니다. (* 편역자 보충)

1-2-1-22

어떻게 수행하여야 십력의 바르고 참된 지혜를 얻을 수 있겠습니까?

云何行 , 得十力正眞慧 ?

곧 열 가지 지력智力을 말합니다. 오직 여래께서 구족한 것으로 부처님의 18불공법十八不共法 중의 10가지입니다. 또한 10가지 신력神力을 짓는다고 말합니다. 여래께서는 실상의 지智를 증득하고 일체를 요달하여, 무너뜨릴 수 없고 이길 수 없는 까닭에 「력力」이라 합니다. 십력은 곧 (1) 처비처지력處非處智力으로 여래께서는 일체 인연·과보를 살펴 사실인지 알아서 만약 선업을 지어서 즐거운 과보를 얻으면 옳은 것(是處)을 안다 하고, 만약 악업을 지어서 즐거운 과보를 받으면 옳은 것이 없어 그릇된 것(非處)을 안다고 하여, 이와 같이 여래께서 갖가지 모두 다 두루 아시는 것을 말합니다. (2) 업이숙지력業異熟智力으로 여래께서 일체 중생의 과거·미래·현재 삼세의 인연과보가 생하는 곳을 모두 다 두루 아시는 것을 말합니다. (3) 정려해탈등지등지지력靜慮解脫等持等至智力으로 여래께서 모든 선정에 걸림 없이 자재하시어 그 얕고 깊음의 차제次第를 여실하게 두루 아시는 것을 말합니다. (4) 근상하지력根上下智力으로 여래께서 모든 중생의 근성根性이 수승한지 하열한지, 과보가 큰지 작은지 모두 여실하게 두루 아시는 것을 말합니다. (5) 종종승해지력種種勝解智力으로 여래께서 모든 중생의 갖가지 욕락·선악이 서로 다름을 여실하게 두루 아시는 것을 말합니다. (6) 종종계지력種種界智力으로 여래께서 세간의 중생이 갖가지 세계로 나뉘어 서로 다름을 여실하게 두루 아시는 것을 말합니다. (7) 변취행지력遍趣行智力으로 여래께서 육도 유루행有漏行이 이르는 곳과 열반 무루행無漏行이 이르는 곳을 여실하게 두루 아는 것을 말합니다. (8) 숙주수념지력宿住隨念智力으로 곧 과거세의 갖가지 일을 여실하게 아는 힘으로 여래께서 갖가지 숙명宿命에 대해 일 세 내지 백천만 세. 일 겁 내지 백천만 겁 동안 이 세상에서 죽어 저 세상에서 태어나고 저 세상에서 죽어 이 세상에 나서 누린 성과 이름, 음식, 고와 락, 수명을 여실하게 두루 아는 것을 말합니다. (9) 사생지력死生智力으로 여래께서 가령 천안으로 중생의 죽고 태어나는 때와 미래생의 선악취 내지 미와 추, 빈부 등 선악의 업연을 여실하게 아는 것을 말합니다. (10) 누진지력漏盡智力으로 여래께서 일체 미혹과 나머지 습기를 영원히 나지 않도록 끊음을 여실하게 두루 아는 것을 말합니다.

1-2-1-23

어떻게 수행하여야 마음이 한결같은 염에 이르러 시방제불께서 모두 앞에 나타나시겠습니까?

云何行 , 心一等念 , 十方諸佛悉現在前 ?

이는 삼매를 증성證成하는 상相을 따라 말한 것으로 곧 반주삼매를 성취하는 것입니다.

《관무량수경》에 이르길, "지혜로운 사람은 마음을 매어두고 자세히 아미타부처님을 관해야 하느니라. 아미타부처님을 관할 때는 하나의 상호로부터 들어가야 하나니, 다만 미간 백호를 관하여 그 영상이 분명하도록 관할지니라. 그래서 미간 백호의 상을 볼 수 있으면 부처님의 8만 4천 상호가 저절로 앞에 나타나나니, 이렇게 아미타부처님을 볼 수 있는 사람은 시방세계 무량 제불을 친견할 수 있느니라. 또한 무량

제불을 친견할 수 있는 까닭에 제불께서 현전하여 수기를 주시느니라."
하였습니다. (* 편역자 보충)

1-2-1-24

어떻게 수행하여야 4사가 본래 없음을 알겠습니까?

云何行 , 知四事之本無 ?

「사사四事」 혹은 사대四大이거나 혹은 세간 화회和會의 일을 가리킵니다.
이미 화합하여 있는 것인 이상 비록 잠깐 나타나 있는 것이지만 끝내
그 자체는 있는 것이 아닙니다. 그래서 비록 있는 것이지만 항상 없는
것입니다. 본래 없던 것이 지금 있는 것도 아니고, 단지 인연이 가짜로
화합한 것일 뿐입니다. 처음부터 끝까지 철저히 한 곳에도 있는 것이
없는 까닭에 본래 없음(本無)이라 말하였습니다.

(북본) 대반열반경大般涅槃經 32권에 이르길, "비유하면 중생이 모든
업을 지을 때 선하기도 하고 악하기도 하지만, 안도 아니고 밖도 아니니
라. 이와 같이 업의 자성은 있는 것도 아니고 없는 것도 아니며, 또한
본래 없던 것이 지금 있는 것도 아니고 원인 없이 생긴 것도 아니니라.
지을 것도 없고 받을 것도 없지만, 시절이 화합하기 때문에 과보를
받느니라."라고 하였습니다. (* 편역자 보충)

1-2-1-25

어떻게 수행하여야 이곳에서 곧 시방세계의 무수한 불국토를 보고

그 가운데 인민·천·용·귀신·꿈틀거리는 벌레의 부류들이 선악 취로 돌아가는 것도 다 알겠습니까?

云何行 , 便於此間見十方無數佛土 , 其中人民、天、龍、鬼神、及蠕動之 類善惡歸趣皆了知 ?

이 원은 《무량수경》(강승개 역본)의 제31원과 같습니다. "제가 부처 될 적에 그 불국토가 청정하여 시방일체 무량무수하고 불가사의한 제불 세계를 모두 비춰봄이 마치 맑은 거울에 얼굴을 비쳐볼 수 있도록 하겠나이다. 만약 이와 같이 되지 않는다면 정각을 성취하지 않겠나이다."

1-2-1-26

이와 같이 여쭙니다. 마땅히 어떻게 수행해야 하겠습니까? 원컨대 부처님께서 그것을 말씀하시어 모든 의심을 풀어주십시오."

所問如是 , 當云何行 ? 願佛說之 , 釋一切疑。」

질문 : 보살은 왜 지혜·위세·복덕·신력 등 이와 같은 여러 층차層次, 또한 한 가지 지혜 중 또한 세간·출세간 내지 부처의 불공법不共法의 지력智力 등 여러 종류의 문제를 여쭈었습니까?

답변 : 국토를 장엄하고 중생을 성숙시키기 위함입니다. 만약 겨우 자기 한 몸을 위해 해탈을 구하면 질문하는 문제의 구성은 협소할 것입니다. 보살은 일체 다른 종류, 다른 근기와 성향의 중생을 제도하기 위해 반드시 이처럼 광범위한 문제를 질문해야 합니다. 왜냐하면 보살은 특정 어떤 한 종류의 중생을 위하지 않아야 비로소 의의가 있기 때문입니

다. 이에 무량한 다른 종류의 중생에 대하여 모두 제도하겠다는 마음을
냅니다. 관세음보살의 32응신三十二應身 내지 천수천안千手千眼은 모두
제도할 인연이 다른 중생들을 위해 다른 응화應化가 있는 것입니다.

이상 25가지 질문의 내용은 「원願」, 바로 장차 필요한 원만한 과덕이
됩니다. 부처님께 어떻게 「행行」할 것인가? 청문하는 것은 당면한 수행의
인지因地입니다. 행과 원이 서로 도와 바야흐로 구경불과를 얻습니다.
법장 비구가 48원을 세우고 나서 일향으로 뜻을 전일하게 하고 미묘한
국토를 장엄하여, 마침내 원을 원만히 이루고 극락정토를 성취하여
시방의 유연중생을 접인할 수 있게 되었습니다.

《무량수경》(하련거 회집본)에 이르길, "아난아, 법장 비구는 세자재왕 여래
앞에서, 제천·인간 대중 가운데서 이러한 대원을 발하시고서 진실의 지혜에
머무시며 용맹 정진하고, 일향으로 뜻을 전일하게 하여 미묘한 국토를
장엄하셨느니라. 그가 수행하여 성취한 불국토는 확 트여 통해 있고, 끝도
없이 광대하며, 제불국토보다 수승하고 홀로 미묘하며, 건립된 국토는
영원히 변치 않아 일체 만물이 쇠하지도 않고 변하지도 않느니라." 하였습니
다. (* 편역자 보충)

《화엄경華嚴經》에 이르길, "비유컨대 등의 심지가 그 크기에 따라 광명을
발하나니, 만약 등잔불의 기름(膏油)을 더해서 넉넉하면 광명이 끝내
다하지 않느니라. 보살마하살이 밝힌 보리심의 등불도 이와 같아서
대원大願이 심지가 되어 광명을 법계에 비추나니, 대비大悲의 기름을
더해서 중생을 교화하고 국토를 장엄하며 불사를 베풂에 휴식이 없느니
라." 하였습니다.

보리심의 등불은 인연을 기다려 이루어지므로 보리심원菩提心願을 발하

여 등불의 심지를 삼고 대비의 등불 기름을 더하여 그런 후에야 지혜 등불의 빛을 방출하고 이때 비추어 밝히는 쓰임(用)을 방출할 수 있습니다. 발타화보살은 《환사인현경幻士仁賢經》에서 불의삼매佛意三昧를 얻을 때 보리심을 이미 말하였고, 부처님을 따라 출가수행을 하였습니다. 지금 본경에서는 이 보살이 중생을 제도하겠다고 발원하고 어떻게 수습할 것인가 청문하여 중생을 제도하는 원을 원만히 이루는 것을 선설하고 있습니다. 이 인연으로 부처님께서 반주삼매를 선설하기 시작하여 당세와 후세의 중생에게 이익을 얻게 하십니다.

부처님께서 반주삼매로 총괄적으로 답하시다

(1) 먼저 발타화보살을 찬탄하시다

1-2-2-1

부처님께서 발타화에게 말씀하셨다. "훌륭하다. 네가 이렇게 묻는 것은 생사를 뛰어넘게 하는 것이 많아 이루 헤아릴 수 없구나. 그대가 능히 이러한 질문을 할 수 있는 까닭은 그대가 전생에 과거 부처님 때에 공덕을 지은 것을 제불께 공양하고, 경법에 즐거워하며, 금계 행을 잘 지켜 청정한 소치요, 늘 걸식을 행하여 청하는 공양에는 나아가지 않고, 모든 보살들의 모임을 많이 성취하여 온갖 악을 버리도록 가르치고 일체를 다 평등하게 보는 소치이며, 늘 대자대비한 마음이 있는 소치이니, 너의 공덕은 이루 헤아릴 수가 없구나."

佛告跋陀和 :「善哉 , 汝所問多所過度 , 不可復計。汝所以能作是問者 , 汝乃前世過去佛時 , 所作功德 , 供養諸佛 , 樂於經法。守禁戒行 , 清淨所

致 , 常行乞食不就請。多成就諸菩薩合會 , 敎語令棄衆惡。視一切悉平等
所致 , 常有大慈大悲所致。汝功德不可復計。」

과도過度

이익과 안락으로 범부를 넘어 성인으로 들어가고, 범부지와 이승지二乘地
를 초월함을 뜻합니다. 번뇌의 바다·생사의 흐름을 뛰어넘고, 생사를
영원히 벗어나 구경의 불도에 이르는 까닭에 「뛰어넘음」이라 합니다.
《현호분》에 이르길, "이때 세존께서 현호보살마하살에게 이르셨다. 훌
륭하고 훌륭하다. 현호여, 그대가 지금 여래에게 이와 같은 묘의를
청문할 수 있었던 것은 일체세간의 모든 중생들을 이롭게 한 까닭이고,
또 모든 중생을 안락케 한 까닭이며, 또 제천인을 불쌍히 여긴 까닭이고,
또 미래세 모든 보살들을 섭수한 까닭이니라." 하였습니다.

중생은 허망하게도 생사를 유전하고, 부처는 진실로 법신을 증득해
들어갑니다. 중생과 부처의 중간은 곧 보살의 수행과정입니다. 중생과
부처, 허망과 진실은 일념의 깨닫고 미혹하는 사이에 있습니다. 그래서
보살이 중생을 제도하여 성불하게 함은 또한 바로 허망한 념을 제도하여
진실한 마음으로 들어가는 것입니다. 이러한 뛰어넘음(過度)은 자성에서
일념의 마음이 흘러나오는 것과 마찬가지입니다. 진실과 허망은 비록
단지 일념에 있을지라도 이 일념을 뒤집으면 오히려 보리도菩提道 전체를
완성하는 내용입니다.

예컨대 정토법문은 부처님께서 명호로 대중을 섭수하여 정토에 태어나
게 합니다. 중생은 단지 한마디 명호만 지니기만 하고, 그 나머지 무량공
덕은 모두 아미타부처님으로 말미암아 성취됩니다. 게다가 부처님
명호를 지니기만 하면 곧 허망을 여의고 실제에 들어갈 수 있습니다.
중생이 부처님 명호를 지념한다고 하지만 실제로는 중생이 자기의

청정심을 염하는 것입니다!

이처럼 간단한 법문을 어떻게 유정들에게 신수봉행하도록 하겠습니까? 이를 위해서는 불보살께서 중생을 섭수하시는 선교방편으로 말미암아 인도하는 것이 필요합니다. 그래서 모든 여러 가지 문제를 청문한 목적은 단지 유정들을 섭수하여 (내세의) 이익과 (현세의) 즐거움을 주기 위함입니다. 이는 《무량수경》(강승개 역본)에서 말씀하신 것과 꼭 같습니다. "우리들로 하여금 그래서 제도해탈을 입게 하여 모두 다 부처님께서 이전 세상에서 도를 구할 때 겸손히 고생하는 것을 마다 않은 소치로 은덕이 널리 뒤덮고 복록이 높고 크나이다." 아미타부처님께서 중생을 위해 깔아놓으신 길은 단지 하나의 정토를 성취한 것일 뿐만 아니라 중생이 청정한 국토에서 수행하여 더 이상 퇴전하지 않고 성불의 이행도 易行道를 걷도록 하기 위함입니다. 또한 보살도를 행할 때 여전히 중생 곁에서 장래 부처님의 교화를 받길 바라는 종자를 심었습니다. 그래서 보살은 한편으로는 자기 자신이 닦고 증득하며, 다른 한편으로는 중생을 위해 씨를 뿌립니다. 그 "공덕은 이루 헤아릴 수 없습니다!"

여소이능작시문자汝所以能作是問者……

발타화보살은 그래서 이와 같은 뜻을 질문한 것은 공덕을 쌓은 소치입니다. 그러면 어떻게 쌓았습니까?

과거세에 - 자신을 이롭게 하는 것(自利)입니다. "공덕을 지은 것을 제불께 공양하고 경법에 즐거워하여" 이 경문과 관련하여 《현호분》에 이르길 "현호여, 그리고 그대가 과거 무량제불께 공양하여 모든 선근을 심었으며, 정법을 잘 듣고, 정법을 잘 수지하였으며, 정법을 즐거워하고 정법을 공경하고 귀중히 하였느니라." 하였습니다.

공양제불供養諸佛

세간과 출세간의 복보를 키우는 것은 모두 공양으로 인해 시작됩니다. 특히 경건하고 정성을 다해 부처님께 공양하면 큰 복을 얻을 수 있습니다. 《대반야바라밀다심경大般若波羅密多心經》(약칭 대반야경)에 이르길, "만약 선남자 선여인 등이 부처님께 공양하기 위해 최소한 꽃 한 송이라도 허공 중에 흩뿌리면 이 선남자 선여인 등은 생사의 끝이 궁진하도록 선근이 다함이 없느니라. 선현善現아, 알아야 하나니, 또 부처님께 공양을 하여 최소한 꽃 한 송이라도 허공 중에 흩뿌려 복덩어리(福聚)를 얻고자 하는 것은 차치하더라도 만일 선남자 선여인 등이 최소한 「나무불타대자비자南讚佛陀大慈悲者」를 한번 부르면, 이 선남자 선여인 등이 생사의 끝이 궁진하도록 그 선근이 다함이 없어서 천인 가운데 늘 복락을 받으며 내지 최후에는 반열반을 얻게 되느니라. 이와 같이 선현아, 제불의 처소 및 부처님의 화신께 공경하고 공양하면 이와 같은 등의 광대한 이익을 얻게 되느니라." 하였습니다.

요어경법樂於經法

출세간의 복을 얻습니다. 경전을 듣고 법문을 듣는 것(聽經聞法)은 정념正念 · 정정正定을 생하게 하고, 정지견正知見을 기를 수 있으며, 더 나아가 교화 인도하여 신업 · 구업으로 모두 정행淨行을 닦을 수 있습니다. 서방 정토, 그 나라의 천인들은 밤낮으로 모두 그 듣고자 하는 법문을 뜻하는 대로 저절로 듣습니다. 이는 《불설아미타경佛說阿彌陀經》의 경문과 같습니다. "온갖 새들이 밤낮으로 여섯 때에 평안하고 단아한 소리를 내어서 그 소리가 오근 · 오력 · 칠보리분 · 팔정도 등 이와 같은 법을 연설하나니, 그 국토의 중생들은 그 소리를 듣고서 부처님을 생각하고 불법을 생각하며 승가를 생각하느니라. 사리불아, 이 새들이 실제로 죄의 과보로 생겼다고 말하지 말라. 왜 그러한가? 저 불국토에는 삼악도가 없기 때문이니라. 사리불아! 그 불국토에는 삼악도라는 이름조차 없거늘 하물며 실제로 그런 것이 있겠느냐? 이러한 갖가지 새들은 모두 아미타부처님께서 범음을 널리 펴고자 위신력으로 변화하여 이루어진 것이니라."
현재세에 - 자신과 타인 모두를 이롭게 합니다. "금계 행을 잘 지켜 청정한 소치요, 늘 걸식을 행하여 청하는 공양에 나아가지 않고, 모든 보살들의 모임을 많이 성취하여 온갖 악을 버리도록 가르치고 일체를 다 평등하게 보는 소치이며, 늘 대자대비하는 마음이 있는 소치이다."
자신이 수행함에는 현세에서 스스로 청정한 계를 지니고, 적은 욕심에 만족할 줄 압니다. 다른 사람을 이롭게 함에는 모든 보살에게 권청勸請하고, 보살을 위해 행법을 설해 교화하며, 모든 중생에게 평등심을 일으키게 합니다.

(2) 다음으로 25가지 질문에 총괄적으로 답하시다.

1-2-2-2

부처님께서 발타화에게 말씀하셨다. "「시방제불이 모두 눈앞에 서는 삼매」라 이름하는 어떤 삼매가 있나니, 능히 이 법을 수행하면 그대가 질문한 것을 다 얻을 수 있느니라."
발타화가 부처님께 말씀드렸다. "원컨대 말씀해 주십시오. 지금 부처님께서 말씀하신 것은 생사를 뛰어넘어 시방세계를 안온하게 하는 것이 많으니, 모든 보살들을 위하여 대광명의 상을 나타내어

주십니다."

부처님께서 발타화에게 말씀하셨다. "「정의定意」라 이름하는 삼매가 있나니, 보살들은 항상 수守 · 습習 · 지持를 행하여 더 이상 다른 법을 따르지 않으므로 공덕 중에 가장 제일이니라."

> 佛告跋陀和:「有三昧名十方諸佛悉在前立。能行是法,汝之所問悉可得也。跋陀和白佛,願爲說之。今佛說者,多所過度安隱十方,爲諸菩薩現大明相。佛告跋陀和,有三昧名定意,菩薩常當守、習、持,不得復隨餘法,功德中最第一。」

유삼매명십방제불실재전립有三昧名十方諸佛悉在前立

「반주삼매」는 상행도常行道라 번역되는데, 이는 인행因行에서 말한 것이고, 「시방제불이 모두 눈앞에 서는 삼매」는 과증果證을 따라 말한 것입니다. 이름은 다르나 뜻은 같습니다.

능행시법能行是法, 여지소문실가득야汝之所問悉可得也

반주삼매를 성취하면 곧 청문한 원망을 모두 성취할 수 있다는 말입니다.

질문 : 왜 반주삼매 일법을 성취해야 합니까? 필요한 공덕 이상으로 원만할 수 있습니까?

답변 : 이상의 25개 질문을 지말枝末로 여기고, 근본처를 찾기 시작해야 합니다. 중생은 무량한 자성청정공덕을 본래 갖추고 있지만, 망념에 덮이고 가려져 현현할 수 없습니다. 만약 이것을 현발顯發한다면 "그대가 질문한 모든 것을 얻을 수 있습니다." 삼매를 닦으면 모든 망상 번뇌를 항복시켜 청정심이 저절로 현현하니, 이것이 수행의 근본이 됩니다.

그리고 그 나머지 복덕은 그것을 따라 오고, 이것은 지말이 됩니다. 마치 구름을 헤치고 해를 보는 것처럼 일단 해가 나오면 대지가 한 조각 광명으로 따뜻해지고 초목이 무성하게 자라는 모습이 따라 옵니다.

청정심은 공성空性과 같아서 근기에 따라 응하여 무량한 연기가 있지만, 실제로 생멸이 존재한다는 집착을 멀리 여의어야 인연에 응하여 대용大用을 일으킬 수 있습니다. 만약 실유實有에 가리어 장애를 받는다면 곳곳에 삶(生機)의 연기를 볼 수 없습니다.

이 같은 수승함에 선재동자가 찾아뵌 사람은 중생을 널리 구호하는 묘덕야신(普救衆生妙德夜神)으로 그는 이와 같이 수묘殊妙한 승덕勝德을 갖추고 있었습니다. 이 야신은 일체 지혜 광명을 성취하였을 때 또한 한꺼번에 모든 공덕 성재聖財를 성취하였습니다. 《화엄경》에 이르길, "선남자여, 나는 일체지의 광명에 의지하는 까닭에 생각생각 가운데 무량한 부처를 보느니라. 이미 부처를 보고 나서 먼저 얻지 못한 것, 먼저 보지 못한 것, 보현보살의 제행을 다 원만히 이룰 수 있느니라. 왜 그러한가? 일체지의 광명을 얻은 까닭이니라." 하였습니다.

위제보살현대명상爲諸菩薩現大明相

다른 역본인 《현호분》에 이르길, "미래 모든 보살 무리를 위하여 대광명을 나타내어 위신력을 입도록 하는 까닭이니라." 하였습니다. 보살의 청문은 시방중생을 안온하게 할 뿐만 아니라 장래의 보살을 위해 지혜광명의 인도를 합니다.

한 법을 행하면 이상과 같은 질문한 일을 성취하니, 이 법의 이름을 「시방제불이 모두 눈앞에 서는 삼매」 곧 「정의삼매定意三昧」라 합니다. 보살들이 항상 수守·습習·지持를 행하니 공덕 중에 가장 제일입니다.

수守·습習·지持

「수守」는 굳게 지킴(堅執)으로, 삼매의 소연인 대상은 처음 닦을 때는 마음 바깥의 연과 같지만, 이것을 데리고 와서 바깥으로부터 안으로 방향을 바꾸어야 합니다.

「습習」은 배이도록 익힘(熏習)으로, 이것을 데리고 와서 안으로 방향을 바꾼 외연이 자체 내부에 동화되어 이것으로 하여금 자심自心과 상응하게 하는 것입니다.

「지持」는 내맡김(任運)으로, 자심과 타성일편打成一片[14]이 되어 분할을 허용하지 않습니다. 예를 들면 농구를 하는 고수가 되고 싶다면 당연히 날마다 연습을 해야 합니다. 가장 좋은 방편은 길을 걸어 갈 때 몸에 공을 지니고 다니는 것입니다. 처음에는 공은 공이고 손은 손으로 언제나 떨어지는데, 이때 온몸에 힘을 내어 쥐고 따라붙어야 합니다. 이것이 곧 「수」의 단계입니다. 점차 공을 손을 따라 전후좌우로 부릴 수 있으면 이것이 「습」의 단계입니다. 그리고 이후 공이 마치 손바닥에 붙어서 뜻대로 자유자재하면 이것이 곧 「지」입니다.

가령 소연의 집지에 대해 실제상으로 반연하는 마음(能緣)을 전일하게 발휘하고 내지 내맡겨 자유자재하면, 이것이 바로 이른바 「정의定意」입니다.

이 세 단계는 아래와 같이 여섯 가지 힘에 의지해 수습하여야 합니다.

1. **청문력**聽聞力으로 경전을 듣고 법문을 들음을 통해 법의法義를 받아들

---

14) "천만 갈래의 마음을 하나에 다 모아버린다는 말입니다."(청화 큰스님)

여야 합니다.

2. **사유력**思惟力으로 속마음이 받아들인 법의에 대해 생각하여 결택하여 긍정합니다. 이 두 가지 힘으로 「수」를 달성하여 산란을 대치할 수 있습니다.

3. **억념력**憶念力으로 소연에 대해 마음에 새기는 것(作意)이 필요합니다.

4. **정지력**正知力 곧 대치력으로 바깥세계의 명리名利에 움직이지 않도록 합니다. 이 두 가지 힘으로 「습」을 달성하여 혼침昏沉을 대치할 수 있습니다.

5. **정진력**精進力으로 분별없이 전념(專注)하는 힘을 말합니다.

6. **관습력**串習力으로 소연에 장애가 없어 내맡겨 자유자재함을 말합니다. 이 두 가지 힘으로 「지」를 달성하여 수행이 향상일로(上路)에 있습니다.

부득복수여법不得復隨餘法

《대방등다라니경大方等陀羅尼經》에 이르길, "우물을 파는 사람이 점차 젖은 흙을 보면 물이 멀지 않았음을 반드시 스스로 알아 의심이 없는 것과 같으니라." 하였습니다. 우물을 팔 때 지표의 마른 흙이 점차 지하로 내려가면 젖은 흙으로 바뀌고 그런 후에 물을 만나게 됩니다. 흙은 비록 우물을 파는데 필요한 결과가 아니지만, 오히려 반드시 거쳐야 하는 과정으로, 흙을 보는 것이 아닙니다. 곧 물이 없으면 버려야 하는 것으로 여겨야 합니다. 그래서 수행은 반드시 점차(漸次: 단계)가 있어야 하고 고통스런 성장을 참아낼 수 있어야 감미로운 과실이 있습니다.

《근대왕생수문록近代往生隨聞錄》에 이르길, 「장일류張一留 거사는 말년에 사람과 일을 사절하고 정업淨業을 전수專修하였다. 일찍이 병이 들어

눈이 실명하여 백의로도 치료할 약이 없어 일심으로 염불하였다. 수개월
이 되지 않아 눈이 다시 밝아지면서 평상시처럼 경전을 보고 글을
쓸 수 있었다. 일찍이 방향을 가리키고 도량을 세워 아미타불을 염하는
것으로 유익한 종지로 삼았고 현담玄談을 중시하지 않았다. 임종 전에
스스로 염불게송 몇 수를 찬하였다. 그 한 수에 이르길, "옛날 올 때도
곧 실오라기 하나 걸치지 않았고 지금 감에도 또한 실오라기 하나
남기지 않노라. 요탈에 중요한 것은 일념에 있나니, 일념이란 곧 이것을
염하고 이것에 응하는 것일세(昔來即一絲不掛 , 今去亦一絲不掛。了脫要在一
念 , 一念即念玆在玆)." 하였습니다. 오래지 않아 가벼운 병을 보이다 안상히
왕생하였다.」

이 감미로운 결과는 한길을 여의지 않고 한번 파고 한번 삽질하며
매번 한 수 힘을 쓸 때마다 이미 주착住著하지 않고 또 손을 늦추지
않는 데 있습니다. 이렇게 닦아 가면 고향에 도착할 때에도 여전히
발아래 한 걸음을 여의지 않습니다.

염불을 하는 것은,
곧 자신의 법신혜명[法身慧命]을
키우는 것이며,
부처님의 힘과 자신의 힘에 의지하여
서방극락세계 왕생을 구하는 것이며,
부처님의 지견[佛知見]을 열고
자신의 본각(本覺)을 회복하는 것입니다.
- 담허대사 '염불론'

[정종분正宗分]

행품行品 제2

[부처님께서 정의법定意法을 가르치시다]

반주삼매를 찬탄하시다

2-1-1

부처님께서 발타화에게 말씀하셨다. "보살이 이 선정을 빨리 얻고자 한다면 항상 큰 믿음을 세워서 여법하게 행하면 얻을 수 있을 것이니, 티끌만큼이라도 의심하지 말라. 이것은 정의법으로 「보살초중행」 이라 이름하느니라."

佛告跋陀和:「菩薩欲疾得是定者, 常立大信, 如法行之則可得也, 勿有疑想如毛髮許。是定意法, 名爲菩薩超衆行。

상립대신常立大信

이른바 「대大」는 그 대상을 대승大乘의 극과極果인 부처님의 몸(佛身)과 정토로 삼고, 이른바 「신信」은 깊이 인욕하며 좋아하고 즐기는 것을 상相으로 삼습니다. 즉 일으키는 주체(能起)는 견고하게 계념繫念[15]하는

---

15) "자신의 마음을 계속해서 아미타부처님의 명호에 두거나 극락세계의 공덕

것을 용用으로 삼아 선심소善心所16)를 견고히 하고, 의심(疑想)을 제거하는 것을 대치로 삼아 불선不善의 심소를 다스립니다. 그래서 《필삭기筆削記》에 이르길, "이 수승한 경계에 인연하여 인욕하며 즐기는 마음을 발하는 것을 「기신起信」이라 이름한다." 하였습니다. 신심信心을 일으키려고 하면 자심自心을 끌어낼 수 있을 정도로 깊고 간절하게 긍정하며(深切肯定), 그리워하며 기뻐 즐거워하는(嚮往欣樂) 경계를 찾아낼 필요가 있습니다. 그런 후에 이 경계에 대해 비로소 신심을 일으켰다고 확정할 수 있습니다.

정토를 닦기 위해 큰 믿음을 일으키려면 그 소연所緣의 대상은 바로 아미타부처님과 극락세계여야 합니다. 정토종의 12대 조사이신 철오徹悟 선사께서는 그의 승방(寮房)을 스스로 「이유실(二有室 ; 두 가지가 있는 방)」이라 불렀습니다. 그의 어록에서 이르시길, "경에 이르길, 여기에서 서쪽으로 십만 억 불국토를 지나가면 「극락」이라 이름하는 세계가 있고, 그 세계에는 명호가 「아미타」인 부처님께서 계시나니, 지금 그곳에서 안온히 주지하시면서 법을 설하시고 계시느니라. 이는 부처님께서 금구金口로 설하신 진실한 말씀(誠言)으로 분명히 가리켜 보여주셨지만, 세상의 몽매한 사람들은 오히려 「유심정토」에 그릇되이 집착하여 다른 주장들(異議)이 무성하게 생겨나니, 슬프기 짝이 없습니다. 그래서 특별히 이 글자(二有)17)를 써서 제 방의 이름으로 삼아 스스로 경책하며 성찰할

___

장엄에 두는 것을 가리킨다." 《아미타경 심요》(비움과소통)

16) 선심소善心所는 그 성질이 오로지 선善인 마음작용들로서, 선심善心 즉 선한 마음과 함께 일어나는 마음작용을 말한다. 《성유식론》 제6권에 따르면, 선심소로는 신信 · 참慚 · 괴愧 · 무탐無貪 · 무진無瞋 · 무치無癡 · 근(勤, 정진) · 안(安, 경안) · 불방일不放逸 · 행사行捨 · 불해不害의 11가지가 있다.

17) "공에 즉한 유(卽空之有)와 유이나 비유(有而非有)를 모르고서 하물며 둘 다 사라지고 둘 다 존재하여(雙泯雙存) 사구四句를 넘어서고 사구를 포함하는 원교圓教의 유문의 유(有門之有)와 대저 성품이 갖추고 있는 본유의 유(本有之有)를 어떻게 알겠는가?" 『철오대사徹悟大師 유집遺集』 「잡저雜著」

뿐입니다." 하셨습니다. 조사·대덕들께서는 밝은 눈으로 힘을 쏟아 부처와 그 국토가 있음을 확신하셨습니다. 마음에는 구경의 깨달음覺悟이 있어 공덕이 원만하신 보불報佛께 귀명歸命할 수 있고, 몸에는 청정·평등함이 있어 무량장엄한 정토에 의탁할 수 있으니, 어찌 기쁘게 왕생(欣往)하길 바라지 않겠습니까?

사바세계의 고苦를 염리하는 마음이 일어남과 동시에 극락세계에 대해 깊고 간절하게 긍정하고 좋아하며 즐기는 마음이 발생할 수 있습니다. 그러나 범부는 아직 정토의 수승한 경계를 보지 못해 어떻게 좋아하고 즐기는 마음이 생길 수 있겠습니까? 그래서 먼저 부처님 말씀을 믿고 받아들여야 합니다. 정토법문은 매우 깊고 믿기 어려운 법으로 제불께서 광장설상廣長舌相을 내밀어 같은 목소리로 찬양하셨습니다. 서방의 수승한 경계에 대하여 반드시 그 수승한 《정토삼경》을 상세하고 세밀하게 독경하여야 합니다. 그런 후에야 비로소 진실로 의지할 수 있는 신심의 상이 생깁니다.

견고한 계념繫念이란 무슨 뜻입니까? 눈이 보는 대상인 색과 혀가 맛보는 대상인 맛처럼 계연繫緣18)하는 대상은 모두 분명하게 나타나 쉽게 알 수 있습니다. 왕생발원하는 정토에 대하여 어떤 사물이 자기로 하여금 가장 기쁘게 왕생하게 할 수 있는가? 이 수승한 경계에 대해 내심으로 견고하게 계념하여 또렷하고 분명히 알아서, 자성이 본래 갖추고 있는 큰 믿음을 끌어내게 해야 합니다. 그런 후에는 설사 몸이 사바세계에 있을지라도 정토가 「있고(有)」, 아미타부처님이 「계시다(有)」는 신심을 갖춘다면 바깥 경계에 흔들리지 않고 스스로 의심하는 마음을 대치할

18) 계연문(繫緣門) : 이 문은 "마음을 매어두어 보호하여 싹과 줄기가 나오게 하고 번식시켜 무성하도록 기르게 한다. 마치 단비가 내리는 것과 같다." 자운준식(慈雲遵式)스님, 《왕생정토결의행원이문往生淨土決疑行願二門》.

수 있습니다. 이와 반대로 신요(信樂 ; 믿고 좋아함)의 대상이 모호한 사람은 신심의 용用을 매우 얻기 어렵습니다.

《염불인열전念佛人列傳》(藤秀璟 저; 약칭 염불인)에 비유 하나가 있습니다. 「어떤 사람이 일찍이 오랑우위문五郞右衛門에게 "당신은 어떻게 여래에 의지하게 되었습니까?"라고 질문하였다. 오랑우위문은 "저는 어떻게 의지해야 하는지 모릅니다. 왜냐하면 여래께서는 마치 갓난아이에게 젖을 먹이는 것처럼 저에게 자비로운 젖가슴을 내어 주십니다. 그래서 저는 그를 믿을 뿐만 아니라 부처님 본원의 불가사의에 기대어 저같이 선을 지은 일도 없고 악만 지은 사람도 왕생할 수 있게 하시니, 마음이 기쁘다고 느끼는 것 말고 실제로 아무것도 모릅니다."라고 답하였습니다. 자신이 갓난아이처럼 비록 작고 힘이 없을지라도 자비로운 어머님 같은 부처님께 의존할 수 있다면 이것이 곧 확실하고 간절하며, 충분히 의심을 끊어버릴 수 있는 신심입니다.」

여법행지如法行之 , 즉가득야則可得也

경에서 가르친 대로 여법하게 행하면 이것을 인으로 하여 과를 얻을 수 있습니다. 삼매를 닦는 것, 그 자체는 조삼모사朝三暮四하지 말고 우물을 파듯이 한 곳을 매우 깊이 파야 합니다. 행인의 수행과정은 평상시 순경계에서 악경계, 중용의 경계에 이르기까지, 젊은 시절부터 늙어 죽을 때까지, 한 평생 건강할 때부터 잔병에 시달리거나 내지 목숨을 마치는 마지막 한 호흡에 이르기까지, 모두 여법하게 행하여 끝내 제목을 고치지 않으면 저절로 연화대가 현전하며 정토에 왕생하게 됩니다.

한 사람에게 가장 큰 고통은 죽음의 고통을 넘어서는 것 만한 것은 없습니다. 지수화풍 4대四大가 모두 같이 합작한 인연이 다할 때 저절로 분해되어 버립니다. 이것이 곧 한 사람 생명의 종결단계입니다. 《사분율행사초자지기四分律行事鈔資持記》(약칭 자지기)에 이르길, "《구사론俱舍論》에 의거하면 사람은 목숨이 다할 때 3대가 차례로 분해된다. 화대火大가 분해될 때 마음이 초조하고 가슴이 답답해지며 눈동자가 뒤집히며 침을 흘린다. 수대水大가 분해될 때 형체가 크게 부어오르고 근맥筋脈이 곱고 무너져 내린다(이런 모습이 나타나면 반드시 악보惡報를 받는다). 풍대風大가 분해될 때 눈 깜짝할 사이에 자기도 모르고 목숨이 다한다. 지대地大는 단단하고 무거워 분해될 수 없다(살아있을 때 이 3대로 말미암아 사지가 계속 유지됩니다. 이 세 가지가 이미 흩어지면 죽고 사지는 분해된다)." 하였습니다.

큰 믿음을 세워서, 사대가 분해되어 무수한 고통이 옥죄어 오는 중에도 분명히 눈앞에 있을 수 있어야 최후 신요(信樂 ; 믿고 좋아함)의 인도가 나타날 수 있습니다. 진정한 수행방법은 망상·번뇌를 제거할 수 있을 뿐만 아니라 생사를 끝마칠 수 있습니다. 생사가 관계되는 궁극에 결정할 수 있습니다. 이것은 중요할 뿐만 아니라 귀중한 부분입니다.

《염불인》에서는 이야기 한 편을 들려줍니다.

「설을 쇤 후 정월 초사흘, 그는 친척을 모두 불러서 작별인사를 하였다. "머지않아 곧 나는 정토에 갈 거야. 무슨 말을 할지 생각이 나지 않을 정도로 정말 기뻐."

말을 마친 후에도 염불이 그치지 않았다.

그날 저녁 사람들은 그에게 말했다. "약간의 호흡곤란과 흉부에도 통증이 있는 것 같아 보여."

"불쌍해라. 필시 매우 아플 거야."

교신教信은 대답했다.

"매우 아프지만, 그래도 참을 수 없는 정도의 고통은 아니야. 나는 여러 해 동안 머물렀던 익숙한 세계를 이제 막 떠나려는 참이야. 이 정도의 고통을 겪는 것은 당연해. 내 생명의 종점은 이미 눈앞에 다가왔어. 금생에 작별하는 기념으로 대자대비하신 존상尊像께 절을 하고 싶어."

이렇게 말하고서 사람들에게 불단佛龕 위에 궤상掛像을 내려서 배게 곁 병풍 위에 걸게 하고 평온하게 꿇어 앉아 합장 예배하고서 칭명염불을 하니, 환희심이 흘러넘쳤다. 잠깐 후에 그는 말했다.

"이렇게 송구스러울 수가! 내가 직접 가야 했었는데, 오히려 존상께서 이와 같이 청정하지 않은 병상 곁에 오시게 해서 정말로 죄를 받아 수만 번 죽어도 돼. 서둘러 돌아가겠다고 청해야겠어!"

말을 마치고 칭명염불 소리가 점차 낮아지면서 마침내 숨이 끊어졌다.」

이는 정말 마음이 끌리는 한 폭의 극락왕생도입니다. 비록 주인공이 이미 사경에 이른 때였지만, 그래도 그가 연출한 그 경계는 청량하고 자재하였습니다.

물유의상勿有疑想

이는 견고한 믿음이 없음입니다. 의심하면 믿음이 생기지 않습니다. 둘은 함께 존재할 수 없습니다. 이는 말라버린 연못에 살아있는 물고기를 찾을 수 없는 것과 같습니다. 《여산연종보감廬山蓮宗寶鑑》에 이르길, "《사십이장경四十二章經》에 설하길, 사람으로 태어나기 어렵고, 육근을 완전히 갖추기 어려우며, 중국에 태어나기 어렵고, 불도를 만나기 어려우며 믿음을 일으키기 어렵다 하였다. 믿음을 일으키기 어려움을 논해보면 인연이 있어도 의심이 있어 그 의심을 끊지 못하면 어떻게 믿음을 내겠는가? 그래서 《금강경金剛經》에 이르길, 바른 믿음(正信)은 희유하다 하였다. 《법화경法華經》에 이르길, 믿음으로 들어가야 한다 하였다.19)

왕용서王龍舒 거사는 이르길, 부처님께서 사람을 위해 의왕이 되셔서 일체 병을 고칠 수 있지만 목숨이 다한 사람은 구할 수 없고, 부처님께서는 일체 사람을 제도하지만 믿지 않는 사람은 제도할 수 없다. 무릇 믿음이란 일념一念의 진성眞誠이다. 만약 사람이 마음으로 머무르겠다고 생각하면 몸도 따라 머문다. 이 몸은 마음을 따라 움직이므로 가고자 하는 생각이 있으면 몸이 매여 있는 사람이라도 색신이 무너질 때 오직 일념만 있으면 일념이 가는 곳은 어디나 이르지 못하는 곳이 없다. 그래서 일념의 신심으로 염불하여 정토에 태어나길 구하면 반드시 정토에 이르나니, 하물며 우리 불세존과 모든 대보살들 또한 본래 서원하신 원력이 있어 접인하여 왕생함이랴?" 하였습니다.

초중행超衆行

《지심범천소문경持心梵天所問經》에 이르길, "저 세상에 있을 때 온갖 행을 넘어 육바라밀(六度無極)을 갖추었느니라. 왜 그러한가? 일체 상(想; 표상, 지각작용)을 버림을 보시바라밀(施度無極)이라 하고, 일체 있는 바 연緣을 깨끗이 제거하게 함을 계바라밀(戒度無極)이라 하며, 제성諸性에 인내함을 인욕바라밀(忍度無極)이라 하며, 일체 행에 모두 다 적연寂然함을 정진바라밀(進度無極)이라 하며, 일체 념에 습행習行이 없음을 선정바라밀(寂度無極)이라 하며, 본래의 청정 무생법인(不起法忍)을 요달함을 지혜바라밀(智度無極)이라 하느니라." 하였습니다.

앞의 경문 「공덕중최제일功德中最第一」과 지금 경문 「초중행超衆行」은 뜻이 같습니다. 어떠한 한 법을 닦든지 모두 일체 생각을 버리면 곧 상에 취착하지 않게 됩니다. 작위作爲의 덕을 쌓음이 있으므로 행이

---

19) "그대 사리불舍利弗도 오히려 이 법화경에서 믿음을 가지고 들어가야 하느니라. 하물며 다른 성문에 있었으랴!"《묘법연화경》〈비유품〉

일어나기 시작하고, 모든 상념을 깨끗이 제거하여 오직 이 일행만 있고 다른 행이 없습니다. 그러므로 이 유위공행有爲功行에 나아가면 바로 그 자리가 바로 무위이체無爲理體이니, 진허공盡虛空·변법계遍法界에 모두 다 남김없이 충만하여 다시 그 바깥으로 나가는 것이 없음을 「초중행超衆行」이라 합니다.

수지요령 修持要領

2-1-2

일념을 세워서 이 법을 믿고, 듣는 바를 따라서 그 방위를 염하여 마땅히 일념으로 모든 상을 끊을지라. 결정된 믿음을 세우고 홀로 의심하지 말라. 정진하여 행하고 게으르지 말라.

立一念 , 信是法 , 隨所聞 , 念其方 , 宜一念 , 斷諸想 , 立定信 , 勿狐疑 , 精進行 , 勿懈怠。

념念(smṛti)

《성유식론成唯識論》에 이르길, "념이란 무엇인가? 일찍이 학습한 대상(習境)을 명백히 기억하여 잊지 않는 것을 성(性 ; 본연의 성품)으로 삼고, 정定[20]의 소의(依)를 업(業; 본연의 작용)으로 삼는 마음작용으로 이른바 일찍이 받아들인 대상(所受境)을 반복적으로 억지憶持하여 망실하지 않도록 하여 정定을 이끌어 낼 수 있는 까닭이다." 하였습니다. 념念은 과거

---

20) 마음의 번뇌를 제거하여 모든 잡념을 없애며 동시에 심식이 대상을 인식할 때 동요하지 않고 전심전력으로 관觀하는 심리작용을 말한다.

일찍이 학습한 대상에 대해 또렷하게 계념하여 망실함이 없도록 하는 것입니다. 이 같은 념의 힘으로 선정을 이끌어 낼 수 있습니다.

상想(saṃjñā)

《아비달마구사론阿毗達磨俱舍論》에 이르길, "능히 취상取像을 본체로 하는 것으로, 능히 청색과 황색, 장과 단, 남과 여, 원怨과 친親, 고와 락 등의 상相을 집취執取한다. 이것도 다시 분별하면 6상신想身을 이루니, 앞의 수受에서 말한 것과 같다." 하였습니다. 이 가운데 이른바 육상六想이라 함은 곧 눈이 접촉하여 생기는 상, 귀가 접촉하여 생기는 상, 내지 코·혀·몸·뜻 등이 접촉하여 생기는 상을 가리키는 것으로 소의所依하는 육근이 다름에 따라 6종의 상이 있습니다. 그리고 취상의 작용은 청색과 황색, 장과 단, 남과 여 등의 차이로 구별되고 가명안립假名安立을 시설합니다. 《성유식론》3권에 이르길 "대상에 대해 형상을 취하는 것을 체성性으로 삼고, 갖가지 명언名言을 시설하는 것을 업業으로 삼는다." 하였습니다.

의일념宜一念 , 단제상斷諸想

마땅히 일찍이 수학한 소연 경계에 전주專住21)하여 항상 억념憶念하고 이 인연을 지持·수守하여 이를 마음속에 분명히 기억하여 잊지 말아야 합니다. 이는 욕欲22)·승해勝解23)를 기초로 삼아야 합니다. 매일 쓰는 가운데 근根·경境·식識에 의지해 촉觸이 생깁니다. 근은 바로 감각기관,

---

21) 전주專注 : 오직 한 곳으로 부음, 즉 마음과 힘을 모아 오직 한 곳에 모두 부음, 즉 완전한 몰입을 말한다.
22) 인식의 대상에 나아가고자 하며 항상 희망을 갖는 작용을 한다. 그러나 그 희망은 마음에 따라 다르게 나타나게 된다.
23) 어떤 경지를 결정적으로 이해하고 정正과 사邪를 분명히 아는 심리작용이다.

경은 바로 대상, 식은 바로 인식주체를 가리키는데, 이 세 가지가 화합하여 생기는 것이 「촉觸」입니다. 촉으로 말미암아 감각이 생겨나는 것이 수受로, 즉 마음 안으로 「받아들이는」 작용입니다. 수受 다음에는 마음 안으로 떠오르는 인상을 일으키고, 갖가지 명언을 시설하는 것이 바로 상想입니다. 촉과 수는 육근六根이 대상입니다. 이 안의 육근內六根은 바깥 육경六境에 대해 「수受」가 필요한 것입니다. 그러나 「상想」은 자아·주관이 명언을 시설하는 것으로 마땅히 끊어 제거하여야 합니다. 어떻게 제거합니까? 십이인연十二因緣으로 유전流轉하는 가운데 수受가 일어나 애愛를 발생시킵니다. 애는 증憎·애愛 두 가지를 포괄합니다. 곧 특수한 증염(憎厭 ; 미움과 싫어함)과 탐애를 느끼는데, 이것에 응당 경각심을 일으켜 일체 취하지 말아야 합니다. 왜냐하면 애愛로부터 진일보하면 취取가 생깁니다. 그래서 취를 끊으려면 반드시 애를 제거하여야 합니다. 은사이신 지공智公 상인24)께서는 늘 이와 같이 가르치고 인도하셨습니다. 즉《지반연초池畔蓮鈔》(석지륜釋智論 선집)에 이르길, "염불인이 특히 주의해야 할 것은 어느 곳에서나 상(相 ; 현상적인 여러 가지 상황)에 집착해서는 안 된다. 마땅히 모든 상이 허망하다 생각하라. 상 가운데 있다 하더라도 망녕되이 증애를 일으키지 말고, 또 취하고 버리는 마음을 일으키지 말며, 또 이익이 있다거나 손해를 본다거나, 잘 되었다거나 무너졌다거나 등의 일을 생각하지 말라. 그저 편안하고 한가롭게 노닐며 안팎으로 고요하고(安閑恬靜), 허공처럼 텅 비우되 두루 통하여 경계에 물들지 않고 조촐하며(虛融澹泊), 일심으로 아미타불을 염하라." 하였습니다.

범부는 습관이 성품을 이루어 단지 상을 끊는다고 해서 힘을 얻을 수 없습니다. 5가지 별경심소別境心所25)를 운용하여 마음을 서방의 수승

---

24) 혜침법사의 스승이신 지유智諭법사(1924-2000)

25) 일체 마음에 두루 통하여 일어나지 않고, 각각 다른 경계에 대하여 일어나는 심소心所. 예를 들어 즐거운 경계를 만나면 욕심의 심소가 일어나고, 결정을 필요로 하는 대경對境을 만나면 승해勝解의 심소가 일어나는 것. 이 별경심소에는 욕欲·승

한 경계에 내걸어야 합니다. 즉 시시각각 이것을 염하고 이것에 응하여서 「모든 상을 끊는 것」 말고도 「마땅히 일념」으로 배합配合하여 한번 공격하고 한 번 지키면 극과剋果를 기약할 수 있습니다. 이렇게 불념佛念이 모든 상 앞에 서므로 촉觸 · 수受 후에 마음에 새겨서 불념이 일어나게 하여야 합니다. 《염불인》에서는 "염불은 횟수를 비교하는 것이 아니라 부처님 은혜, 한 가지 생각만 하는 것이다. 그러면 문득 오직 염불 한 가지 일만 있어, 아침 저녁으로 모두 그러한 줄 깨달을 것이다."라고 하였습니다. 왜냐하면 명확한 귀명歸命 목표가 있기 때문입니다. 저절로 날로 쓰는 가운데 바깥 상相에 취착하기란 쉽지 않습니다. 극락세계에서 는 이와 다릅니다. 이는 《불설아미타경》의 경문과 같습니다. "저 불국토 에는 미묘한 바람이 불어와 모든 보배 나무와 보배 그물이 흔들리며 미묘한 소리가 나니, 이는 비유컨대 백천 가지 천상의 음악이 동시에 연주되는 것과 같으니라. 이 소리를 듣는 이는 모두 다 부처님을 생각하 고, 불법을 생각하고, 승가를 생각하는 마음이 저절로 생기느니라." 그 국토 중생은 소리를 듣는 것뿐만 아니라 색을 보고, 향기를 맡으며, 혀로 맛보고, 몸으로 접촉하는 등 작의作意를 쓰지 않아도 저절로 정념正念 이 생겨납니다.

어떻게 생각마다 수호하여야 이처럼 조심조심하며 수행할 수 있겠습니 까? 범부의 심행은 《지장경地藏經》에서 말한 바와 같습니다. "이 남염부제 南閻浮提 중생은 뜻과 성품이 정처가 없어 악을 익히는 자가 많고, 비록 선심을 발할지라도 잠시 뒤에는 곧 물러나며, 만약 악연을 만나면 순간순 간 증장하느니라." 예토穢土에서의 수행은 강물을 거슬러 올라가는 배와 같습니다. 강력한 염력으로 인도하여야 비로소 흐리고 어지러운 바깥 물줄기에 세차게 배를 잘 저어갈 수 있습니다.

해勝解 · 염念 · 정定 · 혜慧의 5종이 있다.

입정신立定信 물호의勿狐疑

무시겁無始劫 이래로 우리들은 스스로 부처님을 잘 믿고 있다고 생각하나, 실제로는 거리가 멉니다. 믿음이 깊지 못하고, 진실하지 못하며, 간절하지 못하고, 열렬하지 못한 까닭에 제불보살 및 일체 법계의 가지加持를 얻을 수 없습니다. 믿으면 자성에 본래 모두 구족되어 있어 저절로 흘러나옵니다. 믿으면 저절로 법계와 같습니다. 하나가 거짓이면 일체가 거짓입니다. 어느 것이 거짓입니까? 우리들의 믿음이 거짓입니다. 하나가 참이면 일체가 참입니다. 어느 것이 참입니까? 우리들의 믿음이 참입니다.

쉽게 믿으면 수행은 어려울 뿐만 아니라 거의 불가능합니다. 수행의 본질은 실제로 믿음을 닦는 것입니다. 믿음은 달리 닦을 수 있는 곳이 없습니다. 의심을 끊고 미혹을 없애기만 하면 됩니다. 부처님 공부의 성취는 실제로는 믿음의 성취입니다. 어떠한 성취도 모두 믿음의 성취에 불과합니다. 믿음의 성취는 일체 성취의 기초를 이룹니다.

만약 믿음을 구족하지 못하면 기타 수행으로 메워도 성취는 거의 불가능합니다. 실제로 당신이 믿는 것은 부처님이 아니라 법계입니다. 한 바탕 불사는 당신이 하는데 있지 않고 법계가 하는데 있습니다. 당신과 나, 그도 본래 모두 법계이고, 바로 법계를 이루는 일부분이며, 법계의 자신입니다. 당신이 실상實相 한가운데 처하면 법계의 역량이고, 성취한 것도 법계이며, 확실히 그곳에는 당신이 없습니다. 만약 당신이 있다면 당신은 마치 큰 바다에 떨어진 빗방울과 같습니다. 자신은 너무나 사랑스런 빗방울, 또는 밝고 투명한 이슬이므로 당신에 대해 집착하지 말고 반드시 당신 자신과 큰 바다가 한 몸이라고 동일시해야 합니다. 당신은 빗방울이

아니라 바다입니다. 그래서 빗방울을 가지고 허황된 일을 하는데 익숙해
지지 말고, 본래의 모습인 큰 바다의 일에 익숙해져야 합니다.

정토의 성취는 말하자면 실제로는 진정으로 다른 성취가 아니라 믿음의
성취로 특히 수행에서 생기는 성취가 아닙니다. 믿음에서 생기는 성취는
흡사 수미산須彌山과 같고, 수행에서 생기는 성취는 항하사의 백만억
분의 일, 모래 한 알일 뿐입니다. 심지어 수행의 근본은 다른 것이
아니라 단지 믿음일 뿐입니다. 깊은 믿음, 철저한 믿음일 뿐입니다.
가장 좋은 수행이란 무엇입니까? 고요한 곳에서 깊이 사유하고 관조,
성찰하는 것입니다. 자신이 어떤 상황에 있든, 어느 순간 어느 장소에
있든, 어느 정도의 수준이든, 얼마만큼 미세한 부분, 생각에 이르렀든
자신이 아미타부처님에 대해 아직 믿음을 갖추지 못하고 있고, 철저히
믿지 못하고 있다면 마음속 깊이 자리한 믿음도 아니고, 제일의 믿음도
아닙니다.

그것은 유일한 믿음, 절대적인 믿음이어야 합니다. 어떤 전제조건이
있는 믿음도 안 되고, 잠시 쉬어가는 믿음이나 피곤해 하는 믿음도
안 되며, 흐리멍덩한 믿음이어서도 안 됩니다. 자기의 믿음 속에 공경하
는 부분, 감사하는 부분이 얼마나 있습니까? 수지상속受持相續하고 궁행
정진躬行精進하는 부분이 얼마나 있습니까? 뚜렷하고 깨어있으며, 진지
하고 지극정성을 다하는 부분이 얼마나 있습니까? 당신의 믿음 가운데
얼마나 간절하고 용맹하며 두려움이 없고 크게 정진하며 온갖 어려움을
물리치고 일체를 버리는 부분이 얼마나 있습니까? 의심하고 미혹에
빠지며, 흐리멍덩하고 대충대충 넘기며 산란한 부분이 얼마나 남아있습
니까? 그래서 여러분들은 "결정된 믿음[26]을 세우고 홀로 의심하지
마십시오(立定信 勿狐疑)." 이 점에서 충분히 노력해야 합니다.

---

26) 결정된 믿음은 마음에 한 점 의혹이 없는 것이고, 한 점 의혹이 없다는
것은 모든 의문이 해결된 이해를 통한 것이다.

願生七寶九蓮池　원컨대 칠보 구품연지에 태어나길 바라면
念念不忘佛號持　생각마다 부처님 명호 잊지 말고 지니시게
莫待臨終抱佛腳[27]임종 때 기다려 부처님 다리 붙잡지 마시게
落湯螃蟹已嫌遲　끓은 물에 떨어진 개는 느릿느릿 감을 싫어하네

상선법사常善法師 법문(* 편역자 보충)

「해태懈怠」

게으르고 마음이 용맹스럽지 못함을 가리킵니다.

모든 잡생각을 끊어라(斷諸雜想)

2-1-3

있느냐 없느냐, 일체 상념을 일으키지 말라. 나아갈지도 생각 말고
물러설지도 생각 말며, 앞인지도 생각 말고 뒤인지도 생각 말며,
왼쪽인지도 생각 말고 오른쪽인지도 생각 말며, 없는지도 생각
말고 있는지도 생각 말며, 먼지도 생각 말고 가까운지도 생각 말라.
아픈지도 생각 말고 가려운지도 생각 말며, 배고픈지도 생각 말고
목마른지도 생각 말며, 추운지도 생각 말고 더운지도 생각 말며,
괴로운지도 생각 말고 즐거운지도 생각 말라. 태어남도 생각 말고,
늙음도 생각 말며, 병듦도 생각 말고, 죽음도 생각 말며, 몸도 목숨도

---

27) 평소에는 아무런 준비도 하고 있지 않다가 급해지면 구해 주기를 바라는
것을 비유하는 말이다.

생각 말고 장수도 생각 말라. 가난한지도 생각 말고 부유한지도
생각 말며, 귀한지도 생각 말고 천한지도 생각 말라. 색욕도 생각
말고 탐욕도 생각 말며, 작은지도 생각 말고 큰지도 생각 말며,
긴지도 생각 말고 짧은지도 생각 말며, 잘 생긴지도 생각 말고
못 생긴지도 생각 말라. 악함도 생각 말고 선함도 생각 말며 성냄도
생각 말고 기쁨도 생각 말라. 앉는지도 생각 말고 일어나는지도
생각 말며, 걷는지도 생각 말고 멈추는지도 생각 말라. 경이라고
생각 말고 법이라고 생각 말라. 옳다고 생각 말고 그르다고 생각
말며, 버림도 생각 말고 취함도 생각 말며, 상인지도 생각 말고
식인지도 생각 말며, 끊음도 생각 말고 집착도 생각 말며, 텅 비었다
생각 말고 가득 찼다고 생각 말며, 가벼운지도 생각 말고 무거운지도
생각 말며, 어렵다고 생각 말고 쉽다고 생각 말며, 깊다고 생각
말고 얕다고 생각 말며, 넓다고 생각 말고 좁다고 생각 말라. 아버지
도 생각 말고 어머니도 생각 말며, 아내도 생각 말고 자식도 생각
말며, 친한 사이도 생각 말고 먼 사이도 생각 말며, 미워하는 생각도
말고 좋아하는 생각도 말라. 얻음도 생각 말고 잃음도 생각 말며,
성공도 생각 말고 실패도 생각 말며, 청정함도 생각 말고 탁함도
생각 말라. 모든 생각 끊고서 한 기한에 염불하라. 뜻을 어지럽히지
말며, 항상 정진하되 게으르지 말라. 세월을 헤아리지 말고 매일
지겨워하지 말며, 일념을 세워서 중간에 소홀히 하지 말라. 수면을
없애고 그 마음을 정일하게 밝혀라.

勿起想 , 有與無。勿念進、勿念退 , 勿念前、勿念後 , 勿念左、勿念右 , 勿
念無、勿念有 , 勿念遠、勿念近 , 勿念痛、勿念癢 , 勿念飢、勿念渴 , 勿

念寒、勿念熱 , 勿念苦、勿念樂 , 勿念生、勿念老、勿念病、勿念死 , 勿念
身、勿念命、勿念壽 , 勿念貧、勿念富 , 勿念貴、勿念賤 , 勿念色、勿念
欲 , 勿念小、勿念大 , 勿念長、勿念短 , 勿念好、勿念醜、勿念惡、勿念
善 , 勿念瞋、勿念喜 , 勿念坐、勿念起 , 勿念行、勿念止 , 勿念經、勿念
法 , 勿念是、勿念非 , 勿念捨、勿念取 , 勿念想、勿念識 , 勿念斷、勿念
著、勿念空、勿念實 , 勿念輕、勿念重 , 勿念難、勿念易 , 勿念深、勿念
淺 , 勿念廣、勿念狹 , 勿念父、勿念母 , 勿念妻、勿念子 , 勿念親、勿念
疏 , 勿念憎、勿念愛 , 勿念得、勿念失 , 勿念成、勿念敗 , 勿念清、勿念
濁。斷諸念 , 一期念。意勿亂 , 常精進 , 勿懈怠 , 勿歲計 , 勿日倦。立一
念 , 勿中忽 , 除睡眠 , 精其意。

물기상勿起想 · 유여무有與無

있음과 없음은 총설로 다른 차이를 대표합니다. 이 두 글자는 이하의
일체 가능성을 포괄합니다. 삼매를 닦을 때 이런 취상(取相; 분별상)을
모조리 다 제거해야 합니다.

물념진勿念進 · 물념퇴勿念退 · 물념전勿念前 · 물념후勿念後 · 물념좌勿念
左 · 물념우勿念右 · 물념무勿念無 · 물념유勿念有 · 물념원勿念遠 · 물념
근勿念近

이것은 길을 걸어갈 때 모습을 간단히 말한 것입니다. 일심으로 염불하며
나아갈지 물러설지 등의 상을 취하지 마십시오. 행로는 나아갈 수도
물러설 수도 있지만, 마음속으로 비교하고 계량하여 나아갈지 물러설지
상념을 일으키지 말아야 합니다.

물념통勿念痛 · 물념양勿念癢 · 물념기勿念飢 · 물념갈勿念渴 · 물념한勿

念寒 · 물념열勿念熱 · 물념고勿念苦 · 물념락勿念樂

이것은 감각과 지각(覺受)을 간단히 말한 것입니다. 신체는 스스로 일으키거나 바깥에서 오는 감각과 지각이 있지만, 감각과 지각만으로는 한 걸음도 나아가지 못합니다. 그 안에서 스스로 발생하는 배고픔이나 목마름의 상도 취하지 말고, 또한 바깥에서 오는 추위와 더위의 상도 취하지 말며 일심으로 염불해야 합니다.

물념빈勿念貧 · 물념부勿念富 · 물념귀勿念貴 · 물념천勿念賤

바탕(資)인 몸 바깥에 있는 조건인 자원에 대해 취取한다는 상을 내지 마십시오. 비록 물자를 부족하게 갖추었어도 빈곤의 상을 내지 마십시오. 비록 물자를 풍부하게 갖추었어도 또 부유하다는 생각을 내지 말고 일심으로 염불하십시오.

물념색勿念色 · 물념욕勿念欲 · 물념소勿念小 · 물념대勿念大 · 물념장勿念長 · 물념단勿念短 · 물념호勿念好 · 물념추勿念醜

이익을 얻고 누리는(受用) 물건의 크기와 장단 등을 따지는 상념을 내지 마십시오. 자신과 타인의 생김새도 비교하지 마십시오. 그 차이가 있음을 여실하게 보지만, 일심으로 염불하여 그 상을 취하지 마십시오.

물념악勿念惡 · 물념선勿念善 · 물념진勿念瞋 · 물념희勿念喜

의념意念 중에 사물에 대해 선인지 악인지 잘 분간하지만, 선함과 악함, 성냄과 기뻐함 등의 분별심을 일으키지 마십시오.

물념좌勿念坐 · 물념기勿念起 · 물념행勿念行 · 물념지勿念止

4위의四威儀 중에 인연에 따라 나아가고 멈추며 일심으로 염불하십시오. 앉을 때는 앉는다는 생각을 일으키지 마십시오. 앉는다는 생각이 없으면 앉는다는 생각도 일어나지 않습니다. 길을 걸을 때도 길을 걷는다는 생각이 없고, 이미 걷는다는 생각이 없으면 멈추고 머문다는 생각도 일으키지 마십시오.

물념경勿念經 · 물념법勿念法

고귀한 가르침 가운데 있으면서 가르침에 의지해 봉행하되, 그것이 경법이라는 상을 취하지 마십시오.

> 물념시勿念是 · 물념비勿念非 · 물념사勿念捨 · 물념취勿念取 · 물념상勿念想 · 물념식勿念識 · 물념단勿念斷 · 물념착勿念著 · 물념공勿念空 · 물념실勿念實 · 물념경勿念輕 · 물념중勿念重 · 물념난勿念難 · 물념역勿念易 · 물념심勿念深 · 물념천勿念淺 · 물념광勿念廣 · 물념협勿念狹

날로 쓰는 가운데 바깥 경계에 대해 차별상을 내지 말고, 옳고 그름, 가볍고 무거움 등의 비교를 놓아버리고 일심으로 염불하십시오. 은사이신 지공智公 상인께서는 《화엄일승십현문수학기華嚴一乘十玄門修學記》에서 이르시길, "한 가지 예를 든다면, 마치 맑은 거울과 같다. 맑은 거울은 본래 움직이지 않으면서 일체법을 두루 비출 수 있다. 일체법을 두루 비출 때 그것은 염착染著이 생기지도 않는다. 설사 거울을 다른 곳으로 이동하더라도 거울은 늘 움직이지 않는 본래자리(本際)에 머물러 비출 수 있고 늘 고요하다. 사물이 갈 때 미련(貪戀)을 두지 않고, 사물이 올 때 일체법을 두루 비추어서 분별심을 내지 않는다." 하셨습니다.

물념부勿念父 · 물념모勿念母 · 물념처勿念妻 · 물념자勿念子 · 물념친勿念親 · 물념소勿念疏 · 물념증勿念憎 · 물념애勿念愛

집안 권속들에게 본분을 다하고서 그 상을 취해 근심 걱정하지 마시고, 일심으로 염불하십시오.

물념득勿念得 · 물념실勿念失 · 물념성勿念成 · 물념패勿念敗 · 물념청勿念清 · 물념탁勿念濁

수도修道하는 가운데 머물면서 다만 일심으로 성실하게 염불할 뿐, 삼매의 성취 여부에 대해 마음에 얻는 바가 없어야 합니다.

이상 경문에서 말한 것은 모두 분별하여 대하는 차별상으로, 가장 삼매를 장애하는 것입니다. 수행인은 유념하지 않으면 안 됩니다. 이를 마땅히 끊고 제거하여야 합니다.

《중경찬잡비유衆經撰雜譬喻》에 이르길, "비유컨대 서방에 한 나라가 있었으니, 그 국왕은 소박하여 말도 없었다. 나라 창고를 덜어서 여기저기 돌아다니며(四出) 추구하여 말 500필을 사서 외적을 방어함으로써 나라를 편안하게 할 수 있었다. 말을 기른 지 이미 오래되어 나라 안에는 아무 일도 없었다. 왕은 곧 생각해보니, 말 500필은 먹는 것이 적지 않고 사육하기에도 고생스러워 국사에 이익이 없다고 판단되어 곧 소전所典에게 명령을 내려 눈을 가려 연자방아를 돌리게 하여 스스로 먹을 수 있었고, 나라의 창고에 손해를 끼치지 않게 되었다. 말이 연자방아를 돌린 지 오래되어 도는 것에 익숙해졌다. 그때 갑자기 이웃나라에서 병사를 일으켜 국경으로 침입해 들어왔다. 왕은 곧 칙령을 내려 마구로 장엄하고 용맹한 장수가 전투대형으로 말에 올라타 말을 채찍질하여 진영을 향해 곧장 앞으로 들어갔다. 그러나 모든 말이 채찍질을 해도 모두 돌면서 달렸고 적을 향할 뜻이 없었다. 이웃의 적들이 이를 보고 전투능력이 없음을 알고 곧바로 곧장 앞으로 쳐들어가 왕의 군대를 대파하였다. 이런 까닭에 선한 과보를 구하고자 임종시에 마음의 말이 산란하지 않도록 하여 뜻하는 대로 왕생할 수 있으려면 마음의 말을 먼저 바로 잡지 않으면 안 된다는 것을 알아야 합니다. 만약 마음의 말을 바로 잡지 못하면 죽음의 적이 이르렀을 때 마음의 말이 빙빙 돌아 마침내 마음대로 하지 못하여 왕의 말처럼 적을 무찔러 그 나라를 보전할 수 없다." 하였습니다.

만약 어떤 사람이 종일토록 집착하는 대상에 반연하여 생각해서 결국 늘 생각하여 잊지 못하면 비록 마음으로는 염불하고 싶어도 반드시 득력하기가 너무나 어렵습니다. 위의 경문에서 말한 것처럼, "말이 연자방아를 돌린 지 오래되어 도는 것에 익숙해졌다." 설사 염주를 돌리더라도 마음속으로 망념이 흩날립니다. 민국 초년에 안후이(安徽)성의 송월松月법사께서는 임종 전에 연우가 문안을 드릴 때 대답하였습니다. **"평상시 열심히 공부해야 선정에 들 때처럼 면밀하게 이어져서 끊어지지 않고, 믿음이 깊고 원이 간절하면 임종시 결정코 극락세계에 왕생할 수 있다."**[28] 그래서 본경의 가르침대로 염의 힘으로 전념해야 바깥 경계의 반연攀緣이 없게 되니, 이를 「정의법定意法」이라 이름합니다.

본경의 가르침대로 삼매를 닦으면 처음에 「염念」으로 시작하여 수많은 생각이 재처럼 사라지도록 지념持念하여 「마음이 열릴(心開)」 때까지 오직 일념이면 반주삼매를 성취할 것입니다.

---

28) 《왕생수문록往生隨聞錄》, 관율寬律 법사 선록撰錄.

일기념—期念

1일 내지 7일을 말합니다.

제수면除睡眠, 정기의精其意

《수습지관좌선법요修習止觀坐禪法要》(약칭, 좌선법요)에 이르길, "셋째 수면의 덮개(睡眠蓋)[29]를 버리는 것으로, 마음속이 어리석고 껌껌한 것을 수睡라 하고, 다섯 감정(五情)에 어둡게 가려서 팔다리를 제멋대로 풀어놓고 쓰러져 누워 깊이 잠든 것을 면眠이라 한다. 이러한 인연으로 수면의 덮개라 하는데, 이는 금세와 후세에 진실한 법락의 마음과 나아가 후세에 천상에 태어나고 열반을 증득하는 즐거움까지 파괴할 수 있다. 이처럼 수면의 덮개는 모든 악법 가운데서 가장 선하지 못하다. 왜 그런가? 다른 나머지 덮개는 깨달으면 제거할 수 있지만, 이는 죽은 사람과 같아서 깨달아 알지 못하며 깨닫지 못하기 때문에 제거하여 없애기 어렵다." 하였습니다.

혼수昏睡와 숙면熟眠은 전자는 마음속이 어리석고 깜깜한 상태이고, 후자는 계속 색신을 놓아버리고 드러누워 있는 상태를 말합니다. 이 두 가지는 모두 마음의 지혜가 밝지 못해 능히 감당하는 힘이 없고 설사 악을 짓지 못해도 선법을 닦아 쌓을 수 없습니다. 게으름을 오래 기르면 이보다 나은 것은 없습니다. 수면을 제거하고 그 마음을 정일하게 밝혀야 바야흐로 법락을 누릴 수 있고, 나아가 고귀한 도를 닦을 수 있습니다.

---

29) 오개五蓋의 하나로 개는 심성을 덮는 뜻으로 번뇌의 다른 이름이다. 중생은 이 수면번뇌 때문에 심식心識이 가려져서 청정한 선법을 일으키기 어려움으로 개蓋라 한다.

삼매의 법을 이루는 조행(助成三昧之法行)

2-1-4

항상 홀로 있고 무리를 모으지 말라. 악한 이를 피하고 선한 벗을 가까이 지내며, 밝은 스승과 가까이 지내길 부처님같이 볼지라. 뜻을 굳게 견지하면서 늘 부드럽게 하여 일체를 평등하게 볼지라. 고향을 피하고 친족을 멀리하며, 애욕을 포기하고 청정히 행하여 모든 욕심을 끊고 무위를 행하라. 산란함과 뜻을 버리고 정행을 익히며, 학문의 지혜는 선과 같아야 하며, 삼독을 없애고 육입을 버릴지라. 음란한 색을 끊고 온갖 접촉하는 느낌을 여의라. 재물을 탐내어 많이 축적하지 말라. 먹는 것에 만족할 줄 알고, 맛을 탐내지 말며, 온갖 살아있는 것을 절대 육식하지 말라. 여법하게 옷을 입고 화려하게 꾸미지 말라. 희롱하며 놀려대지 말고, 교만하지 말며, 스스로 잘난 척하지 말고, 자기를 높이는 짓을 하지 말라. 만약 경을 말함에 마땅히 여법하게 하고, 몸의 본체가 환 같다 알아 오음을 받지 말고, 18계에 들어가지 말며, 오음은 도적 같고 사대는 독사와 같아, 무상하나 황홀하다 여기고, 항상 주재하는 것이 없어 본래 무無임을 알고, 인연이 모이고 인연이 흩어지는 줄 알아, 본래 없음을 모두 확실히 알라. 일체중생에게 자비로 애민하여 빈궁한 이에게는 보시하고, 건너서 되돌아오지 않게 하라. 이를 정定·보살행이라 하고 매우 중요한 혜慧에 도달해 온갖 지智를 일으키느니라.

常獨處、勿聚會 , 避惡人、近善友 , 親明師、視如佛。執其志常柔弱 , 觀平等於一切。避鄉里遠親族，棄愛欲履清淨，行無爲斷諸欲。捨亂意習定行，學文慧必如禪，除三穢去六入。絶婬色離衆受，勿貪財多畜積，食知足勿貪味，衆生命慎勿食。衣如法勿綺飾。勿調戲勿憍慢，勿自大勿貢高。若說經當如法。了身本猶如幻，勿受陰勿入界，陰如賊四如蛇，爲無常爲恍惚，無常主了本無，因緣會因緣散。悉了是知本無，加慈哀於一切，施貧窮濟不還，是爲定菩薩行，至要慧起衆智。」

상독처常獨處 물취회勿聚會 피악인避惡人 근선우近善友 친명사親明師 시여불시여불視如佛

앞 단락인 수지요령의 경문에서는 행자에게 심념心念의 자신을 가지도록 가르치고 인도하였습니다. 여기에서는 신행身行에 있어 마땅히 주의해야 할 곳을 이야기합니다. 악지식과 멀리 떨어지고, 선지식과 가까이 지낼 것을 경전 가운데 재삼 가르쳐 보입니다.《화엄경》에서는 역사상 신명을 아끼지 않고 보살도를 사랑하며, 늘 선지식에 대한 참예參詣를 행한, 매우 배울만한 가치가 있는 선재동자가 있었음을 언급하고 있습니다.

"이때 선재동자는 이러한 생각을 서둘러 내었다. '선지식과 가까이 지냄으로 용맹하게 일체지一切智의 도를 부지런히 닦을 수 있고, 선지식과 가까이 지냄으로 모든 대원의 바다에 빨리 출생할 수 있으며, 선지식과 가까이 지냄으로 일체 중생을 이롭게 하기 위해서 미래 겁이 다하도록 그지없는 고통을 받을 수 있고, 선지식과 가까이 지냄으로 용맹 정진하는 갑옷을 입고 일극미一極微 중에서 설법하여 소리가 법계에 두루할 수 있으며, 선지식과 가까이 지냄으로 빨리 두루 시방세계 여러 곳에 나아갈 수 있고, 선지식과 가까이 지냄으로 일모도一毛道에서 미래 겁이 다하도록 보살의 행을 닦으며, 선지식과 가까이 지냄으로 일념 일순간 중에 보살행을 행하여 구경에 일체지의 땅에 안온히 머물 수 있고, 선지식과 가까이 지냄으로 삼세 일체여래의 자재한 위신력으로 모든 장엄한 길에 들어갈 수 있으며, 선지식과 가까이 지냄으로 항상 법계와 인연하여 일찍이 움직이거나 나오지 않으면서 그지없는 국토에 두루 갈 수 있고, 선지식과 가까이 지냄으로 늘 청정한 법계의 문에 두루 들어가 가고 오는 생각을 여의고 시방세계에 두루 갈 수 있느니라."

선지식이 가르치고 인도함으로 인하여 일체지를 구하고 모든 대원을 발하며 설법에 걸림이 없는 까닭에 배우는 이는 위로 불도를 구하고, 일체 보살의 도업을 이루어 마치며, 중생을 위해 복취福聚를 부지런히 닦을 수 있음은 모두 선지식과 가까이 지냄에서 옵니다. 그래서 선지식의 공덕은 부처님과 비슷하고, 따라서 마땅히 선지식을 부처님께서 세상에 나오신 듯 보아야 합니다.

집기지상유약執其志常柔弱 관평등어일체觀平等於一切

의지는 비록 확고할지라도 성정은 고르고 부드러워 일체중생에게 평등하게 상대해야 합니다.

피향리원친족避鄕里遠親族 기애욕리청정棄愛欲履淸淨 행무위단제욕行無爲斷諸欲

가족을 버리고 욕망을 포기하여 사문이 됨을 말합니다.

사란의습정행捨亂意習定行 학문혜필여선學文慧必如禪 제삼예거육입除三穢去六入

이는 정을 닦음(修定)으로 산란함을 버리고, 뜻을 제거하여 선정을 수습

함을 말합니다. 비록 많이 들음을 즐겨하나, 마음속은 고요하여 분별을
일으키지 않는 까닭에 "학문의 지혜는 선禪과 같아야 하며"라고 말하였
습니다. 탐진치 삼독 및 육근의 육진에 대한 탐염貪染을 제거할 것을
말합니다.

절음색리중수絕婬色離衆受

이는 계율의 닦음을 말한 것입니다. 음욕을 제거하고, 곱고 매끄러운
등 온갖 접촉하는 느낌을 탐하고 집착하는 것을 멀리 여의어야 합니다.

물탐재다축적勿貪財多畜積

재물을 탐착하고, 버리지 못함을 제거할 것을 말합니다.

식지족물탐미食知足勿貪味 중생명신물식衆生命慎勿食

음식과 입맛에 대한 탐애와 온갖 살아있는 것의 육식을 즐김을 제거할
것을 말합니다.

의여법물기식衣如法勿綺飾

화려한 옷과 장신구를 탐착하고 좋아하는 것을 제거할 것을 말합니다.

물조희물교만勿調戲勿憍慢 물자대물공고勿自大勿貢高

잘난 체 하는 거만과 스스로 옳다고 여기는 교만, 희롱하며 놀려대는
것을 제거할 것을 말합니다.

약설경당여법若說經當如法 료신본유여환了身本猶如幻 물수음물입계물수

陰勿入界 음여적사여사陰如賊四如蛇 위무상위황홀爲無常爲恍惚 무상주료
본무無常主了本無 인연회인연산因緣會因緣散 실료시지본무悉了是知本無

이것은 지혜의 닦음을 말한 것입니다. 사대四大·오음五陰은 본래 조화롭
게 모여서 존재하고, 사상事相은 무상하여 선정을 유지하지 못하며,
법성法性은 본래 공하여 무소유임을 알아야 합니다. 응당 세상의 인연을
깨달아서 환幻 같은 몸과 마음에 갇히고 막히지 말아야 합니다. 만약
설법한다면 마땅히 이와 같이 중생을 위해 말해야 합니다.

음여적陰如賊

《유마의기維摩義記》에 이르길, "원적과 같다(如怨賊) 함은 오음五陰이 생멸
하는 괴로움을 말한다. 무슨 까닭에 오음을 원적이라고 말하면서 사람은
모두 편안히 머무는가? 이 오음을 함께 서로 꺾어 없애면 인정人情에
위반되는 까닭에 원적이라 한다. 능히 서로 해칠 수 있어 경에서는
또한 전타라(旃陀羅: 천민)라고 한다. 이 뜻은 어떠한가? 오음 중에서
식음識陰은 상想이 생기기 시작할 때 꺾어 없애고, 상음想陰은 수受가
나타나기 시작할 때 꺾어 없애며, 수음受陰은 행行이 일어나기 시작할
때 꺾어 없애고, 행음行陰은 식識이 생기기 시작할 때 거듭 꺾어 없앤다.
상想은 색음色陰 중에 근根이 서로 대신함으로써 서로 공功이 생하고
멸하는 까닭에 원적이라 한다." 하였습니다. 오음은 서로 받아들일
수 없어 이 음이 생기면 저 음이 멸하는 까닭에 「원적」이라 합니다.

사여사四如蛇

《유마의기維摩義記》에 이르길, "독사 같다(如毒蛇) 함은 사대四大가 서로
손해가 되게 하는 괴로움을 말한다. 비유컨대 네 마리 독사를 상자

하나에 담으면 함께 서로 해칩니다. 사대도 이와 같아서 몸이란 상자 하나에 담겨 있는데, 그 성상性相이 어긋나고 틀리는 까닭에 비유로 취하였습니다. 어떻게 어긋나고 틀립니까? 땅(地)은 견고하고 무거우며 바람(風)은 움직이고 가벼우며, 물(水)은 습하고 차가우며, 불(火)은 뜨겁고 건조한 까닭에 서로 틀리다고 합니다." 사대는 피차 성상이 같지 않아 만약 지나치게 많거나 지나치게 작으면 서로 조화가 되지 못해 쉽게 병에 걸립니다.

가자애어일체加慈哀於一切 시빈궁제불환施貧窮濟不還

일체중생에 대해 마땅히 자비를 수습함을 말하는데, 이곳에서는 보시로 섭수하는 것을 간략히 들었습니다.

이상은 곧 신구의 삼업에 의한 상행도常行道를 말했습니다.

시위정보살행是爲定菩薩行 지요혜기중지至要慧起衆智

이 정定으로 얻는 공혜空慧는 매우 중요한 지혜로, 이 지혜는 일체 법을 여실하게 보는 것입니다. 깨달음의 지혜는 온갖 지智를 개발할 수 있습니다. 즉 방편혜方便慧를 일으킬 수 있습니다. 게다가 이 지혜는 모두 정을 닦음과 분리되지 않습니다. 민국 초 수무修無법사께서는 벽돌과 기와를 쌓는 장인 출신으로 간절히 염불하여 가는 때를 미리 알았습니다. 보내는 자가 게송을 기념으로 지어 남길 것을 청하자 그는 말했습니다. "저는 힘든 노동을 하는 출신으로 게송을 지을 수 없지만, 한마디 경험담을 이야기 하는 것에 불과합니다. 여러분들에게 말씀드릴 수 있는 것은 바로 「말만하고 행할 수 없다면 그것은 진실한 지혜가 아니다(能說不能行 不是眞智慧)」라는 말입니다."[30] 이로써 지혜인 것은 반드시 닦을 수 있고 이렇게 닦아야 지혜가 열린다는 것을 알 수 있습니다.

"선정은 보살행이다"

《육조단경六祖壇經》〈좌선품坐禪品〉제5에 이르길, "바깥으로 상을 여읨을 선禪이라 하고, 안으로 산란하지 않음을 정定이라 한다. 바깥으로 상에 집착하면 안으로 마음이 산란하고, 바깥으로 상을 여의면 마음이 곧 산란하지 않다. 본성은 스스로 청정하고 스스로 정定한데 다만 경계를 보고 경계를 생각한 즉 산란할 뿐이다. 만약 모든 경계를 보되 마음이 산란하지 않으면 이것이 진실한 정定이다. 선지식이여, 바깥으로 상을 여의면 선禪이고 안으로 산란하지 않으면 정定이니 바깥의 선과 안의 정을 선정이라 한다." 하였습니다.

그러므로 현공玄空 법문, 상을 여읨(離相)·견해를 여읨(離見)·생각을 여읨(離念)의 법요 중에서 그 교법 또한 "일체상을 여의고, 일체선을 행하라." 입니다. 왜냐하면 상을 여의면 행하는 대상인 일체 선은 모두 「선禪」 가운데 있기 때문입니다. 절대로 가부좌를 하고 앉아있음을 가리키는 것이 아니라 오히려 안으로 마음이 흔들리고 망상이 흩날리는 바깥 상을 선이라 여깁니다. 왜냐하면 「선정禪定」은 정려靜慮가 바로 고요하면서 비춤(寂照)을 뜻하고 산란한 마음을 제도할 수 있기 때문입니다. 그것은 저절로 개아個我가 무엇을 짓는 게 없어 유有에도 집착하지 않고 공空에도 막히지 않아 완전히 「마음心」을 봅니다. 만약 마음이 정定이면 몸이 움직여도 선禪 안에 있어 이른바 평상심平常心이 도입니다. 깨달음의 마음이 있기만 하면 생활의 선이 있음을 체득할 수 있습니다. 왜냐하면 직심直心이 도량이고 이 직심이 또한 선심禪心이기 때문입니다.

30)《왕생수문록往生隨聞錄》, 관율寬律법사 선록撰錄.

고인이 말하길, "대도大道는 본래 말이 없지만 말로 인해 도가 드러나고, 직심은 본래 상이 없는 즉 상이 마음을 밝힌다."하였습니다. 전진상인全眞上人께서 일찍이 "무설無說이 바로 대설大說이다."라고 말씀하셨습니다. 달마조사가 동쪽으로 오셨을 때처럼 강경대에서 한마디 말을 내뱉지 않았지만, 미소를 띠어 뜻을 남긴 것은 모두 상을 여읨이고 선의禪意를 내어 교화 작용을 보여 움직이거나 고요하거나 표상하는 가운데 있는 것이 아니라 어떠한 언어문자 중에도 없지만, 오히려 무한한 깊은 뜻을 전달하는 것은 공적한 가운데 마음과 마음이 서로 인印하여 선심禪心을 널리 펴서 전함입니다. 그래서 안으로는 마음이 정定에 들어 정지정각正知正覺 안에 있으면서 염념이 중생을 위하여 바깥의 상을 여의고 일체 자비를 베풀 수 있으며, 바깥으로는 곧 가상을 참으로 여기지 말아야 하나니 그래서 반드시 안팎이 서로 융통하고 대등한 가운데 고덕께서 "산하와 대지가 전체 그대로 법왕의 몸을 드러내도다(山河及大地全露法王身)." 하신 것처럼 체득할 수 있습니다. 그렇다면 마음은 정定에 들어 선禪이 생하고, 선禪을 깨닫고 마음이 정定에 들어 산란한 마음이 스스로 사라질 것입니다.

선정을 법사께서 세간선정世間禪定(4선四禪·4공선四空禪 포함)과 출세간선정出世間禪定(아라한·벽지불·보살 삼승의 성인이 닦는 선정) 및 출세간상상선정出世間上上禪定(이를 제불여래께서 증득하신 나가대정那伽大定이라 한다)으로 나누신 적이 있는데 층계가 무엇이든 상관없이 모두 수행의 체득한 고저로 인해 증득한 과위에 같지 않은 바가 있음을 초래합니다.

《금강경》〈묘행무주분妙行無住分〉에 이르길, "보살은 모든 법에 머무는 바 없이 보시를 행하라. 이른바 색에 머물지 말고 보시하고, 성·향·미·촉·법에 머물지 말고 보시하라." 하였습니다. 이처럼 실천하면 보시가 주착함이 없기 때문에 비로소 묘행妙行이고, 이 같은 머묾이 없는 묘행 그 자체가 바로 선禪입니다. 그래서 선은 상을 여의고 마음이 정에 들은 후에 생기는 묘용으로 직지인심直指人心하여 참구하여 깨닫고자 하는 자로 하여금 견성성불見性成佛하게 할 수 있습니다. 「선禪」은 상을 여의고 생하기 때문에 비록 상이 있음을 알지라도 상에 의지해 해석하지 말고 이 상으로 두 마음이 없어야 정을 생할 수 있습니다. 예컨대 꽃이 피고 꽃이 떨어지는 그 상을 보아 연이 일어나는 까닭에 연이 멸함을 알고 무상의 진리를 깊이 깨칩니다. 그렇다면 선의禪意는 상이 있음으로 인해 오히려 상을 여읨을 선참禪參하여 마음을 밝힘입니다. 또 석가모니 부처님께서 영산회상에서 꽃을 들어 대중에게 보여서 정법안장正法眼藏을 가섭존자에게 전한 것과 같이 상을 여읨으로써 바야흐로 마음으로 이해할 수 있습니다.

《금강경》에 이르길, "어떻게 머물러야 하고, 어떻게 그 마음을 항복시켜야 합니까?" 하였습니다. 이 경전의 전체는 "어떻게 마음을 항복시켜서 자심自心이 생하도록 할 것인가?" 이 문구에서 펼쳐지는데, 바로 우리들에게 맨 먼저 어떻게 「정定」에 들어야 하는가를 가르칩니다. 또《금강경》에 이르길, "선남자 선여인이여, 아뇩다라삼먁삼보리심을 발하여 이와 같이 머물러야 하고, 이와 같이 그 마음을 항복받아야 하느니라." 하였습니다. 우리들의 마음이 정定에 들어 무상정등정각 한가운데 있으면 일체평등·자성본연(自然)·자비가 드러나고, 이것이 바로 불보살의 "나가(那伽; 용)가 늘 정定에 있으며 정에 있지 않은 때가 없다."[31]는 말씀과 같은 경계로 마음을 아뇩다라삼먁삼보리 가운데 안온히 머무는 것입니

31) "나가那伽라는 말은 산스크리트어(梵語)로 Nāga는 용龍을 뜻하는데 부처님께서 선정에 들어 자유자재하심이 용이 허공이나 바다에서 자유자재하게 노니는 것과 같음을 비유하여 나가정那伽定이라고 한다. 누구나 집착을 버리고 자신의 자성이 청정함을 바로 자각하면 그대로 나가정에 이른다. 이는 식을 끊고 전환하여 성취되는 것이 아니라 본성이 저절로 드러나는 것이다." 지통선사智通禪師.

다. 또한 상인께서 제자들에게 가르쳐주신 「마음을 시시각각 각지覺知한가운데 섭수함」이 바로 정定입니다. 또한 정토종의 극치로 부처님의 명호를 청정함에 이르도록 염하는 것이 또한 정定이며, 처음 발한 도심을 잘 견지堅持할 수 있음 또한 정定으로 오직 마음이 산란하지 않음(唯心不亂)을 정定이라 합니다.

최근에 가장 수승한 인연으로 늘 상인을 따라 매령梅嶺 등산길에 "등산은 수도하는 어려움보다 더 어렵다"는 전제하에서 시시각각 자아에 경계심을 갖고 동수분들과 협동하여 걸으며 하산할 때 모두 마음을 합쳐 삼보가三寶歌와 여래의 성호를 창송唱誦하였습니다. 바로 우리들이 시시각각 알아차리면서 같이 「나무청정광명대여래南無淸淨光明大如來」의 성호를 창송할 때 상인께서 어떻게 해야 「청정」할 수 있고 어떻게 해야 「광명」을 얻을 수 있는지 큰 자비와 큰 지혜로 근기와 환경에 맞게 베푸신 가르침을 생각하였습니다. 그렇게 자아의 망심을 섭수하면 정이 생길 수 있고, 바깥의 장엄위의莊嚴威儀가 드러나 선의禪意를 생하여 체득할 수 있으며, 빨리 청정한 자성을 닦을 수 있습니다.

육도만행법六度萬行法 중에 5바라밀(五度)은 모두 반야를 눈으로 삼고, 선정을 당연히 따라 행해야 합니다. "선정에 반야가 없고 단지 색계선色界禪만 행하면 금강정金剛定에 들어갈 수 없다"라는 말이 있습니다. 그래서 선정은 정지된 상태의 바깥 상을 드러내는 것이 아니라 마음속의 진정한 청량입니다. 만약 생활 속에 하나의 사事·이理·물物 사이마다 인연에 계합함을 체득할 줄 모르고 단지 "생활이 곧 선이다." 입으로 말한다면 주리반타가周利槃陀伽 존자가 "땅을 쓸고 땅을 쓸고 마음의 땅을 쓸고, 마음의 땅을 쓸지 않고 부질없이 땅만 쓸고 있네(掃地掃地掃心地 心地不掃空掃地)"라고 체득한 것처럼 공수레를 굴려서 상인께서 말씀하신 "시간은

그침과 고요함으로 시간이 지나가는 것이 아니라 생명이 지나가는 것이
다(時間是止靜的 不是時間在流逝 而是生命在流逝)"라는 진리와 같은 관에 이르지
못해 홍진紅塵에 처해있지만 오히려 그 굴러가는 탁세를 깨닫지 못하고
더욱이 자성이 본래 물들지 않은 도리를 알 수가 없습니다. 하물며
계·정·혜 삼학三學 중에도 지혜는 정으로 말미암아 생한다는 언명이겠
습니까? 그렇다면 선은 바로 지혜를 달리 대신 말한 것입니다. 만약
자기의 마음속으로 정에 들어 행한 대비행이 모두 선의禪意를 낼 수만
있다면, 바깥에 드러나서 만약 중생의 생각(意念) 속에 교화 작용을
일으킬 수 있다면 금강경에서 말씀한 "마땅히 머무는 바 없이 그 마음을
내어라" 이 문구와 꼭 같습니다. 그 가운데 낸 마음이 바로 보살이
중생을 널리 제도하는 진심眞心입니다. 왜냐하면 마땅히 머무는 바 없으
면 상을 이미 여의었고, 이미 「선禪」리理에 있습니다.

선정은 한 가지 방법이지만 경계에 들어간 후 거듭 경계에 나와야
하고 바로 자기 선정의 공부를 「마음 중에서 운영하고(運在心中)」「경계
중에서 움직여서(動在境中)」 그리하여 「인연 중에서 교화해야(化在緣中)」
중생심의 경계를 계발·승화시킬 수 있습니다. 예를 들면 마승馬勝 비구
가 길을 걸어가고 있을 때 선정을 안으로 마음 가운데 운영하고, 바깥으로
경계 가운데 움직여서 위의威儀의 상이 생겼습니다. 또 목건련目犍連
존자로 하여금 감동을 받을 수 있게 하였는데 이것이 바로 인연 중에서
교화하는 것입니다.

"하늘이 무슨 말씀을 하시는가? 만물 또한 생주이멸生住異滅하면서 전전
輾轉하며 순환하는구나"32)라는 말씀이 있습니다. 확실히 위로 하늘은

32) 공자께서 말씀하셨다. "하늘이 무슨 말씀을 하시는가? 사시四時가 운행되고
온갖 만물이 生長하는데, 하늘이 무슨 말씀을 하시는가?" "사시가 운행되고 온갖

어떠한 만물에 대해서도 특별한 자양이나 변란도 주는 것이 전혀 없지만, 만물은 오히려 끊임없이 순환하며 삼법인三法印 중 「제행무상諸行無常」의 진리를 시현하고 있습니다. 그래서 우리들은 반드시 매분 매초 마다 모든 안·이·비·설·신·의를 펼치며 상을 여의고 개오하여야 그것이 발산하는 「선禪」의意를 체득할 수 있습니다. 달마조사께서 말씀하신 것처럼 연꽃이 자라는 진창도 「좋은 진흙」일 수 있습니다.

《금강경》에 이르길, "일체 유위법은 꿈·환·포말·그림자 같고, 이슬 같고 또한 번개 같으니, 마땅히 이와 같이 관할지라." 「여시관如是觀」은 곧 「선정禪定」이고, 「선정」 또한 유위의 법으로 마땅히 이와 같이 관하면 상인께서 "법이 무아임을 드러내고 행이 무아임을 보니, 진심과 망념이 머묾이 없어 오고 감이 자유자재하다(法無我著 行無我見 眞妄無住 來去自如)"라고 말씀하신 법어와 같습니다. 선에 들어 선이 아니고 정에 들어 정이 아님을 「선정禪定」이라 하고 일체가 자유자재 합니다.

현공법사玄空法寺, 전진상인全眞上人 (*편역자 보충)

[부처님께서 서방극락 전념염불법을 보이시다]

2-2-1

부처님께서 발타화에게 말씀하셨다. "이 수행법을 수지하면 곧

만물이 생장하는 것은 천리天理가 발현하여 유행하는 실체가 아님이 없는데, 말을 기다리지 않고도 볼 수 있는 것이다. 성인의 일동일정一動一靜은 오묘한 도道와 정밀한 의리의 발현이 아님이 없으니, 이 또한 하늘일 뿐이다. 어찌 말씀을 기다려야 드러나겠는가? 이것도 자항子貢에게 보여주시기를 간절히 하신 것인데, 자항은 끝내 깨닫지 못하였으니, 애석하다."

삼매를 얻어 현재 제불께서 모두 눈앞에 나타나시느니라. 비구·비
구니·우바새·우바이는 여법하게 수행하면서 지계를 청정히 하고
제행을 완전히 갖출지라. 홀로 한 곳에 고요히 머물면서 지금 현재
계시는 서방정토 아미타부처님을 염하길, 들은 바대로 염해야 하느
니라. 여기에서 천억만 불국토를 지나가면 「수마제」라고 이름하는
나라가 있나니, 일심으로 아미타부처님을 염하길 하루 밤낮이나
혹은 7일 밤낮으로 하면 7일이 지난 후에 아미타부처님을 친견하게
되느니라.

佛告跋陀和;「持是行法便得三昧，現在諸佛悉在前立。其有比丘比丘
尼，優婆塞優婆夷，如法行，持戒完具。獨一處止，念西方阿彌陀佛，
今現在。隨所聞當念，去此千億萬佛刹，其國名須摩提，一心念之。一
日一夜若七日七夜，過七日已後見之。」

지시행법持是行法 편득삼매便得三昧 현재제불실재전립現在諸佛悉在前立

이 수행법을 수지함은 인因이고, 곧 삼매를 얻어 현재 제불께서 모두
눈앞에 나타나심은 과果입니다. 사부대중 제자들이 모두 수행할 수
있는 주체입니다.

여법행如法行 지계완구持戒完具

이 문구는 다른 역본에서는 "지계를 청정히 하고, 제행을 구족함(淸淨持戒
具足諸行)"으로 되어 있습니다.

지계완구持戒完具

지계持戒의 범위는 십선업十善業을 벗어나지 않습니다. 신신身·구구口·의意로 행함이 청정하지 못하면 삼악도에 몫이 있으니, 왕생정토를 어찌 다시 논하겠습니까? 《화엄경》에 이르길, "이 보살이 다시 또 사유하되이 열 가지 불선도不善道에서 상자上者는 지옥에 인연하고, 중자中者는 축생에 인연하며, 하자下者는 아귀에 인연하느니라." 하였습니다. 그래서 비록 불력에 기대어 왕생하더라고 삼업을 또한 경책해야 하니 삼악도에 떨어지는 악업의 인연을 짓지 마십시오.

《무량수경》(하련거 회집본)에 이르길, "또 아난아, 만약 어떤 중생이 저 국토에 태어나고자 한다면 비록 크게 정진하여 선정을 닦을 수 없다 하더라도 경전과 계율을 수지하면서 선업을 지어야 하느니라. 이른바 첫째 살생을 하지 말며, 둘째 도둑질을 하지 말며, 셋째 삿된 음욕을 짓지 말며, 넷째 거짓말을 하지 말며, 다섯째 꾸미는 말을 하지 말며, 여섯째 험한 말을 하지 말며, 일곱째 이간질하는 말을 하지 말며, 여덟째 탐내지 말며, 아홉째 성내지 말며, 열째 어리석지 말지니라. 이와 같이 밤낮으로 극락세계 아미타부처님의 온갖 공덕과 온갖 장엄을 사유하고, 지극한 마음으로 귀의하여 정례하고 공양을 올린다면, 이 사람이 임종할 때 놀라지도 두려워하지도 않고 마음이 전도되지도 않으며 곧바로 저 불국토에 왕생하게 될 것이니라." 하였습니다.(* 편역자 보충)

독일처지獨一處止

홀로 텅 빈 한적한 곳에 거처하는 것을 말합니다. 바깥으로 시끄럽지도 번잡하지도 않고, 안으로 탐욕의 덮개에 가리지도 않고 일심으로 지금 현재 서방에 계시는 아미타부처님을 1일에서 7일까지 염하십시오. 《불유교경佛遺敎經》에 이르길, "그대 비구들이여, 적정寂靜·무위無爲·

안락安樂을 구하려거든 마땅히 시끄럽고 번잡한 곳을 떠나 홀로 한적한 곳에 거할지니라. 고요한 곳에 있는 사람은 제석을 비롯한 제천들도 다 같이 공경하고 존중하느니라. 그러므로 마땅히 자신의 대중 혹은 남의 대중을 놓아버리고 텅 빈 한적한 곳에 홀로 거처하며 괴로움의 근본을 멸하려고 생각해야 하느니라. 만약 무리를 좋아하는 사람은 반드시 대중으로부터 번뇌를 받느니라." 하였습니다. (* 편역자 보충)

금현재今現在

우리들이 현재 여기에 있음을 아미타부처님께서 다 아시고 계십니다. 그래서 아미타부처님은 「지금 현재」 부처님이십니다. 우리들은 이 말에 아무런 느낌도 없었지만, 나중에 선지식이 이렇게 강조한 이후로 저는 비로소 현재 부처님께서 지혜가 원만하시고 자비가 원만하신 일체지一切智임을 말한다는 것을 알게 되었습니다. 그래서 아미타부처님께서는 현재 우리들의 모든 일거일동 내지 마음속 모든 요구를 모두 다 받아들이시고, 완전히 아시고 계십니다. (* 《반주삼매경 강술》 보충)

수소문隨所聞

청문聽聞한 대로 극락세계 장엄과 아미타불의 상호 등이 있음을 알고서 수행을 일으킴을 말합니다.

수마제須摩提

범어 수마제(sukhāvatī)는 안락安樂이라고 하고, 또 안양安養 · 청태清泰 · 묘의妙意라고도 합니다. 이름은 약간 다르지만, 모두 극락極樂이란 뜻입니다.

일일일야약칠일칠야一日一夜若七日七夜

이는 곧 앞 게송의 「일기념一期念」을 말합니다. 이 경문은 《아미타경》의 경문과 부합합니다. 즉 《아미타경》에 이르길, "사리불아, 선남자 선여인이 아미타불에 대한 설법을 듣고, 그 명호를 견지하여, 하루나 이틀이나 사흘이나 나흘이나 닷새나 엿새나 이레 동안 일심에 이르러 산란하지 않는다면, 그 사람이 목숨을 마치려 할 때에 아미타불께서 수많은 성중들과 함께 그 앞에 나타나느니라." 하였습니다.

왜 1일 내지 7일이라고 말합니까? 《불성론佛性論》에서는 "관행觀行을 닦음에 있어 먼저 관에 들어갈 때 반드시 원심願心을 내어 그 뜻을 일으켜야 한다."라고 하였고, 《대비바사》에서는 "마음을 기약해야 하는 까닭에 관을 닦는 자는 먼저 의요(意樂: 어떤 목적을 향하여 나아가려는 마음)를 일으켜야 한다고 말한다."라고 하였습니다. 범부의 마음은 안정되지 않아 노력해서 수호해야 일심으로 전주專注할 수 있습니다. 시간의 짧고 긴 한정이 있어야 바야흐로 의요와 원구願求를 일으켜서 전력을 다해 정복할 수 있습니다. 만약 시간이 길고 오래되면 분발하기가 어렵습니다.

송宋 나라 자운준식慈雲遵式 법사는 《왕생정토참원의往生淨土懺願儀》에 이르길, "행자가 도량에 들어가고자 할 때 신심이 산란하면 반드시 미리 방편을 행해야 하나니, 7일간 다른 방을 운영하여 도량과 같은 곳이어서는 안 된다. 만약 다른 방이 없으면 한 방도 허용할 수 있다. 밤낮으로 알맞게 맞추고 익숙해지도록 익히며 생각하고 시험하며, 틈을 내어 오회五悔33) 등의 글을 독송하여 매우 숙련되면 통한다. 염색하고

---

33) "불교의 참회의식으로 오문(五門)의 차례에 따라서 죄업을 없애는 방법으로 5문은 참회懺悔·권청勸請·수희隨喜·회향廻向·발원發願의 순으로 구성되어 있다. 이와 같이 5회로 구성된 대표적인 참회문으로는 「예불대참회문」이 있는데,

빨며 바느질하며 틈을 내어 일을 보고, 나머지 생활(治生) 및 잡무는 즉시 통합하고 쉰다. 단지 염하면 오래지 않아 반드시 정토에 태어나니, 망설이지 말고 일심으로 참회를 구하라. 각자 기한을 정하여 신명을 아끼지 않고 반드시 정업淨業을 취하면 즉시 성취할 것이다." 하였습니다.

2-2-2

비유하면 사람이 꿈속에서 본 것은 밤과 낮을 모르고 또한 안과 밖을 모르며, 어둠 속에 있기 때문이 아니라 덮이거나 막혀서 보지 못하느니라. 발타화야, 보살은 마땅히 이렇게 생각할지니라. 이때 제불국토의 경계 안에는 모든 큰 산들과 수미산의 그윽하고 어두운 곳이 다 열려서 가리고 장애하는 것이 없어지니, 이 보살은 천안통을 갖지 않아도 꿰뚫어 보고, 천이통을 갖지 않아도 훤히 들으며, 신족통을 갖지 않아도 그 부처님의 찰토에 이를 수 있느니라. 여기서 죽어 저곳에서 태어나는 것이 아니라, 문득 여기 앉아서 아미타부처님을 친견하느니라.

「譬如人夢中所見, 不知晝夜, 亦不知內外, 不用在冥中, 有所蔽礙故不見。跋陀和, 菩薩當作是念, 時諸佛國境界中, 諸大山須彌山, 其有幽冥之處, 悉爲開闢無所蔽礙。是菩薩不持天眼徹視, 不持天耳徹聽, 不持神足到其佛刹, 不於此間終生彼間, 便於此坐見之。」

현재 우리나라에서 가장 널리 통용되고 있는 참회법 중의 하나이다."《한국민족문화대백과사전》.

이 단락의 경문에 해당하는 《현호분》의 경문은 이러합니다. "현호여, 보살마하살의 마음에 장애가 없는 것도 이와 같으니라. 바르게 생각할 때에 저 불국토 가운데 있는 무릇 일체 수미산왕과 철위산·대철위산 내지 나머지 모든 흑산(黑山) 등이 이 안근에 장애가 되지 않고, 또한 이 마음을 덮거나 가리지 못하느니라. 그러므로 이 사람은 실제로 천안통을 얻지 못하였을지라도 능히 저 부처님을 친견하고 또한 천이통이 없더라도 저 법음을 들으며, 또한 신족통이 아니라도 저 세계에 가고, 또한 이 세계에서 저 부처님 앞에 태어나지 못함이 없나니, 진실로 이 세계 가운데 있으면서도 염불을 쌓고 배이도록 닦아서 오랫동안 관찰하여 근기가 밝고 예리한 까닭에 마침내 저 아미타여래·응공·등정각께서 승가 대중들에게 둘러싸인 보살회중을 보기도 하고, 혹은 자신이 저곳에서 법을 듣고, 들은 뒤에 억념하고 수지하여 수행하기도 하며, 또 저 아미타여래·응공·등정각께 공경 예배하고 높이 받들어 공양하는 모습을 보느니라. 이 사람은 그런 뒤에 이 삼매를 일으키고 그 관찰에서 나온 뒤에 차례로 사유하여 듣고 본 대로를 남에게 자세히 설하느니라."

꿈의 비유로 두 가지 일을 설명합니다. 모두 마음에 장애가 없음으로 인해 이와 같이 할 수 있는 까닭입니다.

1. 밤과 낮을 모르고 또한 안과 밖을 모른다(不知晝夜 亦不知內外)

본 것을 관상하면 꿈속에 본 것과 같습니다. 꿈의 경계는 꿈속에서 마음으로 말미암아 나타난 것으로 밤낮을 막론하고 시간에 차이가 없고, 또한 안과 밖을 막론하고 공간에 거리가 없습니다. 보살은 이 세계에서 궁극의 끝(實際)인 수미산 등 모든 큰 산에 가로막히지 않고 마음에 장애가 없이 극락세계를 보듯이 귀로 법음을 들음도 또한 이와 같이 장애가 없습니다.

[어둠속에서 있기 때문이 아니라 덮이거나 막혀서 보지 못한다]

깜깜한 어둠(黑暗) 속에 있기 때문이 아니라 덮거나 막아서 보지 못합니다. 그래서 일체 보고 듣는 것은 눈과 귀 등의 근을 빌리는 것이 아님을 알아야 성취(成辦)함이 있습니다.

동진東晉의 혜원慧遠 대사께서는 여산廬山 동림東林에 머무실 때 세간의 뜻을 누르고 서방을 향해 《반주삼매경》에 의지해 전수專修염불 수행하면서 30년간 발자취를 속세에 들이지 않았습니다. 연루蓮漏34)의 여섯 때 참선과 독송을 그치지 않으면서 마음을 맑게 하고 생각을 묶어서 움직이지 않았습니다. 세 차례 서방의 성스러운 모습을 보았어도 듬직하게 말하지 않았습니다. 후에 반야대般若臺에서 바야흐로 정定을 일으켜 아미타부처님의 법신이 허공에 가득하고 원광 가운데 화신불이 무량하고 관세음·대세지 두 대보살께서 좌우에 시립하여 계심을 보았습니다. 또한 물이 흘러나오고 광명이 솟아나 열네 가락으로 나뉘고, 하나하나 물줄기가 상하로 굽이쳐 흐르며 묘법을 연설함을 보았습니다.35) 《16관

---

34) 연화루(蓮漏) : 진晉나라 때의 고승 혜원법사의 제자인 혜요慧要가 물 위에 연잎 열두 개를 세워 물결로 인하여 작동시켜서 12시를 정했던 물시계이다.
35) "저 극락세계에 8공덕을 갖춘 보배 연못의 물이 있나니, 하나하나 연못의 물은 칠보로 이루어져 있고, 그 보배 물은 부드러우며, 여의주왕으로부터 흘러나오느니라. 그것은 나뉘어 열네 갈래로 흐르나니, 하나하나 갈래는 칠보 빛깔의 모습이 되고, 각각 모여서 황금의 개울을 이루니라. 개울 밑바닥에는 여러 가지 색깔의 금강이고, 모래가 깔려 있느니라. 하나하나 물 가운데 60억의 칠보 연꽃이 피어 있는데, 하나하나 연꽃은 둥글고 탐스러워 모두 똑같이 12유순이나 되느니라. 또한 마니보주에서 흘러나온 물은 연꽃 사이로 흐르며 보배 나무를 따라 오르내리니,

경十六觀經》에서 부처님께서 이르시길, "나는 본원력으로 인해 그대를 위안하나니, 그대는 7일 후에 나의 나라에 태어날 것이니라(我以本願力故 來安慰汝 汝七日後 當生我國)." 말씀하셨습니다.36) 이것은 몸은 사바세계에 있으면서 서방극락세계의 미묘한 경계를 직접 보고, 법음을 직접 듣는 수증修證을 성취한 실례입니다.

시보살부지천안철시是菩薩不持天眼徹視 부지천이철청不持天耳徹聽 부지 신족도기불찰부지신족도기불찰不持神足到其佛刹不持神足到其佛刹 불어 차간종생피간不於此間終生彼間 편어차좌견지便於此坐見之

《반주삼매경》에 이르길, "이 보살은 천안통을 갖지 않아도 꿰뚫어 보고, 천이통을 갖지 않아도 훤히 들으며, 신족통을 갖지 않아도 그 부처님의 찰토에 이를 수 있느니라. 여기서 죽어 저곳으로 태어나는 것이 아니라 문득 여기 앉아서 아미타부처님을 친견하느니라." 하였습니다. 이 단락의 말씀은 매우 좋습니다. 이 경문은 그들의 정定이 자성본정自性本定임을 설명합니다. 왜 그렇습니까? 그들은 정定에서 나오지도, 정定에 들어가지 도 않기 때문입니다. 성문·연각·권교보살은 모두 정定에 들어가고 정定에서 나옵니다, 우리들은 《지장경》에서 광목녀光目女가 여러 선지식 들을 친견하는 모습을 봅니다. 그들의 신분은 성문이고, 아라한으로 광목녀는 그들에게 가르침을 청합니다.

그 물소리는 지극히 미묘하여 고·공·무상·무아·일체 바라밀을 연설하기도 하고, 또는 제불의 상호와 공덕을 찬탄하기도 하느니라. 여의주왕으로부터 금색의 미묘한 광명이 솟아나와 백 가지 보배 빛깔의 새가 되어 평화롭고 애틋하고 단아하게 노래하나니, 항상 부처님을 생각하고, 불법을 생각하며, 승가를 생각하는 것을 찬탄하고 있느니라."《관무량수경》.
36)《용서증광정토문龍舒增廣淨土文》제5권 참조.

광목녀는 아라한을 향해 가르침을 청하여 모친이 지은 죄가 지옥업이어서 확실히 지옥에 떨어졌음을 알았지만, 현재 상황이 어떠한지는 몰랐습니다. 아라한이 정定에 들어가고 정定에서 나온 후 그에게 그녀의 모친이 확실히 지옥에 떨어졌지만, 그녀가 발심한 공덕이 매우 커서 그녀의 모친을 지옥에서 구해내 도리천에 태어났습니다. 그녀뿐만 아니라 지옥에 있던 그녀와 인연 있는 중생까지도 모두 은혜를 입어 모두 도리천에 태어났습니다.

아라한이 정定에 들어가고 정定에서 나올 수 있음을 보았습니다. 이들 법신대사法身大士는 자성본정에 머물러 들어가고 나옴이 있음을 보았습니다. 그는 천안에 의지하지 않아도 볼 수 있고, 천이통에 의지하지 않아도 훤히 들으며, 신족통에 의지하지 않아도 도착합니다. 생각이 한번 움직이면 경계가 현전합니다. 반드시 이곳에서 죽어서 저곳에 왕생하지 않아도 됩니다. 이런 일이 없다면 연화좌에서 한번 움직여 부처님을 친견하지 못하고, 이런 일을 원만히 성취하지 못합니다.

《정토대경과주淨土大經科註》(제913집), 정공법사(* 편역자 보충)

[비유로 설명하다]

세 음탕한 여자의 비유(三婬女喩)

2-3-1

비유하면 어떤 사람은 타사리국에 자수문이라는 음탕한 여자가 있다고 듣고, 또 어떤 사람은 아범화리라는 음탕한 여자가 있다고 듣고, 또 어떤 사람은 우바원이라는 음탕한 여자가 있다고 들었다.

이때 그들은 한 번도 이 세 여인을 본 적은 없었지만, 소문만 듣고 음탕한 마음이 곧 움직여, 세 사람 모두 나열기국에 있으면서 같은 시각에 생각하며 각자 꿈속에서 그 여자의 곁에 가서 함께 살았는데, 깨고 나서 각자 그 일을 생각하는 것과 같으니라."

「譬如人聞墮舍利國, 有婬女字須門;復有人聞婬女阿凡和利;復有人聞優婆洹復作婬女。時其人未曾見此三女人, 聞之婬意即動, 是三人皆在羅閱祇國同時念, 各於夢中到其女邊, 與共棲宿, 覺已各自念之。」

《현호분》에 이르길, "그 세 사람은 실로 일찍이 이러한 여자들을 본 적도 없었고, 곧 멀리서 듣기만 하고서도 욕심이 일어나서 오로지 생각하기를 그치지 않다가, 그 뒤에 꿈으로 인연하여 왕사성에 살면서 그 여인과 함께 욕사欲事를 행하였느니라." 하였습니다.

범부는 욕심으로 전념하여, 비록 저 음녀를 본 적이 없지만 염력이 전일한 까닭에 결국 꿈속에서 보게 됩니다. 이 같은 전념의 힘으로 염불하면 마찬가지로 부처님을 친견할 수 있습니다. 마음의 작용은 같습니다. 단지 생각을 매어두는 대상이 다를 뿐입니다.

망념, 바로 그 자리(當下)가 즉 청정의 심체心體입니다. 색色을 여읜 바깥에 달리 공空이 없습니다. 색, 바로 그 자리가 즉 공입니다. 이 공성空性은 일체법에 평등합니다. 색법이 깨끗함과 더러움으로 인해 차별이 있는 것이 아닙니다. 염법染法의 마음에 반연하여 염하는 것과 부처의 마음에 반연하여 염하는 것, 이 둘은 평등합니다. 그래서 망념을 고쳐서 바꾸어 일불에 전념하는 것이 바로 힘써 공부해야(用功) 할 곳입니다.

2-3-2

부처님께서 발타화에게 말씀하셨다. "나는 이 세 여인을 가지고 비유하였나니, 그대는 이 일을 가지고 사람들을 위하여 경을 설하고, 그들로 하여금 이 지혜를 알게 하여 불퇴전지와 무상정진도에 이를 것이요, 만약 후에 부처가 되면 명호를 「선각」이라 하리라."

佛告跋陀和：「我持是三女人以爲喩，汝持是事爲人說經，使解此慧，至不退轉地無上正眞道，若後得佛號日善覺。」

《현호분》에 이르길, "깬 뒤에 꿈속에서 행한 것을 돌이켜 생각하여, 보고 들은 대로 증득하고 아는 대로, 억념한 대로 그대의 처소에 와서 그대에게 갖추어 말할 것이니, 그대는 마땅히 그를 위하여 방편을 베풀어서 설법하고, 수순하여 교화하여 그로 하여금 불퇴전지에 머물게 하고 아뇩다라삼먁삼보리를 성취하게 할 것이니라." 하였습니다.

부처님께서 이 비유로 삼매를 닦음에 있어 진력해야 할 점이 염력을 전일하게 함에 있다고 설명하십니다. 일반 범부에게 모두 이런 자원이 있습니다. 선지식의 지시에 따라 수행하기만 하면 돌을 모두 금으로 만들 수 있습니다. 《염불인》에는 다음과 같은 이야기가 실려 있습니다.

「옛날에 이가국伊賀國 사이조西條 촌에 유명한 염불인 한 사람이 있었다. 그의 이름은 산자에몬三左衛門으로 기름가게(油行) 사장님이었다.……그는 일반적으로 교리를 즐겨 말하는 사람과는 다르게 사물 하나하나가 도라고 말하였다. 그는 두서없이 말하였지만, 매우 소박한 언어로 그의 마음속에 있는 희열을 표현하였다. 심지어 이따금 아무런 말도 하지 않았지만, 곧 생각이 일어나자 부처님께서 오셨다.……가게 계산대 곁에서 붓을 들거나 주판알을 튀기며 장부를 정리할 때 산자에몬은 멈추지 않고 염불했다고 할 수 있다. 염불했을 뿐만 아니라 마음속에는 여전히 부처님의 대자비를 끊임없이 사유하였다. 주의력을 집중하지 못해서 산자에몬은 이따금 금액을 잘못 계산하거나 장부기록을 빠뜨렸다. 아내는 이 같은 현상이 더 지속되지 않을까 걱정이 되어 어느 날 그에게 말하였다. "염불은 당연히 매우 좋은 일이지만, 당신처럼 이러면 실제로 손실을 감당할 수 없어요. 앞으로는 조심 좀 하세요!"

산자에몬은 답했다. "장부 기록은 이 세상의 아주 작은 일도 잊지 않기 위함이요. 이처럼 보잘 것 없는 것도 만에 하나라도 빠져나가지 않을까 걱정이 되는데, 하물며 미래 영겁토록 우리들을 한 사람도 빠짐없이 구조하려는 여래의 큰 은혜이겠소. 나는 더욱 잠시라도 감히 조금도 잊지 못하겠소."

아내는 이 말을 듣고서 한편으로는 부끄럽고, 한편으로는 감동하였다.」

세간에 어떤 사람은 색을 밝히고 어떤 사람은 재물을 밝히는데, 모두 꿈속에서도 잊지 않을 정도에 도달할 수 있습니다. 고통으로 데리고 가는 염법染法도 이런데, 하물며 이처럼 사람으로 하여금 미친 듯, 취한 듯 끝까지 쫓아가며 버리지 않는 마음을 아미타부처님을 억념하는데 쓴다면 극락세계가 십만억 불국토의 바깥에 있겠습니까?

2-3-3

부처님께서 말씀하셨다. "보살이 이곳 국토에서 아미타부처님을 염하면 전념한 까닭에 아미타부처님을 친견할 수 있느니라."

佛言 :「菩薩於此間國土 , 念阿彌陀佛 , 專念故得見之。」

《현호분》에 이르길, "현호여, 저 선남자 선여인 등이 만일 「보살마하살사

유일체제불현전삼매」를 성취하려고 한다면 또한 다시 이와 같으니라. 그 몸이 항상 이 세계 가운데 머물면서 잠시 저 아미타여래·응공·등정각의 명호만 듣고, 마음을 매어두고 이어가서 사유하길 차제로 산란하지 않으면 저 아미타부처님을 분명히 보나니, 이것이 보살이 사유하여 제불현전삼매를 구족성취함이니라." 하였습니다.

보살이 비록 예토穢土에 있을지라도 마음으로 전념專念한 힘으로 정토의 아미타부처님을 친견할 수 있습니다. 왜냐하면 염력은 분제分齊·한량限量이 없기 때문입니다. 그래서 시방중생은 염불하면 곧 부처님과 상응하여 아미타부처님의 가피·접인을 입어 서방극락에 왕생합니다.

《왕생수문록往生隨聞錄》에는 이와 관련된 이야기 하나가 실려 있습니다.

「매梅 노부인은 백내장에 걸려 실명한지 이미 오래되었다. 아들에게 말하였다. "근래 1, 2년간 벽을 향해 앉아 있어. 늘 보면 넓고 툭 트인 큰 길 하나가 있는데, 아득히 멀어. 그런데 보이는 것이 이상하게 또렷해. 항상 여러 시간 동안 보다가 두 눈의 피로가 심해져서야 그만둬." 또 말하였다. "늘 꿈에 큰 절에 이르렀는데, 눈부시게 웅장하고 아름다워서 형언할 수가 없었어. 아미타부처님께서 전각 중앙에 앉아계셨지." 업보의 몸을 버리기 전 두서너 달 동안 빈번하게 이와 같은 꿈을 꾸었던 것 같다.」

매 노부인은 비록 실명하였지만, 분명히 정토를 보았습니다. 이로써 염불하면 부처님을 친견할 수 있음을 알 수 있습니다. 눈을 빌려서가 아니라 「전념」에 의지한 "까닭에 아미타부처님을 볼 수 있었습니다."

《무량수경》(하련거 회집본)에 이르길, "아난아, 그 어떤 중생이 지금 세상에서 아미타부처님을 친견하고자 한다면 마땅히 위없는 보리심을 발하여야 하고, 다시 극락세계를 전념해야 하며, 선근을 쌓고 모아서 지니고 회향해야 하느니라. 이로 인해 부처님을 친견하고 저 국토에 태어나서 불퇴전을 얻고 나아가 위없는 보리를 증득하느니라."라고 하였습니다. (* 편역자 보충)

> 보살어차간국토菩薩於此間國土 념아미타불念阿彌陀佛 전념고득견지專念故得見之

석가모니 부처님께서는 "보살이 이곳 국토에서 아미타부처님을 염하길 전념한 까닭에 친견할 수 있느니라(菩薩於此間國土 念阿彌陀佛 專念故得見之)." 라고 말씀하셨습니다. 《능엄경》〈대세지보살염불원통장〉에서는 우리 들에게 증명해 보여주십니다. 대세지보살께서는 우리들에게 "만약 중생 이 마음으로 부처님을 그리워하고 부처님을 생각한다면 현전이나 당래 에 반드시 결정코 부처님을 친견하리라(憶佛念佛 現前當來 必定見佛)"고 말씀 해주셨습니다. 이는 진실이고 가짜가 아닙니다. 현전에서 부처님을 친견합니다. 임종시 부처님께서 접인하러 오시는 것은 현전에서 부처님 을 친견함입니다. 왜 그렇습니까? 당신이 숨이 끊어지지 않았기 때문입 니다. 당신은 부처님께서 오시는 것을 보고 당신 주변 사람에게 "나는 부처님을 보았어. 부처님께서 나를 접인하러 오셨어."라고 말할 것입니 다. 이것이 현전에서 부처님을 친견함입니다.

극락세계에 태어나면 극락세계에 도착한 후 부처님을 봅니다. 「현전당래 現前當來」 당래에는 극락세계에 도착해서 부처님을 친견하는 것입니다. 「필정견불必定見佛」 이 말씀의 톤이 얼마나 긍정적입니까!

그래서 「염아미타불念阿彌陀佛 전념고득견지專念故得見之」 이런 전념, 아미타부처님을 전념하는 것이 중요합니다. 청정심·평등심·진성심

眞誠心으로 아미타부처님을 전념하면 당신은 아미타부처님을 친견할 수 있습니다.

《정토대경과주》제913집, 정공법사 (* 편역자 보충)

2-3-4

바로 "어떤 법을 수지하면 이 나라에 태어날 수 있습니까?"라고 여쭈었더니, 아미타부처님께서는 "이 나라에 태어나고자 하면 마땅히 나의 명호를 염할지니라. 잠시라도 멈추지 않는다면 이 나라에 태어날 수 있느니라"라고 대답하셨다.

부처님께서 말씀하셨다. "전념한 까닭에 왕생할 수 있느니라. 항상 염할지니, 아미타부처님의 몸은 32상 80종호가 있고, 엄청난 광명을 환히 비추시며, 견줄 수 없이 단정하시며, 보살 승가 가운데 설법하시고 계시느니라. (그 설법은) 색법은 무너지지 않나니, 왜 그러한가? 색·수·상·행·식, 혼·신, 지수화풍, 세간·천상 위로 범천 대범천에 이르기까지 색법이 무너지지 않기 때문이니라. (이와 같이) 염불하는 까닭에 이 삼매를 얻느니라."

即問：『持何法得生此國？』阿彌陀佛報言：『欲來生者當念我名，莫有休息則得來生。』佛言：「專念故得往生。常念佛身有三十二相八十種好，巨億光明徹照，端正無比，在菩薩僧中說法不壞色。何以故？色、痛癢、思、想、生死識魂神、地水火風，世間天上、上至梵、摩訶梵不壞色，用念佛故得是三昧。」

즉문지하법득생차국即問持何法得生此國

이 나라는 아미타부처님 극락세계입니다. 당신이 아미타부처님께 "저는 어떤 법문을 닦아야 극락세계에 갈 수 있습니까?"라고 여쭈어 본다면 「아미타부처님께서는 "와서 태어나고자 하면 마땅히 나의 명호를 염할지라."」 이것은 아미타부처님께서 하신 말씀입니다. "마땅히 나의 명호를 염할지라(當念我名)." 이것이 바로 인광대사께서 말씀하신 신원지명信願持名입니다. 염불은 결정코 믿어야 합니다. 무릇 염불공부가 힘을 얻지 못하는 것은 신심信心이 부족하고 원심願心이 간절하지 못해서 힘을 얻지 못한 까닭입니다. 문제는 도대체 어디에 있습니까? 두 세계를 꿰뚫어 보지 못했기 때문입니다. 의심이 있어 극락세계를 꿰뚫어 보지 못했고, 미련이 있어 사바세계를 꿰뚫어 보지 못했습니다. 이곳에 미련이 남아 있으면 극락세계는 여전히 의문이 있습니다. 그래서 공부가 힘을 얻지 못합니다.

어떻게 해야 합니까? 고인께서 가르치신 방법이 유효합니다. 바로 경전을 천 번 독송하면 그 뜻이 저절로 드러납니다. 당신이 《무량수경》(하련거 회집본)을 황념조 거사의 주해를 포함해서 1천 번 이상 읽을 수 있다면 당신은 기꺼이 믿게 됩니다. 왜 그렇습니까? 이렇게 큰 분량을 1천 번 읽어내려 가면 마음이 선정에 들어가고, 선정의 힘으로 지혜가 생겨나며, 지혜의 힘으로 부처님을 친견할 수 있습니다. 왜 그렇습니까? 의심이 없으면 사바세계에 미련을 두지 않습니다. 이것이 바로 인조(인광대사)께서 말씀하신 「신원지명信願持名 노실염불老實念佛」입니다. 대세지보살께서는 「억불염불憶佛念佛 현전당래필정견불現前當來必定見佛」이라고 말씀하셨습니다. 이것이 진정한 공부이고, 석가세존의 자비이자 아미타부처님의 자비입니다.

《정토대경과주》제107집, 정공법사 (* 편역자 보충)

전념고득왕생專念故得往生

이 부처님의 금구성언金口誠言은 지명염불持名念佛의 수행 근거가 됩니다.
이 같은 수행법의 귀중함은 그것이 사바세계 중생이 삼계를 바로 뛰어넘
는 묘법이라는데 있습니다. 이 세계의 중생은 죄장罪障이 깊고 무거워서
업력에 뒤엉켜 청정하지 못하기 때문에 이 세계에서 업을 청정히 하고,
미혹을 제거하여 해탈을 얻는 것은 실로 거의 불가능합니다. 세존께서는
지명염불로 정토에 태어나길 구함은 문제를 근본적으로 해결하고 구경
에 괴로움을 뽑아내고 즐거움을 주는 방법임을 자비심으로 가르치고
인도하셨습니다. 이것은 용수보살龍樹菩薩께서 《십주비바사론十住毘婆沙
論》 중에서 말씀하신 이행도易行道입니다.

《십주비바사론》〈이행품易行品〉에서 최초의 장행長行 문구인 "아미타부
처님 본원은 이와 같아서 만약 어떤 이가 나를 억념하며 칭명하여
자신을 귀의하면 모두 정에 들어가 아뇩다라삼먁삼보리를 얻으리라(阿彌
陀佛本願如是 若人念我稱名自歸 卽入畢定 得阿耨多羅三藐三菩提)"는 응당 32행
게송의 총서總敍로 이행도易行道의 정수라고 말할 수 있습니다. 그 중
「염아念我」란 마음속으로 아미타부처님을 억념憶念함입니다. 「칭명稱名」
이란 입으로 아미타부처님의 명호를 칭념함입니다. 「자귀自歸」란 중생이
자신을 아미타부처님께 귀명歸命함입니다. 「염아칭명念我稱名」은 중생의
기행起行[37]이고, 「자귀自歸」는 바로 중생의 안심安心[38]입니다. 만약 이와

---

37) 자기가 얻은 신념에 따라 삼업으로 일어나는 행업行業을 말한다. 극락세계에
왕생하기를 목적으로 닦는 5념문念門의 행行과 5종 정행正行을 말한다.
38) 심심의 산란散亂을 지止하고(산란한 마음을 쉬고), 관지觀智를 명명明明하여(지혜를

같이 안심하고 행을 일으키는 자는 곧 반드시 아뇩다라삼먁삼보리를 증득할 수 있습니다. 왜냐하면 〈이행품易行品〉 중에서 칭명稱名을 이행易行의 법으로 삼아 나의 명호를 들음으로 말미암아 당연히 수행을 일으킬 수 있기 때문입니다.

「용수보살 《십주비바사론》, 〈이행품易行品〉개설」,

인해印海 장로 강술 (* 편역자 보충)

상념불신유삼십이상팔십종호常念佛身有三十二相八十種好 거억광명철조巨億光明徹照 단정무비端正無比 재보살승중설법在菩薩僧中說法 불괴색不壞色

"비록 아직 아미타부처님을 친견하지 못했을지라도 마음속으로 아미타 부처님께서는 상호가 장엄하고, 광명이 무량하며, 보살성중의 모임에서 선설하고 계시며, 법이 늘 머물러 무너지지 않음을 생각하고 관할지니라." 이 경문은 관상염불觀想念佛을 닦는 근거가 됩니다. 그래서 본경은 지명염불과 관상염불, 이 2가지 수행법의 법본法本입니다.

불괴색不壞色

색법色法이 공적空寂함을 말합니다. 공적空寂은 무소유인 까닭에 무너질 수 없습니다. 내지 일체법 또한 이와 같이 무소유·불가득不可得으로 늘 머물러 무너지지 않습니다.

《현호분》에 이르길, "그 말씀하시는 내용은, 이른바 일체법은 본래 무너지지 않고, 또 무너뜨릴 수 없는 것이니라. 색色이 무너지지 않는 것처럼 내지 식識 등의 모든 음陰(오온)도 무너지지 않은 까닭이고, 또한

밝게 하여) 마음을 법성法性에 안주安住케 함을 안심安心이라 운云. 〈담연湛然의 지관대의止觀大意〉 청화 큰스님, 《안심법문安心法門》

지地가 무너지지 않는 것처럼 내지 풍風 등 모든 대大(사대)도 무너지지 않는 까닭이고, 또 색이 무너지지 않은 것처럼 내지 촉觸 등 모든 입(12入)도 무너지지 않는 까닭이고, 또 범천이 무너지지 않는 것처럼 내지 일체의 세주世主 등도 무너지지 않느니라. 이와 같아서 내지 저 여래를 염하지 못하고, 또 저 여래를 얻을 수 없느니라. 그와 같이 여래를 염하고 나서 이와 같은 차례로 공삼매空三昧를 얻느니라. 선남자여, 이것을 「정념제불현전삼매正念諸佛現前三昧」라 하느니라." 하였습니다.

음탕한 세 여자의 비유로 만약 끊임없이 전념한다면 염하는 대상이 나타날 수 있음을 설명하였습니다. 아직 음탕한 여자를 보지 못하여도 전일한 마음으로 그리워하면 꿈속에서 볼 수 있고, 그것을 누릴 수 있으며, 같이 욕사欲事를 행합니다. 아직 부처님을 친견하지 않은 사람으로 전일한 마음으로 그리워하는 사람은 삼매 중에서 친견할 수 있고, 그것을 누릴 수 있으며 부처님과 문답할 수 있습니다.

이 염력은 즉 《현호분》에서 말씀하신 「계심상속사유繫心相續思惟」로 이른바 「상속사유相續思惟」는 바로 「전념불식專念不息」입니다. 그래서 아래 경문에 이르길, "이 나라에 태어나고자 하면 마땅히 나의 명호를 염할지니라. 잠시라도 멈추지 않는다면 이 나라에 태어날 수 있느니라." 하였습니다. 그러나 중생심에 한계가 있는 까닭에 7일에 한정합니다.

어떻게 전념할 수 있습니까? 반드시 부처님의 금구성어를 믿고 받아들이고 오직 이것을 의지 삼아 머리에 불을 끄듯이, 고양이가 쥐를 잡듯이 온 마음을 귀명해야 합니다. 기타 상념을 조금도 뒤섞지 않고 한마음 한 뜻으로 하나의 소연所緣 대상(境)에 전념하여야 합니다. 귀명의 간절(切)함은 매우 화급하여야 하고, 생각(念頭)의 전일(專)함은 고양이가 쥐를 잡듯 세력을 반드시 얻음에 있습니다.

세력이 있어야 기델 수 있고, 위계가 있어야 살 수 있으며, 아들이 있어야 신뢰할 수 있고, 돈이 있어야 쓸 수 있으며……모두 여전히 「있음(有)」에 의지합니다. 아무것도 없다면 진정으로 한마디 부처님 명호에 굳게 의지할 수 있을 뿐입니다. 이때 "전념한 까닭에 왕생할 수 있느니라. 마치 금색 큰 간판이 눈앞에서 길을 안내하듯이 거칠고 사나운 파도도 용맹 전진하는 발걸음을 막을 수 없습니다.

세간천상世間天上 · 상지범上至梵 · 마하범불괴색摩訶梵不壞色

이것은 욕계 색계를 간략히 들어 삼계가 모두 공하여 무너지지 않는다는 뜻입니다.

색色 · 통양痛癢 · 사思 · 상想 · 생사식生死識　혼신魂神 · 지수화풍地水火風

색色 · 수受 · 상想 · 행行 · 식識, 지수화풍地水火風, 즉 오온五蘊 사대四大를 말합니다.

용념불고득시삼매用念佛故得是三昧

이 가운데 염불하면 부처님을 친견하여 염불삼매를 성취할 수 있고, 공삼매空三昧를 얻을 수 있습니다.

2-3-5

부처님께서 발타화에게 말씀하셨다. "이 보살삼매는 누가 증득하였

겠느냐? 나의 제자 마하가섭·인지달·수진천자 및 그때 삼매를 아는 이와 수행하여 얻은 이들이 증득하였느니라."

> 佛告跋陀和：「是菩薩三昧誰證者？我弟子摩訶迦葉、因坻達、須眞天子、及時知者。有行得者，是爲證也。」

《현호분》에 이르길, "현호여, 이 가운데 누가 삼매를 증지證知하는가? 지금 나의 제자 마하가섭·제석덕帝釋德보살·선덕善德 천자와 나머지 무량한 보살들의 무리는 모두 이 삼매를 닦아 얻은 이들로 이들이 증명하느니라. 무엇을 증득하였는가? 이른바 공삼매空三昧이니라." 하였습니다.

인지달因坻達

인지因坻는 음音은 지遲이고 또 인제因提라는 말입니다. 이는 주主로, 이른바 천주제석天主帝釋을 말합니다.

2-3-6

"이와 같이 발타화야, 시방세계의 현재 모든 부처님을 친견하고자 하면 마땅히 일심으로 그 방위를 향해 염할 것이며, 다른 생각은 갖지 말지니라. 이와 같이 하면 곧 친견할 수 있을 것이다."

> 「如是跋陀和，欲得見十方諸現在佛者，當一心念其方，莫得異想，如是即可得見。」

일심념기방一心念其方 막득이상莫得異想

바로 전념專念을 말한 것입니다. 진실로 철오선사께서 말씀하신 것과 같습니다. "요컨대 목마른 자가 물을 생각하듯이, 굶주린 자가 밥을 생각하듯이, 병이 든 자가 좋은 약을 생각하듯이, 어린아이가 어머니를 생각하듯이, 칼을 들고 뒤쫓아 오는 원수를 피하듯이, 물속이나 불에 빠져 황급히 구해주길 바라듯이. (이렇게 절실하게 사바 고해에서 벗어나기를 발원해야 한다)"

이런 것은 모두 생활 속에서 매우 평상적인 경계로 모두 한마음 오직 구해주길 발원할 수 있습니다. 염불은 바로 이와 같은 심정으로 염하는 것입니다. 이는 곧 앞에서 말한 "「정의」라 이름하는 삼매가 있나니, 보살들은 항상 수守·습習·지持를 행하여 더 이상 다른 법을 따르지 않으므로 공덕 중에 가장 제일이니라." 이 경문과 같습니다. 반주삼매가 수·습·지를 행해야 하는 대상은 바로 극락의정極樂依正입니다. 앞쪽의 경문은 삼매를 성취함을 약술한 것입니다. 소연에 대해서는 응당 지持·수守의 각도에서 말하였고, 이 자리에서는 작은 단위의 심념心念을 소연으로 말하였습니다.

꿈속에서 고향을 생각하는 비유(思鄕夢喻)

2-4-1

"비유하면 사람이 멀리 나가 다른 지방이나 다른 나라에 가서 고향의 가족이나 친척을 생각하다가 그 사람이 꿈속에 고향으로 돌아가 가족이나 친척을 보고 같이 말하고 기뻐하다 깨어나서 친구들에게 그것을 이야기하는 것과 같으니라."

「譬如人遠出到他郡國，念本鄕里家室親族。其人於夢中歸到故鄕里，
見家室親屬，喜共言語，覺爲知識說之如是。」

《현호분》에 이르길, "비유컨대 어떤 사람이 갑자기 본국으로부터 다른
지역에 가서 비록 다른 지역에 있지만 항상 본래 살던 곳을 그리워하였
느니라. 옛날을 떠올리니, 일찍이 이와 같이 보았고 이와 같이 들었느니라.
이와 같이 억념한 까닭에 이와 같이 알았고, 오랫동안 추억한 까닭에
꿈속에서 자신의 몸이 본래 살던 곳에서 노닐며 이전에 보았던 것과
들었던 것이 더욱 밝게 보였느니라." 하였습니다. 고향을 등지고 떠난
나그네가 고향을 그리워하는 마음이 간절하여 꿈 속에 자신이 고향으로
돌아가고, 또 친구들과 만나서 함께 말하는 모습이 보입니다.

고향을 그리워하는 것은 매우 따뜻한 회상으로 사람으로 하여금 다른
방법으로 대체하기가 매우 어렵습니다. 그것을 사용하여 아미타부처님
을 억념하는 것은 심지어 알맞습니다.

《염불인》에서는 이야기 한 편을 들려줍니다.

「세이쿠로(淸九郞)는 33세인 그해 아내를 잃고서 그 후 독신으로 새장가
를 가지 않았다. 본처가 세상을 떠났을 때 그는 대단히 슬퍼하였지만,
오래지 않아 울음을 거두고 웃음을 지으며 말했다.

"나 보다 먼저 갔으니 당신은 정말 똑똑해!"

그는 법연法緣을 위해 기쁜 모습을 보였지만, 실제로는 굶주리고서야
밥을 먹었고 목이 말라서야 물을 마시는 지경까지 갔었다. 나중에 딸이
성장하여 원만한 가정의 일원이 되어서 생활이 순조로워졌으나 불행히
도 그녀는 이제 갓 26살에 곧 죽었다. 소만小滿 절기에 신앙이 독실한

늙은 아버지는 온유한 남편을 지키고 돌보며 염불 소리를 따라 마음을 평화롭게 하고 기운을 조화시켜 왕생숙원을 실현했다. 여러 곳에서 동수들이 소식을 듣고 모두 시끄러이 와서 조문을 하자, 세이쿠로는 그들에게 일러주었다.

"내 딸애가 어떻게 닦았는지 모르지만, 그 애는 정말 행운아예요. 지금 정토에 왕생을 하였으니, 실로 기쁘고 축하해야겠죠. 나는 본래 여러분들이 이 기쁨을 함께 누리길 원했지만, 지금 여러분들이 슬퍼하고 탄식하는 말을 다하니 실로 크게 의외란 느낌이 들어요."

그가 이런 말을 한 후에 또 그런 일이 없었던 것처럼 도리어 태평하게 계속 염불하였다. 잠시 후 그는 또 말했다. "옛날에 조강지처를 사별할 때 나는 자신의 불행을 탄식하며 이런 우둔하고 미련한 말을 줄곧 한 적이 있었죠. 현재는 달라요. 내 딸애가 왕생하는 기연을 얻어서 부처님의 자비로 인해 기쁨을 얻었으니, 나는 부처님의 지혜는 불가사의한 은전恩典이라고 밖에는 어떤 말도 형용할지 모르겠어요." 세이쿠로는 말을 마치고 또 고성으로 염불하였는데, 그 모습이 지극히 법회에 찼다.」

"죽음을 고향으로 돌아가는 것처럼 여긴다(視死如歸)"라는 말을 늘 듣습니다. 어느 곳으로 돌아가야 할까요? 이것이 가장 중요한 관건입니다. 서방극락으로 돌아가는 것을 고향으로 돌아가는 것과 같다 여기면 누가 돌아가든지 상관없이 다 그를 위해 매우 기뻐할 수 있습니다. 왜냐하면 그가 결국 다시 유랑하지 않아도 되기 때문입니다. 게다가 어느 때라도 돌아가도 다 좋습니다. 사바세계는 실제로 미련을 둘 만한 가치가 없기 때문입니다.

2-4-2

부처님께서 말씀하셨다. "보살이 부처님의 이름을 듣고 친견하자 하는 이는 항상 그 방위를 향해 염하면 곧 부처님을 친견할 것이니라."

佛言：「菩薩聞佛名字欲得見者 , 常念其方即得見之。」

《현호분》에 이르길, "이와 같이 현호여, 모든 보살이 재가자이든 출가자이든 다른 사람으로부터 불세존이 계시다는 것을 듣고서 어느 방위 처소이든 따라서 저 방위를 향해 지극한 마음으로 정례하고, 저 부처님을 친견하고자 정념으로 산란하지 아니하면 염한대로 곧 그 부처님의 형상을 친견하나니, (그 형상은) 혹 유리 같기도 하고, 혹 순금 빛깔도 또한 그와 같으니라." 하였습니다.

고향을 그리워하는 비유로 늘 생각하고 오랫동안 그리워하면, 즉 억념 정근하면 염하는 대상과 반연하여 나타날 수 있다고 설명합니다. 고향을 떠나 다른 곳에 있으며 고향을 늘 생각하는 사람이 꿈속에서 고향을 볼 수 있듯이 아직 부처님을 친견하지 못하지만, 늘 부처님을 그리워하면 삼매 중에서 친견할 수 있습니다.

어떻게 부처님을 그리워할 수 있는가? 기꺼이 자신을 아미타부처님께서 섭화攝化하시는 당기중當機衆이라 여기고 원요願樂의 마음이면 저절로 간절해집니다. 《철오선사어록》에 이르길, "만약 나 한 사람의 입장에서 보면, 부처님께서는 오직 나만을 위하신다. 이렇게 보면 아미타부처님의 성품에 맞춘 48대원大願은 바로 나를 위해 세우신 것이고, 아미타부처님께서 오랜 겁에 걸쳐 닦은 대행大行은 바로 나를 위해 닦으신 것이다.

또 네 가지 국토(四土)는 바로 나를 위해 청정하게 장엄하신 것이고, 세 가지 몸(三身)은 나를 위해 원만히 성취하신 것이다. 나아가 하나하나 몸을 나투어 접인하시고 곳곳에서 온갖 상서로운 감응을 현시하시는 것은 모두 다 나를 위하신 것이다." 하였습니다. 바꾸어 말하면 아미타부처님께서는 나를 위해 성불하셨습니다. 이는 부모님께서 나를 위해 일체 일을 한 것과 같습니다. 나에게 베푸신 이러한 은덕을 나는 잊기 어렵습니다. 극락세계는 나를 위해 성취하셨습니다. 이는 부모님께서 나를 위해 가정을 꾸려서 집안에 발생한 일과 모든 물건이 다 기억 속에 보관되어 있는 것과 같습니다.

「문불명자聞佛名字」에서 「득견得見」에 이르기까지 중간에는 중생이 노력해야 하는 것입니다. 부처님 명호를 수지할 수 있으면 정말 이 생각에 한 분의 부처님이 나오시고, 한 분의 「혹여유리或如琉璃 혹순금색或純金色」의 아미타부처님이 나오십니다. 마치 부모님과 어른을 그리워하면 그렇게 똑똑히 현재 눈앞에 계신 것과 같습니다. 비록 명호를 지념持念할지라도 오히려 아미타부처님께서 원만히 섭수하시고 감동을 주십니다.

이 같은 당기當機39)가 되어 힘을 쓰는 방법으로 반드시 법희를 충만하게 누릴 수 있습니다. 《염불인》에 실린 이야기입니다.

「어느 날, 젊은 사미沙彌승이 장송庄松에게 물었습니다. "장송, 너는 정토삼부경을 읽은 적이 있니?' 사미는 장송이 낫 놓고 기억자도 모르는 사람임을 당연히 알고서 이처럼 비아냥거렸다. 그러나 장송은 오히려 가슴을 치며 말했다. "당연히 읽었지!" 젊은 사미는 깜짝 놀랐지만, 억지로 마음을 안정시키면서 말했다. "이미 읽었다면 내가 들을 수

---

39) 어떤 질문에 대해 능히 대답할 만하고, 어떤 일을 능히 감당할 만한 근기, 또는 그런 근기를 가진 사람을 말한다.

있도록 읽어주겠니. 나도 법익에 젖을 수 있도록…." 장송은 말했다. "좋아! 내가 듣도록 읽어줄게. 그런데 내게 조건이 하나 있어. 내가 다 읽기 전에 너는 내 뒤에서 곧장 옷깃을 여미고 단정히 앉아 삼가 가르침을 받아야해." 젊은 사미는 마음속으로 생각하였다. '이 녀석은 어차피 글자를 모르니 조금 읽다가 반드시 추태를 보이며 읽을 수 없을 거야.' 그래서 곧 장송에게 승낙하였다.

장송은 먼저 뜰 안에 가서 머리 위에 동이물을 몇 번 부어서 온몸을 청정히 하고 정중함을 보인 후에 다시 본당 아미타부처님 전에 올라가서 머리를 젊은 사미에게 돌리고서 말하였다. "내가 《불설아미타경佛說阿彌 陀經》을 읽을 것이니, 너는 꿇어 앉아 공손히 잘 들어라." 그런 후에 정중하게 불경을 펴놓고, 합장을 하고 읽기 시작했다. "불설아미타경佛說 阿彌陀經 여시아문如是我聞 : 장송, 나는 너를 구하마! 장송, 나는 너를 구하마!……" 이처럼 1시간, 2시간, 3시간, 장송은 반복해서 읽었다. "장송, 나는 너를 구하마! 장송, 나는 너를 구하마!……" 젊은 사미는 무릎 꿇은 두 발이 저렸고, 끝내 견딜 수가 없었다. "장송, 나를 용서해줘!" 그러나, 장송은 의연하게 그를 용서하지 않았고, 게다가 "지금 비로소 제대로 시작하려는데!"라고 말했다. 이를 시작 말로 삼아 장송은 《아미타 경》의 진정한 내용을 낱낱이 젊은 사미에게 일러주었다. 장송은 자구에 얽매이지 않았다. 이처럼 한 방에 핵심을 찔러 《아미타경》의 마음을 읽었는데, 그 활달함이 미칠 수 있는 사람이 없었다. 절 안의 주지가 이 일의 경위를 아주 분명하게 파악한 후 장송에게 칭찬하며 말했다. "장송, 오직 너만이 진정으로 《아미타경》을 회통하였다."」

이 고향을 그리워하는 비유에서 열어 보이는 수행법은 《염불원통장》의 「억불憶佛」과 같습니다. 이전 경문, 음탕한 세 여자의 비유는 《염불원통장》의「염불念佛」과 같습니다. 부처님을 그리워하든, 부처님을 생각하든 관계없이 현전이나 당래에 반드시 부처님을 친견하게 될 것입니다. 아래에 나오는「마음에 생각이 있으면 어리석고, 마음에 생각이 없으면 열반이니라(心有想爲癡 心無想是涅槃).」이 경문은《염불원통장》에 있는「방편을 빌리지 않고도 자성본연에서 마음이 열릴 것이니라(不假方便 自得心開)」라는 경문과 맞습니다.

뼈를 관하는 비유(觀骨喩)

2-5-1

"비유하면 비구가 죽은 사람의 뼈를 보는 것과 같나니, 앞에 두고 그것을 보면 푸를 때도 있고 흴 때도 있고 붉을 때도 있고 검을 때도 있는데, 그 색은 어디서 온 것이 아니고 그저 마음이 지은 생각일 뿐이니라. 보살이 이와 같이 부처님의 위신력을 지니고 삼매 중에 자재롭게 서서 어느 방위의 부처님을 친견하고자 하면 곧 친견할 수 있느니라."

「譬如比丘觀死人骨 , 著前觀之。有靑時、有白時、有赤時、有黑時 , 其色無有持來者 , 是意所想耳。菩薩如是持佛威神力 , 於三昧中立自在 , 欲見何方佛即得見。」

《현호분》에 이르길, "현호여, 비유컨대 비구가 부정관不淨觀을 닦는 것과 같나니, 새로 죽은 시체가 모양과 빛깔이 변하기 시작하여 혹 푸르기도 하고 누르기도 하며, 혹 검기도 하고 붉기도 하며, 혹 붓고 터지기도 하고, 혹 이미 썩어서 고름과 피가 함께 흐르며, 벌레와 짐승이 먹어서

살이 다하여 백골이 되어 그 빛깔이 옥처럼 보이고, 이와 같이 내지 뼈가 흩어지는 것을 보느니라. 그리고 저 뼈가 흩어져서 어디서 오는 것도 없고 가는 곳도 없나니, 오직 마음으로 지은 것일 뿐인데 스스로 그 마음을 본 것이니라. 이와 같이 현호여, 모든 보살이 저 염제불현전삼매念諸佛現前三昧를 성취하려면 어느 방위 처소를 따르든지 먼저 저 불세존을 친견하고자 생각하면, 소념처所念處에 따라 곧 여래를 볼 수 있느니라." 하였습니다.

기색무유지래자其色無有持來者 시의소상이是意所想耳

부정관不淨觀을 닦을 때 관하는 대상에서 나오는 푸르고, 누런 등의 빛깔은 의식이 상을 취해 나타나는 것으로 바깥에서 말미암아 온 것이 아닙니다. 이 뼈를 관하는 비유로 설명하면 오직 마음이 여러 가지 생각을 일으킨 까닭에 관하는 대상 경계를 성취할 수 있습니다. 비구가 부정관을 닦아서 성취할 때 관하는 대상의 청정하지 않은 상이 나타날 수 있듯이 염불을 성취하면 염하는 대상인 부처를 친견할 수 있는 것도 이러한 이치와 같습니다.

2-5-2

"왜 그러한가? 불력·삼매력·본래 공덕력을 지녀서 이 삼사를 쓰는 까닭에 친견할 수 있느니라."

「何以故？持佛力、三昧力、本功德力，用是三事故得見。」

《현호분》에 이르길, "무슨 까닭인가? 삼매로 인연하여 여래를 친견할 수 있나니, 저 부처님을 친견할 수 있음에는 세 가지 인연이 있느니라. 무엇이 셋인가? 첫째는 이 삼매를 인연한 것이요, 둘째는 저 부처님의 가지加持이고, 셋째는 자신의 선근이 무르익음이다. 이와 같은 세 가지 인연을 구족한 까닭에 곧 저 모든 여래 · 응공 · 등정각을 밝게 친견하는 것도 또한 같으니라." 하였습니다.

《현호분통의》에서는 세 가지 인연에 대해 상세히 주석하고 있습니다. "첫째 염불삼매를 수습하는 것에 인연하는 까닭에 수습하는 날이 오래되면 삼매가 성취된다. 어떻게 삼매를 성취하는가? 염불삼매를 성취하면 곧 일심불란에 이른다. 둘째 부처님의 가지를 입는다. 어떻게 부처님의 가지를 입는가? 부처님의 가지를 입는다는 것은 마음과 부처가 상응함을 말한다. 마음과 부처가 상응하면 비록 둘이라도 하나이다. 셋째 자신의 선근이 무르익음이다. 자신의 선근이 무르익음이란 일심불란으로 믿음과 발원이 견고하고 탐 · 진 · 치로 인한 끊어짐과 뒤섞임이 없다."

불력과 삼매력은 이미 성취된 것이지만, 다시 행자의 자기 공덕력을 덧붙이면 곧 부처님을 친견할 수 있습니다. 그래서 노력해야 하는 것은 행자 자신입니다. 이전 경문에 수순하여 본래 공덕력을 증진하려면 곧 심념을 집중함으로부터 아미타부처님에 반연하여 생각하고 전일하게 그리워하도록 노력에 착수하여야 합니다.

2-5-3

비유하면 사람이 젊어서 몸을 단정히 하고 좋은 옷을 입고서 자신의 모습을 보고자 하면 거울을 가지거나 혹 삼씨기름이나 정화수나 수정으로써 자신의 모습을 비추어 보는 것과 같다. 어떻게 그림자가

밖에서 거울·삼씨기름·물·수정 속으로 들어간다고 말할 수 있겠느냐?"

발타화가 말하였다. "아닙니다, 천중천이시여. 거울·삼씨기름·물·수정이 맑은 까닭에 자기의 그 영상을 볼 뿐, 영상이 그 속에서 나오지도 밖에서 들어가지도 않습니다."

「譬如人年少端正著好衣服 , 欲自見其形。若以持鏡、若麻油、若淨水、水精 , 於中照自見之。云何寧有影從外入鏡、麻油、水、水精中不也?」 跋陀和言 :「不也 , 天中天 , 以鏡、麻油、水、水精淨故 , 自見其影耳。影不從中出 , 亦不從外入。」

물과 거울 등은 청정한 까닭에 물건을 비추면 비추어진 물건의 영상이 표면에 나타날 수 있습니다. 마음은 청정한 까닭에 염불하면 부처님을 친견할 수 있습니다. 거울에 나타난 영상은 거울 가운데에서 나온 것도 아니고 거울 바깥에서 들어오는 것도 아닙니다.

질문 : 왜 마음이 청정하여 억념한 부처님이 나타날 수 있는가? 곧 아래 경문이 답이다.

2-5-4

부처님께서 말씀하셨다. "훌륭하구나, 발타화야. 빛깔이 청정한 까닭에 모든 것도 청정하나니,"

佛言 :「善哉 , 跋陀和 , 色清淨故 , 所有者清淨。」

《현호분》에 이르길, "모든 물건이 청정하고 그 빛깔이 맑고 밝아서 많은 힘을 쓰지 않아도 영상이 저절로 나타나느니라." 하였습니다.

색청정고色淸淨故

거울이나 혹 삼씨기름·정화수·수정 등은 청정한데, 이것을 마음이 청정한 것에 대한 비유로 삼았습니다.

소유자청정所有者淸淨

나타난 영상이 청정한데, 이것을 부처님의 몸을 친견하는 것에 대한 비유로 삼았습니다. 마음이 청정한 까닭에 저절로 물건을 비추는 작용이 일어날 수 있으므로 염불하여 부처님의 몸을 볼 수 있습니다.

2-5-5

부처님을 친견하고자 하면 곧 친견하고, 친견하면 곧 묻고, 물으면 곧 답하시나니, 경전의 말씀을 듣고 크게 기뻐하며 이런 생각을 할 것이니라. '부처님께서는 어디에서 오셨고, 나는 어느 곳에 이르는가?' 그리고 스스로 생각하길 '부처님께서는 오신 곳도 없고, 나도 이르는 곳이 없다'라고 할 것이요, 스스로 생각하길 '욕계·색계·무색계의 이 삼계는 마음으로 지은 것일 뿐이다. 내가 염불한 대로 곧 보나니, 마음이 부처를 지어서 마음이 스스로 마음을 본다. (염불하는) 마음이 부처님 마음이고, 부처님 마음이 (염불하는) 나의 몸이니, 나의 마음이 부처님을 친견한다. 마음은 스스로 마음을 알 수 없고, 마음은 스스로 마음을 볼 수 없다. 마음에 생각이 있으면 어리석고, 마음에 생각이 없으면 열반이다. 이 법에는 즐거워

할 만한 것이 전혀 없으니, 설사 염할지라도 공이 될 뿐, 존재하는 것이 없다.'라고 할 것이니라. 삼매 가운데 있는 보살에게 보이는 것도 이와 같으니라."

「欲見佛卽見, 見卽問, 問卽報。聞經大歡喜, 作是念 : 佛從何所來? 我爲到何所? 自念佛無所從來, 我亦無所至。自念欲處、色處、無色處, 是三處意所作耳。我所念卽見, 心作佛, 心自見, 心是佛心, 佛心是我身, 心見佛, 心不自知心, 心不自見心。心有想爲癡, 心無想是涅槃。是法無可樂者, 設使念爲空耳, 無所有也。菩薩在三昧中立者, 所見如是。」

견즉문見卽問 문즉보問卽報

이는 곧 앞의 경문인 음탕한 세 여자의 비유 중에서 말한 것을 가리킵니다. 보살이 부처님을 친견할 때 부처님과 대화합니다.

자념불무소종래自念佛無所從來 아역무소지我亦無所至

부처님을 친견함은 삼매의 공입니다. 부처님을 친견하고 설법을 들은 후 보살은 사바세계는 예토이고, 아미타부처님께서 계시지 않음을 잘 사유합니다. 그 친견한 부처님은 어떻게 나타나는 것입니까? 보살이 반주삼매 중에, 선정의 마음(定心) 중에 부처님의 몸을 친견합니다. 이 부처님의 몸은 움직이지 않아 인연에 응하여서 서방으로부터 오는 것도 아니고, 나의 마음은 적연하여 맑고 깨끗하며 깊이 비추어서 또한 서방으로 가는 것도 아닙니다. 그래서 비록 부처님의 몸을 친견하여도 부처님께서 오심도 없고, 내가 또한 감도 없습니다.

아소념즉견我所念即見 심작불심作佛 심자견心自見

마음이 부처님을 염하여 부처님을 친견합니다. 그래서 부처님은 마음이 염하여 나타나므로 자신의 마음(自心)을 여의지 않습니다. 내가 가는 것도 아니고, 부처님께서 오시는 것도 아니어도, 염력으로 자신의 마음을 청정히 하니, 마음이 청정하여서 부처님께서 스스로 나타나십니다. 물이 상승하지 않고, 달이 하강하지 않아도, 물이 청정하여서 달이 스스로 나타나는 것과 같습니다.

심시불심心是佛心 불심시아신佛心是我身

마음은 부처와 상응하고, 바로 그 자리에 곧 은밀히 계합(冥合)합니다. 염불하는 마음이 곧 부처님 마음이고, 이 부처님 마음이 바로 염불하는 사람입니다.《광공상인사적속편廣公上人事蹟續編》[40]에 이르길, "염불唸佛에서 가장 중요한 것은 또렷하게 듣는 것입니다. 염불은 자기와 배합配合하여야 합니다. 고요함(靜)에 들 수 있을 때까지 염해야 자성이 염에 있고, 일하는 동안에도 염에 있습니다. 다른 사람들이 우리가 염에 있는지 모르고, 전일한 마음으로 일하고 다른 망상이 없어야 일심一心입니다. 이것이 부처님 마음(佛心)이고, 불도佛道와 계합함입니다. 정념正念이 있음으로 인해 행하고 표현하는 것이 바로 자비이고, 보는 것은 저절로 정지정견正知正見으로 이것이 부처님 마음입니다." 하였습니다.

정토를 닦는 행자는 염불로 자심의 마음을 맑고 청정하게 하고 부처님을 친견할 때에 이르러 가장 지극히 청정 원만하다고 말할 수 있습니다. 이 청정심이 바로 그 자리에 법계실제法界實際[41]와 일상무애一相無礙[42]의

---

40) 광흠廣欽화상(1892-1986)의 사적, 연보, 어록 수록.

경계에 즉입卽入합니다. 한가하든지 바쁘든지 움직이든지 고요하든지
상관없이 줄곧 마음이 부처님을 여의지 않고, 부처님이 마음을 여의지
않습니다. 마음을 말하자면, 이 마음 전체를 두루 가득 채워서 일념의
짧은 순간도 부처가 아님이 없습니다. 그리고 부처를 말하자면, 아미타부
처님께서 바로 나의 일념의 마음 가운데에 있습니다. 그래서 마음과
부처가 둘이 아니고, 중생과 부처가 일여一如입니다.

심부자지심心不自知心 심부자견심心不自見心

법계일상法界一相 중에 담적湛寂 편만遍滿하여 한 법도 아직 세우지 못했는
데 하물며 두 가지 법을 얻을 수 있겠습니까? 이미 피차가 없는 까닭에
서로 알지 못하고 서로 보지 못합니다.

심유상위치심心有想爲癡 심무상시열반心無想是涅槃

마음은 본래 담적하여 움직이지 않아 한 법도 세울 수 없고, 또 한
법도 버릴 수 없습니다. 마음이 한번 움직여 여러 가지 생각이 떠오르면
무명이 일어납니다. 심념心念이 나란히 공하면 열반 본래의 모습입니다.
마음이 비록 부처님을 친견하더라도 부처님께서는 실로 옴도 없고 감도
없습니다. 물 위에 달그림자처럼 옴도 없고, 물 또한 감도 없습니다.
곳에 따라 비치고(映), 곳에 따라 그림자가 나타납니다(現影). 심념이

---

41) "이치로 맺으면 법상종과 화엄종의 해석에 진여眞如의 이치적인 성품(理性)을
가리켜 법계法界라 일컫고 혹은 법계를 진여법성眞如法性이라, 실상實相이라, 실제實
際라고도 일컫는다."《금강심론》, 금타화상.
42) "법계(진여법신)는 일상一相이니 생각을 법계에 붙들어 매는 것(繫緣法界)을
일행삼매一行三昧라 한다. 만약 선남자 선여인이 일행삼매 들어가고자 하면 마땅히
먼저 반야바라밀을 듣고 설한대로 수학한 뒤에야 일행삼매에 들어갈 수가 있는데,
법계와 같아짐을 인연하여 물러나지 않고, 무너지지 않으며, 부사의不思議하며,
걸림이 없고(無礙), 무상無相이 된다."《문수설반야경文殊說般若經》.

전일하여 조작함이 없는 곳에 이르러, 저절로 비추고 나타나는(映現) 공功을 일으킵니다. 조작이 있어서 마음의 물에 물결이 일면 그림자가 나타나지 않습니다. 그래서 마음에 부처님이 나타날 때는 바로 마음에 상념이 없을 때입니다. 마음에 상념이 없을 때 바로 부처님을 그리워함이 분명합니다. 색이 곧 공이고(色即是空), 공이 곧 색이라(空即是色), 색과 공이 둘이 아니고(色即不二) 완연합니다.

지공상인智公上人께서 《무자법문경강기無字法門經講記》에 이르길, "예컨대 우리들이 한마디 「나무아미타불」을 염하여 그 소리가 맑게 들리고 밝음을 얻으면 바로 그 자리, 마음속에는 곧 산란한 생각이 없다. 비록 산란한 생각이 없을지라도 오히려 무기無記[43]가 아니다. 왜냐하면 「나무아미타불」을 지극한 정성으로 간절하게 또렷하고 명백하게 생각하기 때문이다. 바로 한마디 부처님 명호를 간절하고 명백하게 생각하여야 산란한 생각이 없기 때문이다. 곧 산란한 생각이 없어야 한마디 부처님 명호를 간절하고 명백하게 생각하기 때문이다. 이처럼 상想이 무상無想과 다르지 않고, 무상이 상과 다르지 않다. 상이 곧 무상이고, 무상이 곧 상이다. 이는 바로 염念이 무념無念이고, 무념이 염이다. 염이 무념이라 함이 선권善權의 용用이고, 곧 대지大智의 체가 된다. 무념이 염이라 함이 대지의 체이고 곧 선권의 용을 일으킴이다." 하였습니다.

보살재삼매중립자菩薩在三昧中立者 소견여시所見如是

---

43) 고려 중기의 지눌知訥은 『권수정혜결사문勸修定慧結社文』에서 마음이 밝게 깨어 있는 성성惺惺의 상태로서 아무런 생각 없이 흐리멍덩한 무기無記를 다스리고, 고요한 적적寂寂으로서 분별하는 가지가지 생각을 다스리라고 하였다. 또, 『수심결修心訣』에서는 정定으로써 어지러운 생각을 다스리고 혜慧로써 무기無記를 다스릴 것을 강조하였으며, 마음이 고요하기만 하고 밝은 혜가 없으면 혼침하여 무기無記의 상태에 떨어진다고 하였다. 또한, 고려 말의 나옹懶翁은 "고요한 가운데 화두가 없는 것을 무기無記라고 한다."고 하였다. 《한국민족문화대백과사전》.

이것은 현관(現觀; 빈틈없이 한결같음無間等)의 경계입니다. 보살은 전념專念으로 말미암아 마음의 청정을 얻습니다. 보살은 이 청정한 마음의 바탕(心體)으로 법성法性과 상응하여 분별을 꿰뚫고 명연일체冥然一體가 되는 까닭에 이와 같이 보입니다(如是見)44). 《유가사지론瑜伽師地論》에 이르길, "능지(能知; 인식주체)의 지智와 소지(所知; 인식대상)의 경境이 화합하여 어그러짐이 없음으로 말미암아 현전에서 관찰하는 까닭에 현관現觀이라 한다. 찰제리(刹帝利; 크샤트리아 계급)와 찰제리가 화합하여 어그러짐이 없듯이, 현전에서 관찰함을 현관이라 하고 바라문 등도 그와 같음을 알아야 한다." 하였습니다.

부처님을 친견할 때 내가 가지 않음을 깨달아 아는 것은 비교적 용이합니다. 왜냐하면 자신은 아직도 사바세계에 살고 있고 극락정토에 아직 도착하지 않았음을 알고 있기 때문입니다. 그러나 이미 부처님을 친견한 이상 대부분은 부처님께서 서방에서 오신 것이라 생각하고 부처님께서 오시지 않는 것은 어렵다고 압니다. 마음이 지극히 고요(寂)하여 일심으로 움직이지 않고 처음부터 끝까지 신령스런 깨달음(靈覺)으로 바야흐로 부처님께서 실로 옴이 없다고 각조覺照할 수 있습니다. 만약 부처님께서 오심이 있다고 한다면 공성의 지혜(空慧)를 내지 못합니다. 그래서 정定의 힘이 여기에 이르러야 비로소 공의 지혜를 낼 수 있습니다.

그래서 여섯 창문을 닫아야 바야흐로 산란한 연(亂緣)을 멈추고 마음을 한 곳에 제어할 수 있습니다. 부처님을 친견하는 것이 이와 같을 뿐만 아니라 탐·진·치 등도 모두 이와 같이 바깥에서 오는 것도 안으로부터

---

44) "육도六道에 신령스런 광명이 일찍이 끊어진 적이 없습니다. 만일 이와 같이 드러낸다면 곧 일 없는 사람의 한결같은 삶이 될 것입니다."《대혜종고, 정법안장(正法眼藏)》(비움과소통) 참조.

나가는 것도 아닙니다. 그것들은 인연에 응하여 나타나고, 비록 나타나더라도 마침내 존재하는 것은 없습니다.

다음으로 관의 지혜를 일으켜 일체 법을 봄은 마음으로 말미암아 보이는 것으로 비록 환화幻化가 역연歷然할지라도 실로 공空과 같지 않습니다. 이는 《염불원통장》에 있는 "방편을 빌리지 않고도 자성본연에서 마음이 열릴 것이니라."라고 한 경문과 꼭 맞습니다. 이것에 이르러 정혜定慧가 일제히 촉발하여 삼매가 원만합니다.

2-5-6

부처님께서 이때 게송으로 말씀하셨다.

마음은 스스로 마음을 알지 못하니
마음이 있으면 마음을 보지 못하네
마음에 생각이 일어나면 어리석고
마음에 생각이 없어야 열반이라네

이 법은 견고함이 없어
항상 생각에 따라 나타난다네
공함을 이해하고 보는 자는
일체 아무 생각이나 바람이 없다네

佛爾時說偈言:「心者不自知, 有心不見心, 心起想則癡, 無心是涅槃. 是法無堅固, 常立在於念, 以解見空者, 一切無想願.」

심자부자지心者不自知 유심불견심有心不見心

염하는 대상(所念)도 없고, 또 염하는 주체(能念)도 없으며, 능과 소가 모두 사라져서 일상一相이자 무상無相인 까닭에 "마음은 스스로 마음을 알지 못한다." 말씀하십니다. 만약 마음에 상념이 일어나면 허망에 떨어져 진심眞心을 보지 못하는 까닭에 "마음이 있으면 마음을 보지 못한다." 말씀하십니다.

염이 일어나지 않고 한 부처님께 전념하면 법이 본래 공하고 견고한 실체가 없음을 보는 경지에 이릅니다. 이에 이르면 한 생각도 없이 염할 수 있고 또 무심을 얻을 수 있는 이른바 「열반」에 안온히 머뭅니다.

〈행품行品〉의 「일념을 세워서 이 법을 믿고」, 이 문구를 다시 봅시다. "마음을 일경一境에 잡아매고 모든 상을 끊고서 전일하게 열심히 염하여 삼매경이 현전함에 이른다."[45] 이것은 마음을 청정하게 하는 방법으로 곧 「식심무일동념처識心無一動念處」[46]입니다. 삼매성취에 이르러 일심불란에 도달하면 바로 마음을 움직이지 않고, 한 곳에 잘 머물게 함입니다. 이때 마음은 청정한 까닭에 부처님이 나타나십니다.

이 경은 두 부분으로 나누어 중생의 번뇌를 처리하고 있습니다.

첫째 부분은 삼매의 힘으로 거친 망상을 대치하는 것입니다. 이를 위해 힘이 분명히 드러나는 명호를 사용합니다. 염하는 부처님 명호가 강하고 힘이 있어 나머지 잡생각을 배제합니다. 부처님 명호는 마음속을 안정시킵니다. 이는 「용을 그리는 것(화룡畫龍)」과 같아서, 그려야 하는 용을

---

45) 《측문산기제삼집側聞散記第三集》, 석지유釋智諭 찬.
46) "식심이 적멸하여 일호의 망념도 동요함이 없으면 이것을 무상정각이라고 이름한다."《사행론四行論》, 성철스님《선문정로》에서 인용.

완전히 드러내 보이는 것입니다.

둘째 부분은 공혜空慧의 힘으로 미세한 망상을 대치하는 것입니다. 이를 위해 관혜觀慧의 힘을 사용합니다. 반관인삼매反觀因三昧는 부처님의 본질과 오고감을 보아, 소연所緣으로 하여금 또렷하게 현현하게 할 뿐만 아니라, 소현所現의 영상을 통하여 능현能現의 본질을 사무쳐 볼 수 있게 합니다. 마음속의 한마디 명호나 소현의 불신佛身마다 그 체성이 자성과 상응하는 까닭에 비록 부처님 명호를 염하고 불신을 친견할지라도 실제로는 염념마다 자성을 봅니다. 이는 「눈을 그려 넣는 것(점정點睛)」과 같아서 그것으로 하여금 위신력이 있고 생명이 있게 하며 실제로 의지하는 곳은 오직 일심뿐임을 증명합니다.

그래서 정혜는 중생의 거칠고 미세한 망상을 대치하여 윤회로부터 뽑아내는 위없는 양약良藥입니다.

사사품四事品 제3

[사사법을 행하면 빨리 삼매를 얻는다]

제1 사사법四事法

3-1-1

보살에게는 네 가지 일의 법이 있어서 빨리 이 삼매에 이른다. 첫째는 능히 무너뜨릴 수 없는 신심이요, 둘째는 능히 물러남이 없는 정진이요, 셋째는 능히 미칠 수 없는 지혜요, 넷째는 늘 선지식을 따르고 섬기는 것이니, 이것이 네 가지이다.

> 菩薩有四事法 , 疾逮得是三昧 : 一者、所信無有能壞者 , 二者、精進無有能退者 , 三者、智慧無有能及者 , 四者、常與善師從事 , 是爲四。

보살유사사법菩薩有四事法 질체득시삼매疾逮得是三昧

전품에서는 "불력 · 삼매력 · 본래 공덕력을 지녀서 이 삼사를 쓰는 까닭에 친견할 수 있느니라." 하였습니다. 이 가운데 불력은 이미 증명되었고, 삼매의 법력은 본래 스스로 원만히 갖추고 있으며, 오직 행자는 본래 공덕력을 증장시켜 나갈 뿐입니다. 그래서 만약 이 품의 사사에 대해 신수봉행하면 매우 빨리 반주삼매를 향해 들어갈 수 있습니다. 이는 마치 배는 이미 준비되어 있고, 배의 키를 잡는 사람도 이미 이루어져 있으며, 단지 강을 건너는 사람이 배에 올라타려는 원의願意가 모자랄 뿐입니다.

일자一者 소신무유능괴자所信無有能壞者

서방정토 의보依報·정보正報를 간절하게 사랑하고 좋아하여 그 신심을 무너뜨릴 수 없음을 말합니다. 선도善導화상께서는 마치 아미타부처님께서 다시 오신 것처럼 서방정토에 대해 신심과 원심願心을 일으키는 선교방편이 제일이라 할 수 있다고 가르치셨습니다. 화상께서 저술하신 《관경소觀經疏》에서는 다음과 같이 말씀하십니다.

"어진이여, 잘 들어라. 나는 지금 그대를 위해 결정된 믿음의 모습을 다시 말하겠다. 설사 지전보살地前菩薩, 아라한, 벽지불 등 한 사람, 여러 사람, 내지 시방세계에 두루 가득 찬 사람들이 모두 다 같이 각종 경론을 인용하여 왕생할 수 없음을 증명한다고 하더라도 나는 일념의 순간에도 의심을 일으키지 않고 오직 나의 청정한 신심을 증장시켜 성취할 따름이다. 어떠한 연고인가? 부처님의 말씀은 결정코 요의了義를 성취하였고 전혀 파괴되지 않는 까닭이다.(이에 나 자신은 부처님의 말씀을 깊게 믿으며 털끝만큼도 나의 신심을 동요시킬 수 없다)"

"또 행자들이여, 잘 들어라. 설사 초지이상 십지이하의 보살들이 한 사람, 여러 사람, 내지 시방세계에 두루 가득 찬 무수한 사람들이 이구동성으로 석가모니부처님께서 아미타부처님을 가리켜 찬탄하시고 삼계육도를 배척 포기하게 하고 중생들에게 전일한 마음으로 염불하고 여타의 선을 닦아서 이번 생을 마친 후에 결정코 서방 불국토에 왕생할 것을 권하고 격려하시는 말씀이 허망한 말이고 의지하고 믿을 수 없다고 말할지라도…"

"내가 비록 이런 설법을 들을지라도 일념의 순간에도 의심을 내지 않고 오직 내가 결정된 상상의 신심을 증장시켜 성취할 뿐이다. 어떠한 연고인가? 부처님의 말씀은 진실로 결정코 요의인 (일체종지로 철저히 조견한) 연고이다. 부처님은 진실한 지知, 진실한 해解, 진실한 견見, 진실한 증證으로 의심을 말할 수 있는 말씀이 아닐 뿐만 아니라 일체보살이 다른 견해로 파괴할 수 없다. 만약 당신이 진실로 보살이면 부처님의 고귀한 가르침을 어겨서는 안 된다.(나아가 부처님의 뜻과 맞게 말하여야 한다)"

"또 이 일은 차치하고, 행자들은 마땅히 알아야 한다. 설사 화신불, 보신불들이 한 분, 여러분, 내지 시방세계에 두루 가득 찬 시방 세계 무수한 존불들이 각자 큰 광명을 발하고 광장설상을 내밀어 시방세계를 두루 덮어서 하나하나 자신이 증명하여 이룬 진실한 말로, 석가모니 부처님께서 설하신 일체 범부에게 전일한 믿음으로 염불하고 기타 선행을 닦아 그 공덕을 돌려서 서방정토에 왕생하길 발원하라고 찬탄하고 격려하는 말이 사실이 아닌 말이고 이런 일이 결정코 없을 것이라고 말할지라도…"

"나는 비록 이런 제불의 말씀을 들을지라도 끝끝내 일념의 순간에도 의심하고 퇴전하는 마음을 내지 않을 것이고 서방극락 불국토에 왕생하지 못할까 두려워하지 않을 것이다."

신심은 매우 깊어 동요시킬 수 없는 지경까지 단계적으로 증장시켜야 합니다. 이 때문에 대사께서는 각 방면의 가르침을 인용하여 굳건한 신심을 비교하여 헤아려 보도록 하셨습니다. 우리들은 이것으로부터 이른바 신앙의 함의를 체득할 수 있어야 합니다. … 한걸음 더 나아가 신심의 모습을 설명하십니다. 전혀 파괴되지 않고 전혀 가로막지 못하므로 그것은 어떠한 사람도 그를 퇴전시킬 수 없는 믿음을 「심신深信」이라 합니다. … 「상상上上」이란 최고의 극점에 이르렀음을 표시합니다. 이같은 신심은 금강석처럼 견고하여 전혀 파괴할 수 없습니다. 어떠한 신분의 사람들이 얼마나 많은 사람이, 얼마나 많은 말로, 얼마나 많은 인증을 하더라도 모두 그것을 바꿀 수도, 파괴할 수도 없습니다. 우리들은 이러한 견고한 신심을 결정코 성취할 수 있어야 합니다. 《관경사첩소강기觀經四帖疏講記》 이시푼촉) (* 편역자 보충)

이 서방극락정토를 믿고 좋아함(信樂)은 어떤 범부도 동요시키지 못할 뿐만 아니라 심지어 지상보살 내지 보불 또한 동요시킬 수 없습니다. 부처님 말씀에 대해 진실한 신심을 일으켜 성취하면 그 누구도 무너뜨릴 수 없습니다. 《염불인》에 나오는 이야기입니다.

「우에노(上野) 지방에는 출가한 교신이란 사람이 있었는데 집이 가난하였지만, 아미타부처님 본원에 대한 깊은 믿음으로 역경에도 근심하지 않고, 평생토록 염불하면서 티 없이 맑고 아름다운 생활을 보내었다. …… 그때 우에노 밖에는 만복사萬福寺란 절이 있었는데, 주지께서 마침 강설하시면서 재가자에게 오계, 팔계 등을 주어 사람들이 살아있는 부처님처럼 숭배하였다. 어느 날 자칭 만복사의 신도라는 사람이 돌아다니며 교신에게 말했다. "불법 중에는 지계공덕이 매우 큽니다. 내가 보건대 당신은 만복사에 가서 오계를 받아야 해요." 교신은 답했다. "감사합니다. 좋은 제안입니다."

교신은 본래 아미타부처님 본원을 깊이 믿어 나쁜 마음이 없는 사람이라서 비록 이렇게 답했지만, 조금도 지계持戒의 법에 의지하고픈 생각이

없었으므로 더 의연하게 하루하루를 보냈다. 어느 날 그 신도라는 사람이
또 그에게 와서 여느 때처럼 그에게 계를 받으러 가자고 다시 간절히
권하였다. 교신은 또 온화한 말씨로 감사의 말을 하자 그 신도라는
사람은 떠나갔다. 그러나 불과 며칠 지나지 않아 또 와서 유세하듯
말했다. "당신은 불법에 뜻이 있는 사람이므로 내가 당신에게 계를
받으러 가자고 권하는 것이니, 어서 갑시다! 계를 하나라도 단단히
지킬 수 있다면 만복사의 비구는 당신에게 다음 생의 안락을 보증할
것이오. 나도 보증할 수 있소."

상대방이 실로 매우 열심이어서 교신은 거절하기가 어려웠다. 그래서
마음속의 말을 꺼낼 수밖에 없었다. "당신의 권유에 매우 감사합니다만,
저는 아미타부처님 본원에 귀의하여 염불에 의지해 정토에 태어나려고
하는 사람입니다. 염불인에게는 반드시 정토에 태어나는 한 가지 일은
시방 항하사 제불께서 증명(證誠)하신 것이기 때문에 이 일법보다 더
간절한 것은 없습니다.47) 저는 어리석은 범부라서 오랫동안 이 청정하고
견줄 수 없는 제불께서 증명하신 법마저도 의심하고 따르지 않았는데,
5분 내지 10분 범승凡僧의 증명은 더욱 더 믿을 수 없습니다. 다시는
더 저에게 권하지 않길 바랍니다." 그는 말대꾸를 하지 않은 사람이라
말을 막 시작하려고 할 때 완곡하게 답했지만, 상대방이 한번 또 한번
권유하고 그를 놓아주지 않아 몸을 뺄 수가 없게 되자 이 말을 하게
되었다.」

---

47) "육방에 계시는 무수한 부처님들, 진실한 말씀으로 증명하셨네. 마음을 오로지
하여 아미타불의 명호를 부르면 서방정토극락세계에 왕생할 수 있다네. 그 나라에
이르러 아름다운 꽃이 핀 것을 보고 묘법妙法을 들으면 성자의 경지에서 갖추어야
하는 행원行願, 저절로 몸에 갖추어질 것이라." 선도대사善導大師,《법사찬法事讚》.

이 이야기는 결코 염불인은 수계·지계가 필요 없다는 말이 아니라 그는 부처님의 말씀이 증명한 것을 깊이 믿고, 설사 어리석고 지혜가 없을지라도 일심으로 염불할 수 있다면 반드시 정토에 태어나므로, 계를 지켜서 다음 생에 안락을 얻겠다는 것은 발원할 것이 아니라는 뜻입니다. 계율 상에 있어 먼저 삼매증득을 구하고 다시 계법戒法에 깊이 들어가는 사람에 대해서는 인정됩니다.

이자二者 정진무유능퇴자精進無有能退者

《철오선사어록》에 이르길, "염념이 뒤섞지 말고 끊어짐 없이 이어가는 것이 참된 정진이다(念念相續無雜無間 是眞精進)" 하였습니다. 《보왕론》에 이르길, "유위有爲가 비록 거짓일지라도 그것을 버리면 도업道業은 성취하지 못하고, 무위無爲가 진실일지라도 그것을 취하면 지혜의 마음이 밝지 못하다." 하였습니다.

그래서 수행하되 공용功用을 더하는 행을 버려서는 안 되고, 활동하되 공功이 없이 더할 수 있어서, 행하지 않아도 저절로 행하는 것이 이른바 「물러남이 없는 정진(精進無有能退者)」입니다. 그래서 이 정진은 세밀하고 철저하며, 심념心念 속에 뒤섞임이 없고 중간에 끊어짐이 없습니다. 면밀하게 오로지 한마디 명호를 끊어짐 없이 이어가십시오.

삼자三者 지혜무유능급자智慧無有能及者

《철오선사어록》에 이르길, "여기서 서방으로 십만 억 불국토를 지나가면 극락이라 이름하는 한 세계가 있다. 그 국토에는 명호가 아미타불인 부처님이 계시나니, 지금 현재 설법하고 계신다. 단지 발원하고 명호를 지념持念하면 곧 왕생할 수 있으니, 이는 불심佛心·불안佛眼으로 직접 알고 직접 보는 경계로 저 삼승三乘의 현인·성자가 알고 볼 수 있는 것이 아니다. 단지 부처님 말씀을 깊이 믿고, 이것에 의지하여 발원하고 명호를 지념하며 부처님의 지견知見을 자신의 지견으로 삼되, 달리 깨달음의 문(悟門)을 구할 필요가 없다." 하였습니다.

부처님께서는 무명과 미혹이 다하여 구경에 깨달으신 분인 까닭에 지혜가 더 이상 위가 없습니다. 부처님의 지혜에 의지해 수행을 일으킴은 부처님의 심안을 빌어서 도를 행하는 것과 같아서 당연히 필적할 수 있는 사람이 없습니다. 게다가 생사의 고통바다는 벗어나기도 어렵고 제도하기도 어렵고, 상상지인上上智人이 아니고서는 교시敎示할 수 없습니다. 이 정토법문은 방편중의 대방편인 수법修法입니다.

《철오선사어록》에 이르길, "옛 고승대덕께서 말씀하시길, 중생의 지견은 모름지기 부처님의 지견으로 다스려야 한다고 했다. 부처님의 지견이란 망념을 떠난 현전하는 신령스런 참마음의 지각(靈知)을 말한다. 그러나 이 신령스런 참마음의 지각은 홀로 우뚝 나타나는 것이 아니며, 반드시 인연에 따라 일어난다. 만약 부처님 세계(佛界)의 인연을 따르지 않는다면, 바로 보살 이하 지옥까지 아홉 가지 중생세계(九界)의 인연을 따르게 된다. 이 열 가지 세계(十界)를 떠나서는 그 밖에 따로 다른 연기緣起가 없기 때문이다. 만일 부처님 세계의 연기를 따르자면 아미타부처님에 대한 간절한 믿음과 극락정토에 태어나고자 하는 강한 발원을 세워 부처님의 이름을 일심으로 지념하는 것보다 더 좋은 방법이 없다. 믿음은 깊이 믿는 것(深)이 중요하고, 발원은 간절하게 발원하는 것(切)이 중요하며, 지명은 전일하게 부지런히 행하는 것(專勤)이 중요하다. 정말로 깊은 믿음과 간절한 발원으로 전일하게 부지런히 행하는 마음으로 믿고 발원하며 명호를 지념한다면 바로 이것이 부처님의 지견으로 자기의 지견을 삼는 것이요, 또한 염념 중에 부처님의 지견으로 중생의 지견을 다스리는 것이다. 이처럼 마음이 열 가지 번뇌(十使)로 치열하게 타오를 때, 단지 믿음과 발원으로 부처님의 명호를 지송하는 마음을 놓아두기만 한다면, 곧 중생 세계의 연기를 돌이켜 부처님 세계의 연기로 바꿀 수가 있다. 이 염불법문이야말로 부처님의 수도문修道門 중에서 쇠를 건드려서 황금으로 만드는 지극히 미묘한 법이다." 하였습니다.

믿음과 발원으로 명호를 지념하는 인연으로 염념이 부처님의 법계로 들어가고, 염념이 부처님의 지견을 여의지 않으면 지념하는 바로 그 자리가 바로 아라한이나 벽지불 또는 보살과도 공통되지 않는 부처님만의 지혜입니다. 그래서 일체의 념 중에서 염불보다 뛰어난 것은 없습니다. 마음의 지혜(心智)로 한마디 부처님 명호에 인연하면 바로 그 자리가 「능히 미칠 수 없는 지혜(智慧無有能及者)」입니다.

사자四者 상여선사종사常與善師從事

늘 선지식과 가까이 지내면서 모시고 그 가르침에 어긋나지 않으며 그 필요한 것을 봉양하는 것을 말합니다. 《대승집보살학론大乘集菩薩學論》에 이르길, "또 선남자여, 자신에 대해 병고라는 생각을 일으키고, 선지식에 대해 의왕이라는 생각을 일으키며, 가르침과 명령에 따르는 것을 양약이라고 생각하며, 바른 행을 닦는 것을 병을 제거하는 것이라 생각하라." 하였습니다. 자신에게 병고가 있고 자신은 치료할 힘이 없음을 깨달을 수 있어야 바야흐로 의사를 구하는 원구願求를 낼 수 있습니다. 병고를 제거하기 위해서는 약을 복용하고 바른 행을 닦는 것 또한 의사의 지시를 들어야 합니다. 중생은 번뇌를 지니고 있어 그 마음이 편안하기 어렵다고 깨달아야 비로소 겸허한 마음으로 스승에게 방도를 찾고 해탈하는 방법을 추구하게 됩니다.

제2 사사법四事法

3-1-2

다시 네 가지 일이 있어 빨리 이 삼매를 얻는다. 첫째 세간의 사상을 구하지 말라. 3개월은 손가락을 튀기는 짧은 순간과 같다. 둘째 3개월을 잠자지 말라. 3개월은 손가락을 튀기는 짧은 순간과 같다. 셋째 식사할 때와 용변 볼 때를 제외하고 3개월간 쉬지 말고 경행하라. 넷째 다른 사람들을 위해 경을 설하되, 공양을 바라지 말라. 이것이 네 가지이다.

> 復有四事 , 疾得是三昧：一者、不得有世間思想 , 如彈指頃三月 , 二者、不得睡眠三月 , 如彈指頃 , 三者、經行不得休息三月 , 除其飯食左右 , 四者、爲人說經 , 不得望人供養 , 是爲四。

이 보살은 3개월간의 전수專修 인연이 있습니다.

이에 고래로 반주삼매를 닦아 이룬 매우 충분히 대표할 수 있는 실례를 들어보겠습니다. 《왕생집往生集》에 이르길, "자운참주慈雲懺主, 송宋 나라 준식遵式은 대주台州 임해현臨海縣 사람이다. 학행學行이 고고高古하고, 명관名冠 양절兩浙로 오로지 안양安養에 뜻을 두었다. 일찍이 반주삼매를 행하였는데 90일간 고학苦學으로 토혈하였고, 도량에 들어가 두 발이 곪아 터졌으며, 스스로 죽음으로 맹세하였다. 홀연히 꿈결에 관음보살께서 손가락을 드리워 그의 입에서 약간의 벌레들을 꺼내고는 손가락

끝에서 감로수를 내어 그의 입에 부어주자 신심이 청량해짐을 느끼고는 병이 곧 나았다."[48] 하였습니다.

90일간 앉지도 눕지도 않고 오직 경행 염불만 하였습니다. 이는 일반적으로 해가 떠오르며 시작하고 해가 떨어지면 쉬는 생활습관과는 격차가 상당히 큽니다. 이것은 환한 대낮과 깜깜한 밤을 막론하고 용맹하게 도에 힘쓰는(辦道) 모습으로 만약 단단하고 끈기 있는 도심이 없다면 완성하기가 매우 어렵습니다. 하물며 몸에 병고를 만남에야 더 말할 필요가 있겠습니까. 온몸을 내려놓고 일심으로 염불할 수 있다면 한층 더 불가사의합니다.

일자一者 부득유세간사상不得有世間思想 여탄지경삼월如彈指頃三月

모든 세간의 잡된 생각을 제거함은 곧 거칠고 무거운 산란을 극점까지 제거한다는 뜻입니다. 즉 〈행품〉에서 열어 보인 것으로 세간의 모든 차별적인 생각을 가져서는 안 됩니다. 그러나 생각은 있을 수밖에 없습니다. 왜냐하면 범부는 생각을 제거할 힘이 없으므로 오로지 극락세계 아미타부처님을 생각하여야 합니다.

이자二者 부득수면삼월不得睡眠三月 여탄지경如彈指頃

수면을 제거함은 곧 미세한 산란을 극점까지 제거한다는 뜻입니다. 3개월 동안 도를 행하고 염불하는 방편을 가자假藉하여 앉지도 눕지도 않고 몸으로 하여금 제멋대로 쓰러져 눕지 말아야 합니다. 그래서 혼수昏

---

48) "준식은 90일의 상행삼매 기간 중에 행도하는 네 모퉁이에 숯이 담긴 냄비를 준비해 두었다가 졸리면 손을 담가서 손가락 10개 중 세 개만 남았다." 자운대사(慈雲大師) 준식(遵式), 최기표 교수, 금강신문.

睡 숙면熟眠할 수 있는 인연이 없습니다. 처음 수행 시에는 바깥에 있는 지체를 통제함으로써 마음속 어지럽고 무거운 자고 싶은 욕구를 제거합니다. 다른 한편으로는 행자를 꾸짖고 가르치며 타일러 경책하고 일깨워서, 일체 하고 싶은 대로 잠을 자지 말도록 하여야 합니다.

《좌선법요》에 이르길, "부처님과 여러 보살들이 졸고 있는 제자를 꾸짖으며 게송으로 이르신 것과 같다.

그대는 일어나라. 냄새나는 시체를 안고 누워 있지 마라.
갖가지 더러운 것을 임시로 사람이라고 부를 뿐이다.
중병에 걸린 것과 같고, 몸에 화살이 박힌 것과 같아서
모든 고통이 모여드는데 어찌 잠을 잘 수 있으랴.

마치 사람이 묶이어 곧 죽음으로 끌려가는 것과 같이
재해가 곧 닥쳐오거늘 어찌 잠을 잘 수 있으랴.
도적을 묶어 놓고 없애지 않으면 재해는 아직 제거되지 않았나니
마치 독사와 한 방에서 살고 있는 것과도 같네.
또는 전쟁터에서 칼날을 맞대고 있는 것과 같으니
이러한 때에 어찌하여 잠을 잘 수 있으랴.

잠자는 것은 큰 어둠이어서 아무것도 보이지 않나니
나날이 속여서 사람에게서 밝음을 빼앗아 간다.
잠이 마음을 덮으면 보이는 것이 없나니
이와 같이 큰 손실이 있는데 어찌 잠을 잘 수 있으랴.

이와 같은 갖가지 인연으로 수면이 덮는 것을 꾸짖고 덧없음을 경책해야 한다. 수면을 덜고 줄여서 혼침으로 가려지지 않도록 해야 한다." 하였습니다.

염불은 마음을 지속적으로 안정시키고 면밀하게 하여 점차로 심념을 청명하게 합니다. 부처님 명호가 심념과 합하여 동체가 되도록 염하여 염념이 부처님과 여의지 않고 법미가 가득 차 흘러 신심이 경안해지면 잠자려는 마음도 점차 사라집니다. 만약 염념이 청명하여 염하지 않아도 저절로 염하고, 사대가 조화하여 늘 법희 광명이 있으면 저절로 잠자려는 마음이 전혀 없습니다.

이상의 두 가지는 마음에서 거칠고 무거운 것을 제거하여 마음에 경안輕安을 얻게 합니다. 아래의 세 번째는 몸에서 거칠고 무거운 것을 제거시킵니다.

삼자三者 경행부득휴식삼월經行不得休息三月 제기반식좌우除其飯食左右

3개월 전수염불 하는 동안은 네 가지 위의威儀 중에서 앉지도 눕지도 않고, 단지 경행經行하거나 버티고 서있을 뿐입니다. 또 식사 할 때와 대소변 볼 때를 제외하고 조금도 쉴 수 없습니다.

왜 경행을 선택하여 반주삼매를 수습합니까?《지관보행전홍결止觀輔行傳弘決》에 "잠을 깨우기 위한 까닭에 부처님께서 경행을 시작하였다."라고 하였습니다. 연이어 또 경행시 주의해야 할 사항과 그 이익을 설명하길, "만일 경행할 때는 벌레가 있는 곳을 피하라. 십송十誦에 이르길, 경행할 때 응당 느리게도 빠르게도 걷지 말라고 하였다. 또《삼천위의경三千威儀經》에 이르길, 경행하는 곳으로는 한가한 곳, 집 앞, 강당 앞, 탑 아래,

누각 아래의 다섯 곳이 있다고 하였다. 4분율四分律에서는 경행에는 다섯 가지 이로움이 있으니, 첫째는 멀리 다님을 감당할 수 있음이요, 둘째는 능히 할 수 있음이요, 셋째는 병이 적어짐이요, 넷째는 음식을 소화시킴이요, 다섯째는 선정을 얻으면 오래도록 머물 수 있음이다."라고 하였습니다.

또 반주삼매를 닦을 때 정토에 대한 지극히 큰 신요(信樂)가 생기고 왕생 구하길 발원합니다. 이 같은 경행으로 앉지도 눕지도 않고 서방에 대해 굳게 다짐하고 향해 감을 표시합니다. 옛날 석가모니부처님께서 인지因地시절 불사弗沙 부처님 때에 한쪽 발을 들고 서서 7일 동안 게송으로 부처님을 찬탄하셨습니다.49) 이 가운데 경행 염불하는 것 보다

---

49) 「아주 먼 과거에 불사(弗沙, 底沙)라는 부처님이 계셨다. 그때 두 사람의 보살이 있었으니, 한 사람은 석가모니釋迦牟尼라 했고 또한 한 사람은 미륵彌勒이라 했다. 불사弗沙부처님께서 석가모니보살의 마음이 순수하게 맑아졌는가를 보시기 위해 관찰해 보시니, 그의 마음이 아직 순수하게 맑아지지 않았으나 제자들의 마음은 이미 다 순수하게 맑아졌고, 미륵보살의 마음은 이미 순수하게 맑아졌으나 제자들은 아직 순수하게 맑아지지 않았음을 알았다. 이때 불사부처님이 이렇게 생각했다. '한 사람의 마음은 속히 교화시키기 쉬우나 여러 사람을 빨리 감화시키기는 어려우리라.' 이와 같이 생각하고는 불사부처님은 석가모니보살로 하여금 속히 부처를 이루게 하기 위하여 설산에 올라가 보굴寶窟 속에서 화정삼매火定三昧에 드셨다. 이때 석가모니보살이 외도外道의 선인이 되어 산에 올라가 약을 캐고 있었는데, 불사부처님이 보굴 속에 앉아 화정삼매에 들어 광명을 내뿜는 것을 보았다. 이를 보자 환희하며 믿고 공경하는 마음으로 한 발을 들고 서서 차수叉手한 채 부처님을 향하여 일심으로 바라보되 잠시도 눈을 깜박이지 않고 7일 밤낮을 있었다. 여기에서 게송으로 부처님을 찬탄하였다.

天上天下無如佛　천상천하 어느 누가 부처님과 같으리오.
十方世界亦無比　시방세계 둘러봐도 비길 자가 전혀 없네.
世間所有我盡見　이 세상의 모든 것을 남김없이 살피어도
一切無有如佛者　부처님과 같은 이는 천지간에 없습니다.

7일 밤낮 동안 세존을 자세히 관하되 조금도 눈을 깜박이지 않으니, 이로 인해 9겁을 뛰어넘어 91겁 만에 아뇩다라삼먁삼보리를 얻으셨다.」《대지도론大智度論》

더욱 더 굳게 다짐하여 나(我)를 잊었습니다.

사자四者 위인설경爲人說經 부득망인공양不得望人供養

시주(檀越)하고 청법請法하며 희망하는 것이 있어서는 안 됩니다. 다만 법시法施를 구하여 유정을 이롭게 할 뿐이고, 명성이나 이익을 구해서는 안 됩니다. 정토를 홍양하는 것은 말하자면 고향의 풍광風光입니다. 세간을 유랑하는 유정들에게 모두 극락을 향해 돌아갈 것을 알게 하는 것이 일대사 즐거운 일입니다. 선도화상께서도 이와 같이 행하셨습니다. 《왕생집》에 이르길, "방으로 들어갈 때마다 무릎 꿇고 합장하고서 염불하여 힘이 다하지 않으면 쉬지 않았고, 밖으로 나오면 사람들을 위해 정토를 설하였다." 하였습니다.

제3 사사법四事法

3-1-3

다시 네 가지가 있어 빠르게 이 삼매를 얻는다. 첫째는 사람을 모아서 부처님 처소에 이르게 해야 할 것이요, 둘째는 사람을 모아서 경을 듣게 해야 할 것이며, 셋째는 질투하지 말 것이요, 넷째는 다른 사람을 가르쳐 불도를 배우게 해야 할 것이니, 이것이 네 가지이다.

復有四者 , 疾得是三昧 , 一者、合會人至佛所 , 二者、合會人使聽經 , 三者、不嫉 , 四者、敎人學佛道 , 是爲四。

권4,『초품중보살석론제팔初品中菩薩釋論第八』.

《현호분》에 이르길, "현호여, 보살마하살이 또 네 가지 법이 있어 이를 구족하게 행하면 현전삼매를 성취하느니라. 어떤 것이 네 가지냐 하면, 첫째는 남에게 부처님 친견을 권함이요, 둘째는 남에게 법을 들으라고 가르침이요, 셋째는 마음에 질투가 없음이요, 넷째는 남에게 보리심을 발하라고 권함이다. 현호여, 이것이 보살이 네 가지 법을 구족하면 현전삼매를 성취한다." 하였습니다.

이 보살은 스스로 행하는 것을 제외하고 그 밖에 겸하여 다른 사람이 행하도록 교화합니다.

일자一者 합회인지불소合會人至佛所

정토법문은 두 가지 힘으로 성취하므로, 불력에 대하여 진실로 의지하여야 합니다. 그래서 방편을 선용善用하여 중생을 접인하고, 믿음과 공경의 마음을 내게 하며, 환희심으로 부처님을 친견하게 합니다.

이자二者 합회인사청경合會人使聽經

정토에 왕생함은 매우 깊고 믿기 어려운 법으로, 법을 듣고 범정凡情의 지견을 제거하며 믿음을 일으키고 왕생을 발원해야 합니다. 이에 중생을 접인함은 만나기 어렵다는 생각을 내게 하고, 경전과 법을 즐겨 듣고자 해야 합니다.

삼자三者 부질不嫉

《현호분통의》에 이르길, "질투함이 없어야 중생과 화합할 수 있다. 이는 승가를 공경함이다." 하였습니다. 서방정토에는 모든 상선인들이 한곳에 모입니다. 이 정토 수행에서 친하거나 멀거나 막론하고 모두 다 이번 생의 보신이 다하면 극락국토에 함께 태어나길 원합니다. 그래서 질투심을 제거하고, 화합하여 다툼이 없어야 합니다.

이상은 삼보를 가까이 함이고, 또 삼매를 얻는 방법의 하나입니다.

사자四者 교인학불도教人學佛道

부처님께서는 사실진상을 깨닫고 사람들에게 학불을 권하여 곧 보리심을 발하게 합니다. 《무량수경의소無量壽經義疏》에 이르길, "삼배三輩의 사람들은 모두 보리심을 정인正因으로 하고, 나머지 행을 연인緣因으로 삼는다"라고 하였습니다. 보리심을 근본인根本因의 마음으로 삼고 그 마음을 일으켜 바야흐로 불도를 배우게 됩니다.

제4 사사법四事法

3-1-4

다시 네 가지 일이 있어 빨리 삼매를 얻는다. 첫째는 부처님의 형상을 만들 것이니 이로써 이 삼매를 이루는 까닭이요, 둘째는 좋은 천에 이 삼매를 기록해야 할 것이요, 셋째는 교만하고 제 잘났다고 거드름 피는 이를 가르쳐 불도에 들어가게 해야 할 것이요, 넷째는 늘 불법을 호지해야 할 것이다. 이것이 네 가지이다

> 復有四事, 疾得是三昧 : 一者、作佛形像, 用成是三昧故, 二者、持好素
> 寫是三昧, 三者、教自貢高人內佛道中, 四者、常護佛法, 是爲四。

이는 보살이 스스로 행할 뿐만 아니라 다른 사람이 행하도록 교화합니다.

일자一者 작불형상作佛形像 용성시삼매고用成是三昧故

부처님의 상이 세간에 머무르게 함입니다. 부처님의 법신은 원만하고
수승하며 미묘 장엄하여 중생으로 친견하는 자는 모두 근심과 번뇌를
제거하게 될 것입니다. 과거 세상에 우타연優陀延이라는 국왕이 있었으
니, 그는 부처님을 생각하고 그리워하였습니다.50) 이때 천왕天王이 일찍

---

50)《불설대승조상공덕경佛說大乘造像功德經》권1에 이르길, "그때 세존께서 그
하늘에서 3개월 동안 안거하시면서 어머니를 위하여 설법하시고 제천 대중에게
많은 이익을 주시니, 무량한 제천들로 하여금 괴로움을 떠나 해탈하게 하고,
무량한 제천들이 모두 법의 이익을 얻고, 큰 복의 결과를 얻게 하셨다.…… 그때
염부제에는 여래가 안 계시니, 비유컨대 어두운 밤 별 가운데 달이 없는 것
같았으며, 나라에 임금이 없고 집에는 주인이 없는 것 같아서, 즐거움과 웃음과
오락이 일체 모두 멈추었다. 이때 중생들은 고독하고 의지할 곳이 없어서
모두 여래를 마음으로 그리워하면서 큰 근심을 내니, 부모를 잃은 듯하고, 화살이
가슴에 박힌 듯하였다. 그들은 다 같이 세존께서 일찍이 머물러 계시던 곳에
갔으나, 동산이나 숲이나 뜰이나 집안이 모두 비었고, 부처님이 안 계셔서 슬픔이
커져서 그칠 줄을 몰랐다.
그때 우타연왕優陀延王이 궁중에 있었으니, 항상 슬픈 생각을 품고 부처님을 목마르
듯 우러러 보아 왕후와 채녀 등과 온갖 즐거운 일을 모두 마음에 두지 않고
이러한 생각을 하였다. '내가 지금 근심하고 슬퍼하니 머지않아 죽을 것이다.
어찌 하여야 내가 목숨을 버리기 전에 부처님을 뵐 수 있을까?' 이어 다시 생각하였
다. '비유하자면, 어떤 사람이 마음에 사랑하는 이가 있으나 볼 수 없을 때,
그가 머물던 곳이나 비슷한 사람만 보더라도 근심과 걱정이 없어지는 것과 같을
것이다.' 또 생각하였다. '나도 이제 만일 부처님께서 먼저 머무시던 곳에 나아갔다
가 부처님을 뵙지 못하면 슬피 통곡하고 마음이 애절하여 행여 죽을지도 모를
일이다. 내가 세간을 보건대 한 사람도 능히 여래의 색상과 복덕과 지혜가 같을
이가 없으니, 어찌하여야 내가 이러한 분을 보고 근심과 번뇌를 제거할 것인가?'
이렇게 생각하고서 다시 생각하였다. '내가 지금 부처님의 형상을 조성하여 공양하
고 예배하리라.……그때 비수갈마천毘首羯摩天이 멀리서 그 일을 보고 살펴서
왕의 뜻이 불상을 조성하려는 것을 알았다. 이에 그날 밤 이러한 생각을 하였다.
'내 솜씨는 가장 공교로워서 세간에 나와 같은 이가 없을 것이니, 만일 내가
만들기만 하면 반드시 부처님과 닮게 하리라.' 그는 즉시 몸을 변하여 장인이

이 불상을 만들었는데, 이것이 인간을 위해 불상에 있게 된 시초입니다.

우리들은 업장이 깊고 박복하여 말법시대에 태어나 부처님을 친견할 수 없습니다. 다행히도 아직 불상이 세상에 머물러 있으니, 마땅히 스스로 소중히 여기고 진불이 현전한 것처럼 보아야 합니다. 《염불인》에는 매우 재미있는 이야기가 있습니다.

「여름 날 무더위를 만날 때 마다 일반적으로 동업자들은 모두 총총히 아침 일과를 끝냈지만 키로쿠(喜六)는 오히려 완전히 반대로 아무리 무더울지라도 아침 일과를 의연히 성대하게 진행하였다.

한번은 아내가 그에게 말했다. "날씨가 무더울 때는 제발 일찍 불전예배를 마치시죠. 저는 정말 도저히 오래 앉아 있을 수 없어요."

키로쿠는 말했다. "여래께서는 이 같이 우리들이 잠깐 견디기 어려운 무더운 방안에서도 줄곧 움직이지 않고 서서 계시고, 또 언제 견디기 힘들다고 느끼신 적이 있는가? 그래서 나는 되도록 공과의 시간을 연장하고 싶소. 얼마나 많은 바람이 불어오는지." 듣기로는 그는 자주 불공을 드리는 방, 사방으로 부채질을 하였다고 한다.」

이자二者 지호소사시삼매持好素寫是三昧

법보는 문자로써 세간에 머무는 까닭에 선택한 종이 위에 경법을 서사書寫하여 법보를 유통함으로써 광범위하게 홍전弘傳합니다.

삼자三者 교자공고인내불도중敎自貢高人內佛道中

되어서 모든 날카로운 기구들을 가지고 이튿날 이른 아침에 왕궁 앞에 나타나서 문지기로 하여금 왕에게 이르게 하였다. "나는 지금 대왕을 위하여 불상을 조성하려 한다."

아만이 높은 산처럼 크면 법수가 흘러들어가지 않습니다. 말세에는 이 같은 중생이 많아서 접인하여 도에 들어가게 하고, 정법을 호지護持하여 부처님의 혜명慧命을 이어가게 해야 합니다.

4자四者 상호불법常護佛法

부처님께서 세간에 출현하시어 설법하고 홍교弘教하셔서 경법經法이 있습니다. 지금 부처님께서 이미 멸도에 드셔서 중생은 어두운 밤에 늘 밝은 등불이 있어 널리 비추듯이 삼가 법에 의지하여 수증修證할 수 있습니다. 그러므로 마땅히 수호하여야 합니다.

[중송重頌]

3-2

부처님께서 이때 게송으로 말씀하셨다.

佛爾時說偈言 :

항상 불법을 믿고 좋아하며
정진하여 행하고 깊은 지혜를 이해하여
사람 위해 설해 널리 펴되
삼가 공양을 탐하지 말라.

「常信樂於佛法 , 精進行解深慧 , 廣分佈爲人說 , 慎無得貪供養。

뜻을 잘 이해하여 바로 욕심 여의고
항상 염하길, 부처님께서는 위덕이 있고
무수한 신통변화로 다 보고 다 아시며
과거불 및 당래불

意善解便離欲, 常念佛有威德, 悉見知無數變, 過去佛及當來。

또 현재 인중존께서는
모든 상호 여러 가지 갖추시고
황금색신에 더러움과 새어나감 없어라
견고한 가르침에 지혜 끝없어라

並現在人中尊, 諸相好若干種, 黃金色無穢漏, 堅固敎無極慧。

이 법 들으면 산란한 마음 없고
항상 게으른 행 여읠지니라.
성내어 남을 해침 없고
스승 공경하기를 부처님 같이 하라.

聽是法無亂心, 常捨離懈怠行, 無恚害向他人, 敬於師當如佛。

삼가 이 경 의심하지 않으면
일체 제불께서 노래하고 찬탄하시리
항상 부처님의 형상 만들어 세우고
항상 사람에게 가르쳐 이 법 배우게 하라.

愼無得疑斯經 , 一切佛所歌歎 , 常造立佛形像 , 常敎人學是法 ,

이같이 행하면
삼매 얻으리라

行如是得三昧。」

이 중송은 전 품의 장행長行 총설總說 말씀과 부합합니다.

[스승을 부처님 같이 여겨야 삼매를 성취할 수 있다]

스승을 부처님 같이 공경하라(敬師如佛)

3-3-1

부처님께서 발타화에게 말씀하셨다. "이 삼매를 배우고자 하면 마땅히 스승을 받들어 공양하되 부처님 같이 여길 것이니 훌륭한 스승을 부처님 같이 여기지 아니하는 자는 삼매를 얻기 어려우리라."

佛告跋陀和 :「欲學是三昧者 , 當敬於師 , 承事供養 , 視當如佛 , 視善師不如佛者 , 得三昧難。」

《현호분》에 이르길, "이때 세존께서는 또 현호보살에게 말씀하셨다. '현호여, 만약 모든 보살마하살이 이 삼매를 성취하려면, 응당 그 설법하는 스승에 대해 제불이란 생각을 내어 존경하는 마음을 일으키고 교만을 내지 말며, 서로 다투고 거스르며 순종하지 않는 마음을 없앨지니라. 그런 다음 이 수승한 삼매 가운데 정근하며 수행하여야 바야흐로 증득할 수 있느니라. 현호여, 만일 어떤 사람이 그 설법하는 법사나 비구에 대해 선하지 못한 마음 · 되는대로 거스르려는 다른 마음 · 다투려는 마음 · 능욕하려는 마음 등 모든 청정하지 못한 마음을 일으키고, 내지 제불이라는 생각을 내지 않으면, 이와 같은 보살은 설령 수행한다 하더라도 마침내 이와 같이 미묘한 선정을 증득하지 못하나니, 만일 증득한다면 옳은 이치(是處)가 없느니라." 하였습니다.

행자는 선지식에 대해 일체 선하지 않은 마음을 일으키지 말고, 스승을 부처님과 다름없이 여겨야 합니다. 선지식이 가르친 것에 대해 심성을 고르고 부드럽게 하며, 질직하게 가지고 말씀대로 수행함이 지금 이 자리에서 삼매를 닦는 대방편입니다. 그래서 스승을 존경함과 삼매를 닦음, 이 두 가지 일은 다르지 않고 공능이 같습니다.

삼매를 성취하는 모습(三昧成就相)

3-3-2

보살이 훌륭한 스승을 공경하고 좋아서 이 삼매를 배우고 나면 부처님의 위신력이 가지하는 가운데 서서 동쪽을 향하여 백천만억 부처님을 뵐 것이요, 시방세계 등을 다 볼 것이니라. 비유하면 어떤 사람이 밤에 일어나 별자리의 별들이 매우 많음을 보는 것 같으니라. 보살이 지금 현재 부처님께서 모두 앞에 서 계시는 것을

보고자 하면 마땅히 훌륭한 스승을 공경하며 스승의 장단점을 보지 말고, 마땅히 보시·지계·인욕·정진·선정(一心)을 구족하되 게으르지 말지니라."

「菩薩敬善師從學得是三昧已 , 持佛威神於中立 , 東向視見若干百千萬億佛 , 十方等悉見之。譬如人夜起觀星宿甚衆多。菩薩欲得見今現在佛悉在前立者 , 當敬善師 , 不得視師長短 , 當具足布施、持戒、忍辱、精進、一心 , 不得懈怠。」

《현호분》에 이르길, "현호여, 비유컨대 모든 구름이나 가린 것이 없는 청정한 허공은, 밝은 눈을 가진 사람이 고요한 밤에 허공을 우러러보면 무량한 별들의 방위와 위치가 구별되고 모양과 빛깔이 각기 다른 것들을 분명히 알 수 있는 것과 같으니라. 현호여, 보살마하살이 저 법성法性 허공을 사유 관찰하여 삼매를 성취하는 까닭에 모든 여래를 볼 수 있나니, 그 일은 별자리를 보는 것과 같으니라. 그래서 저 보살이 동방을 관찰할 때 제불을 볼 수 있나니, 백 불을 볼 수 있고, 천 불을 볼 수 있으며, 백천 불을 볼 수 있고, 억 불을 볼 수 있고, 억 백천 불을 볼 수 있으며, 억 백천 나유타 불을 보는데, 작의를 빌리지 않아도 저절로 현전하시느니라. 저 보살은 이와 같이 동방을 관찰한 뒤에 기뻐하여 남방 및 서북방 사유 상하를 관찰해도 시방세계에 각각 수많은 부처님을 친견하나니, 이른바, 백 불을 볼 수 있고, 천 불을 볼 수 있으며, 백천 불을 볼 수 있고, 억 불을 볼 수 있고, 억 백천 불을 볼 수 있으며, 억 백천 나유타 불을 보는데 공용功用을 빌리지 않고도 모두 앞에 나타나 계시느니라." 하였습니다.

반주삼매를 성취하고 부처님을 친견함은 마치 청명한 밤하늘에 멀거나 가깝거나 크거나 작거나 시방 방위 등 다른 별들이 천공에 가득 분포하여 그 수를 헤아리기 어렵고, 게다가 눈 밝은 사람은 조작할 필요 없이 하늘을 우리러 관찰하면 곧 볼 수 있으며, 삼매를 성취할 때 물이 흐르는 곳에 도랑이 생기듯이 눈 밝은 사람은 작의를 빌리지 않아도 시방 제불께서 자연히 현전함도 이와 같습니다.

제가 임종할 때
모든 장애가 다 없어지고
아미타불을 뵙고 극락세계에
왕생하기를 원하옵니다.
극락세계에 왕생한 후에는
나의 대원이 성취되어
아미타불께서 제 앞에서
제게 수기를 주시옵소서.

- 문수사리발원경 文殊師利發願經

비유품譬喩品 제4

[법을 듣고 정근하지 않으면 보물선이 침몰함과 같다]

4-1-1

부처님께서 발타화에게 말씀하셨다. "보살이 이 삼매를 얻고 정진하여 행하지 않는 자는, 비유하면 어떤 사람이 배에 진귀한 보물을 가득 싣고 큰 바다를 건너가다가 도중에 배가 부서지는 것과 같으니 염부제 사람들은 모두 우리의 보물을 잃을까 크게 근심하느니라."

佛告跋陀和:「菩薩得是三昧不精進行者, 譬如人載滿船珍寶渡大海, 船中道壞, 閻浮利人皆大愁憂, 念失我爾所寶。」

《현호분》에 이르길, "이때 세존께서 또 현호보살에게 말씀하셨다. 현호여, 만약 모든 보살마하살이 이와 같은 삼매보三昧寶를 구하기 위한 까닭에 용맹스럽게 부지런히 정진하면 저절로 이 삼매에 빨리 들어갈 수 있느니라. 현호여, 비유컨대 어떤 사람이 큰 배를 타고 큰 바다에 나가 마음껏 온갖 미묘한 보물을 가득 싣고, 이미 일체 모든 대단히 어려운 곳을 지나서 이 언덕에 이른 지 오래 되지 않은 사이에 배가 갑자기 부서져 온갖 보배가 침몰하였다면, 그 당시 염부제 사람들이 큰 소리로 외치고 매우 슬퍼하나니, 이와 같은 값진 보물을 잃었기 때문이니라." 하였습니다.

이과일체제대난처已過一切諸大難處

정토법문은 만나기 매우 어려워서 적은 선근·복덕으로는 이 법을 들을 수 없습니다. 그래서 《무량수경》(강승개 역본)에 이르길, "부처님께서 미륵보살에게 말씀하시길, 여래께서 세상에 출현하심은 만나기도 어렵고 뵙기도 어려우며, 제불의 경전과 도법은 얻기도 어렵고 듣기도 어려우며, 보살의 수승한 법과 모든 바라밀을 듣는 것 또한 어렵고, 선지식을 만나 법을 듣고 수행하는 것 또한 어려운 일이니라. 더구나 이 경전을 듣고 믿어서 즐겨 수지하기는 어려운 것 중에서 어려우니, 이보다 더 어려운 것은 세상에 없느니라." 하였습니다. 만약 이러한 모든 큰 장애와 어려움을 뛰어넘지 못한다면 도저히 반주삼매를 듣기 어렵습니다.

수지차안미기지간垂至此岸未幾之間 선홀파괴중보침몰船忽破壞衆寶沈沒

이전의 공로가 수포로 돌아감(前功盡棄)을 비유한 것입니다. 이 경전을 듣고도 정진하지 않는 자는 큰 손실이 될 것입니다. 마치 보물선이 머지않아 언덕에 도달할 즈음에 오히려 침몰하여 사람들이 깊이 비탄에 잠기는 것과 같습니다. 그래서 《현호분》에 이르길, "현호여, 어떤 것을 중생의 손감損減이라고 하느냐 하면, 이른바 이와 같은 삼매보를 듣고도 멀리 여의어 서사書寫·독송·수지하고 의리義理를 해설 사유하지 아니하고, 여법하게 머물며 전념 수행하지 않으면 (제불 최상의) 공덕을 상실·멸진하니 이것을 손감이라고 하는 것이니라." 하였습니다.

그래서 결코 이 경전을 들었다고 해서 지극히 귀한 보물을 획득하였다는 의미는 아니고, 단지 보물산에 들어가는 것에 불과합니다. 한 걸음 나아가고 부지런히 수습하며 여법하게 전념해야 비로소 보배산으로 들어가고, 또 보배를 가득 싣고 돌아올 수 있습니다. 이와 같아야 과거와 금생今生에 쌓은 것을 낭비하지 않고 법을 듣는 이 단계의 인연을 가질 수 있습니다.

보물을 채취한 배가 왜 중도에 부서졌습니까? 이는 일생 동안 정업淨業을 닦았지만, 임종시 타락하는 것을 비유한 것입니다. 이는 사람들로 하여금 충분히 손목을 불끈 쥐게 합니다. 언뜻 보기에 최후 한때의 실수이지만 사실상 일생동안 부지런히 수행하지 않은 소치입니다. 당唐 나라 가재迦才대사께서는 《정토론淨土論》에 이르길, "만약 어떤 중생이 아미타부처님에 대한 설법을 듣고 여전히 죄를 지으면 비록 부처님 명호를 염할지라도 마음이 오욕에 반연하는 것으로, 이는 혼잡된 번뇌結使의 생각으로 임종시에 마음이 곧 전도되어 부처님께서는 내영來迎하지 않을 것이다." 하였습니다.

예를 들면 정토를 전수專修하여 일생동안 염불하다가 임종 즈음에 만약 정념正念을 잃어버리면 일생동안 닦은 모든 것이 헛수고가 됩니다. 한 번 정념을 잃으면 눈 깜짝할 사이 그만 휩쓸려가고, 또 윤회에 들어가게 됩니다. 이 같은 상황 보다는 일생동안 염불하여 임종시 정념이 분명하면 최후의 장애를 부딪쳐 깨뜨려서 극락에 왕생하게 됩니다. 이것은 결코 최후 십념十念에만 그치는 것이 아니라 자초하는 과보도 다릅니다. 수행자는 마땅히 스스로 경각심을 가지고, 삼가 요행심을 품지 말고 노실히 염불하는 것이 중요합니다!

4-1-2

보살이 이 삼매를 듣고 배우지 아니하는 자는 일체 제천 인민들이 다 슬프고 근심하여 말하길, "우리들의 경보經寶를 잃었구나."라고

하였느니라.

> 「菩薩聞是三昧不學者，一切諸天人民皆悲憂言：『乃失我爾所經寶。』」

《현호분》에 이르길, "현호여, 선남자와 선여인도 그와 같으니라. 이와 같이 수승한 삼매보를 귀로 듣고도 능히 서사·독송·수지하지 않고, 또 능히 (계념) 사유하고 여법하게 수행하여 머물지 않는다면, 현호여, 마땅히 알지어다. 이때 일체 세간·제천·귀신들도 응당 이와 같이 크게 외치고 매우 슬퍼하고 고뇌하며 이와 같이 말하나니, 이런 모든 중생들은 심히 불쌍하고 가련하구나." 하였습니다.

중생들이 이 경전을 조우하고도 정진하여 반주삼매를 닦지 않는 모습을 보고, 천인들은 왜 이렇게 슬퍼하고 고뇌할까요? 왜냐하면 천인들은 중생이 선악의 업을 짓고 감득하는 과보를 볼 수 있기 때문입니다. 《장아함경長阿含經》에 이르길, "청정한 천안으로 모든 중생이 지은 업연에 따라 오악도에 오고가는 모습을 보느니라. 비유컨대 성 안에 높고 넓은 평지에 사거리 머리에 크고 높은 누각을 세워 밝은 눈을 지닌 정사가 위에서 관하면 동서남북 사방의 모든 행인이 보이고, 그들이 거동하며 행하는 일을 모두 다 볼 수 있느니라." 하였습니다.

여법하게 정진하고 반주삼매를 수습하면 반드시 극락에 왕생할 수 있습니다. 이는 수승하고 특별한 과보입니다. 천인들은 중생이 이 삼매로 인해 큰 복덕과 지혜를 얻을 수 있음을 보지만, 중생들은 오히려 들어도 못 들은 듯, 보아도 못 본 듯하여 포기하고 닦지 않아서 생사의 도를 행함에 스스로 큰 이익을 잃어버리는 모습을 보는 까닭에 심히 슬퍼하고 근심하는 것입니다.

[삼매를 구함에 게을리 하는 자는 어리석은 사람이 전단향을 보고 냄새난다는 생각을 일으키는 것과 같다]

4-2-1

부처님께서 말씀하시길, "이 삼매경은 부처님께서 부촉하신 것이고, 부처님께서 들어 칭찬하신 것이니, 이 깊은 삼매를 듣고 여법하게 쓰고 배우고 암송하고 지키고 지니지 아니하는 것이 바로 어리석음 이니라."

> 佛言 :「是三昧經者 , 是佛所囑 , 佛所稱舉 , 聞是深三昧 , 不書、學誦、
> 守持如法者 , 是爲愚癡。」

이 삼매는 부처님께서 예토穢土의 중생을 구호救護하기 위한 것으로 바로 정토에 가서 생을 받을 수 있다고 말씀하십니다. 또한 그것은 깜깜한 밤의 밝은 등불이고, 황량한 사막의 달콤한 오아시스로 죄를 씻고 업장을 청정히 하여 청량한 자재를 얻게 합니다. 제불께서는 다 같이 부촉하고 찬탄합니다. 이 수승한 삼매를 듣고서 신수봉행信受奉行하 지 않으면 실로 이것은 무지하고 어리석으며 깜깜한 사람입니다.

4-2-2

비유하면 어떤 사람이 어리석은 자에게 자기가 지니고 있던 전단향 을 주어도 그는 기꺼이 받으려 하지 않고 도리어 깨끗하지 못한 향이라고 말하는 것과 같으니라. 주인이 말하길, 「이것은 전단향이 니, 그대는 깨끗하지 않다고 말하지 말고, 그것의 냄새를 맡아보고 향기가 있는지, 그것을 보고 깨끗한지 확인해 보라」고 하지만, 그

어리석은 이는 눈을 가리고 냄새를 맡지도 보지도 않는 것과 같으니라.”

> 「譬如癡子 , 人持栴檀香與之 , 而不肯受 , 謂之不淨香。主言 :『此栴檀香也 , 卿莫謂不淨 , 嗅之知香 , 視之知淨。』其人閉目 , 不嗅不視也。」

《현호분》은 이 단락의 경문 앞에 이르길, “비유컨대 어떤 사람이 붉은 전단栴檀[51]을 가지고 어리석은 사람에게 보이니, 그 어리석은 사람이 무지한 까닭에 붉은 전단향을 보고 냄새나고 추하다는 생각을 내느니라.” 하였습니다. 이는 세간에 전단 같은 향이 있음을 모르고 전단향을 보고는 냄새나고 추하다는 생각을 일으키는 어리석은 사람을 비유한 것입니다. 적은 선근의 사람도 또한 이와 같아서 이고득락離苦得樂할 수 있는 묘법妙法이 있음을 모르고 반주삼매에 대해 믿고 좋아하는 마음(信樂心)을 잃어버린 까닭에 행을 일으키지 않습니다. 그것의 공용功用이 높고 나아가기 쉬우며, 매우 깊고 믿기 어려워서 복이 박한 사람은 이 법이 진실하다고 믿지 못합니다.

도작道綽선사께서는 《안락집安樂集》에서 이란림伊蘭林의 비유를 들려주십니다.

「부왕은 부처님께 묻기를, “염불의 공덕, 그 모습은 어떠합니까?” 라고 말하였다. 부처님께서 부왕에게 이르시길, “마치 이란림伊蘭林이 바야흐로 40유순인데, 우두전단牛頭栴檀이 한 그루 있지만 뿌리와 싹 뿐이고 아직 흙에서 나오지 않았으며, 그 이란림은 오직 냄새뿐이고 향기가 없습니다. 만약 그 꽃과 열매를 먹는다면 발광하여 죽습니다. 뒤에

---

51) 전단나栴檀那의 약칭으로 향나무의 이름. 남인도의 마라야산摩羅耶山에서 나는데 그 산의 모양이 우두(牛頭 소머리)와 같기 때문에 우두전단牛頭栴檀이라고도 함.

전단의 뿌리와 싹이 점점 성장하여 나무를 이루고자 하여 향기의 번창을 이루어내면 이 숲을 변화시킬 수 있고, 두루 다 향기롭고 아름다워 중생이 보게 되면 모두 희유한 마음을 낼 것입니다."라고 말하였다. 부처님께서는 부왕에게 이르시길, "일체중생은 생사 가운데 염불의 마음도 또한 이와 같습니다. 단지 계념繫念을 그치지 않을 수 있다면 결정코 부처님 전에 태어날 것입니다. 한번 왕생하기만 하면 일체 모든 악이 변하여 대자비를 이룰 수 있으니, 저 향나무가 이란림을 바꾸는 것과 같습니다." 라고 말하였다. 「이란림」이란 중생의 몸 안에 세 가지 독(三毒)과 세 가지 장애(三障)가 가없는 중죄를 비유한 것이다. 「전단」이란 중생이 염불하는 마음을 비유한 것으로 일체중생이 단지 중단하지 않고 염불의 공덕을 쌓을 수 있다면 도업을 성취할 수 있다.52)」

중생의 육근六根은 육진六塵을 따라서 무상하게 생멸하면 마음 또한 따라서 생멸하고, 마음이 때 묻고 산란하여 이란림처럼 오직 냄새뿐이고 향기가 없습니다. 만약 안으로 자성自性을 지키고 부처님의 명호에 안온히 머물 수 있다면 자성 공덕의 향을 개발할 수 있습니다. 이 공덕의 향은 마음속에서 번뇌로 인한 냄새와 추함을 제거할 수 있습니다. 전단나무처럼 비로소 일단 나무를 이루면 이란림의 냄새와 추함을 변화시켜서 향기와 아름다움을 이룰 수 있습니다. 마음은 본래 상주하고 부동하여 삼매의 공덕을 빌려서 계념하여 그치지 않는다면 본래 갖추고 있는 현전일념現前一念의 마음이 원만히 드러납니다. 이 마음이 원만히 현현하

52) 論 가운데서 묻되 "무엇을 인하여 한번 염불한 힘이 능히 모든 업장을 끊는다 하는가?"함에 답하기를 "마치 한 개의 전단향(檀香)이 능히 사십유순의 이란림(伊蘭林)을 뒤덮는 것과 같다. 또 비유하면 어떤 이가 사자의 힘줄로 거문고의 줄을 만들어 쓰면 그것을 한 번 튕기는 소리에 나머지 줄은 모두 끊어지고 마는 것과 같으니, 만일 보리심 가운데서 염불삼매를 행한다면 온갖 번뇌업장이 단박에 단멸해 버리고 마는 것이다."하였다. 연수대사, 《만선동귀집》

면 저절로 청정한 향이 마음의 정원에 가득하니, 많은 공덕이 필요 없습니다.

4-2-3

부처님께서 말씀하셨다. "이 삼매를 듣고 기꺼이 수지하지 않는 자는 저 어리석은 자와 같아서 무지하다고 해야 할 것이다. 도리어 세간을 유有라고 여기고, 공空에 들지도 않고 무無에 대해서도 모르면서 스스로 여법하다고 말하며, 도리어 얕보며 농담 삼아 말하길, 「부처님에게 또 심오한 경전이 있는가, 또 위신력이 있는가?」라고 하거나, 반대하는 모습으로 말하길, 「세간에 아난과 같은 비구가 또 있는가?」라고 한다." 부처님께서 말씀하셨다. "그들은 이 삼매를 지닌 자를 따라다니면서 삼삼오오 모여서 말하길, 「이것은 무슨 말인가? 어디에서 이 말을 들었는가? 스스로 모여서 이 경을 만든 것이지, 부처님께서 말씀하신 것은 아니다」라고 한다."

> 佛言:「聞是三昧不肯受持者,如彼癡子是爲無知,反呼世間爲有,不入空,不知無,自謂如法。反作輕戲言:『佛亦有深經乎?亦有威神乎?』反相形言:『世間亦有比丘如阿難乎?』」佛言:「其人從持是三昧者,所去兩兩三三相與語言:『是何等說?從何得是語?爲自合會作是經,非佛所說。』」

선근이 적은 사람은 이 반주삼매를 들어도 기꺼이 수지하려고 하지 않습니다. 공경하고 믿지 않을 뿐만 아니라 농담을 하고, 부처님을 의심하고 · 법을 의심하며 · 승가를 의심하니, 진실로 어리석기 짝이 없습니다.

《현호분》은 이 단락의 경문에 이어서 이르길, "현호여, 마땅히 알지어다. 이렇게 나쁜 사람이 기나긴 밤, 이와 같이 미묘한 무상대보無上大寶를 멀리 여의는 것은 저 어리석은 사람이 미묘한 향을 보고도 눈을 가리고 코를 막고 보고 맡지 않는 것과 같으니라. 현호여, 이와 같이 저 어리석고 나쁜 무리들이 이미 미묘한 경전과 삼매보를 듣고도 서사하려고도, 즐겨 독송하지도 아니하며, 염하며 수지하려고도, 선설宣說하려고도 하지 않는 것은 이른바 가까이 지내려는 마음이 없어 듣기를 원하지 않는 까닭이니라." 하였습니다.

[삼매를 듣고 어리석은 자처럼 믿지 않고 보배구슬을 모른다]

4-3

부처님께서 발타화에게 말씀하셨다. "비유하건대 장사꾼이 마니주를 가지고 어리석은 농부에게 보이자, 그 사람이 말하길 「이것은 값이 얼마인가?」라고 하니, 장사꾼이 말하길, 「이 구슬을 가지고 어둠 속에 두면 그 빛이 비치는 곳엔 바로 보배가 가득하오.」라고 한다." 부처님께서 말씀하셨다. "그 사람은 이 구슬을 모르고 말하기를, 「그 가치가 어찌 소 한 마리 값이나 되는가? 내게는 차라리 소 한 마리를 사는 것이 더 낫소, 그렇지 않으면 그만두겠소.」라고 한다. 이와 같이 발타화야, 보살이 이 삼매를 듣고 믿지 않으며, 반대하는 모습은 저 어리석은 자와 같으니라."

佛告跋陀和 : 「譬如賈客持摩尼珠 , 示田家癡子。曰評 : 『此直幾錢 ? 』賈客言 : 『持是珠置冥中 , 其光所照直滿中寶。』」佛言 : 「其人不知是珠而

言 :『其價能與一頭牛等不？寧可貿一頭牛與我者善，不肯者休。』」「如是跋陀和，菩薩聞是三昧不信，反形相者，如彼癡子。」

마니주는 세간의 일체 보물이 미칠 수 있는 것이 아니지만, 어리석은 자는 물건을 볼 줄 몰라서 결국 일반적인 안목으로 흥정하여 마니주를 소 한 마리와 서로 비교하게 됩니다. 이는 반주삼매가 매우 어렵고 희유하여 세간에 없는 것임을 비유합니다. 이 삼매의 미묘한 보물은 오직 세간 일체를 내려놓아야, 비로소 믿고 받아들이며 귀의(歸投)하여 가르침에 의지해 전수專修할 수 있습니다. 이를테면 오직 세간의 일체 소유에 더 이상 믿고 의지하지 않아야만 진실로 이 한마디 부처님 명호의 두루 비춤(普照)을 얻을 수 있습니다. 이 법이 마니주와 같음을 마땅히 알고서 마땅히 이를 수호하여야 합니다.

《왕생수문록往生隨聞錄》에 있는 이야기입니다. "탕씨湯氏 작랑雀郎은 결혼한 후 아이를 낳지 않고 아들 하나, 딸 하나를 입양하였다. 자식들이 장성한 후 성격이 매우 나빠 탕씨에게 전혀 효도를 하지 않고 여러 가지로 학대하였다. 탕씨는 삼보三寶에 귀의하여 경건하고 정성을 다해 부처님을 받들었고, 매일 아침저녁 공과功課를 실천하였다. 문화혁명 시기에는 종교정책으로 약탈당하고 파괴되었다. 자식들은 여러 차례 어머니 탕씨를 공과본功課本 및 염주를 빼앗아 죄의 증거로 삼았고, 반란파와 사귀어 탕씨에게 갖은 고초를 다 겪게 하였다. 탕씨는 살생을 금하고 채식을 하였는데, 이 자식들은 강제로 그의 어머니에게 고기를 먹게 하였다. …… 탕씨는 극단적으로 고통을 받는 환경에서 자살을 도모한 적도 있었다. 그러나 수백 수천 번 인내하고 염불을 굳건히 지키며 정토에 태어나길 구하라는 조언을 받고서, 탕씨는 그 말을 따라 드디어 외부로부터의 압력을 참고 견뎌 냈다. 매우 나쁜 환경 속에서 신심은 더욱 견고해졌다. 극락세계를 좋아하고 사바세계를 싫어하는 생각이 더욱 간절해졌다. 채식하고 염불하며 더욱 더 정진하였다. 1981년 음력 3월 14일에 점심을 올릴 때는 여전히 건강하였는데 저녁 무렵에 이르러 그 딸은 곧 양씨가 작은 방에서 앉은 채로 죽어 있는 것을 발견하였다. 특히 기이한 것은 의자에 등받이가 없었다는 점이다. 양씨는 몸을 편 채 단정하게 앉아 있었고, 얼굴색은 살아 있는 듯하였다."

설사 가장 가깝게 지냈을 지라도 자녀는 마니주의 아미타불과 비교하면 취묵聚墨과 같습니다. 마음에 지극한 보물이 있어 온 마음을 맡기고, 일체 수많은 인연을 내려놓은 채 최후에 이르러 일각도 마음에 걱정이 없었습니다. 이것도 이미 얻기 어려운데, 더군다나 등받이도 없는 의자에 앉아서 왕생하여 실로 사람들을 대단히 찬탄하게 하고 감탄하게 하였습니다. 부처님 말씀을 믿고 받아들임이 이처럼 맑고 깨끗하며, 스스로서는 경지에 도달할 수 있으니, 정토행자는 응당 이 자리에서 바로 여래가업如來家業을 맡아야 합니다.

[삼매를 즐겨 비방하는 숙인宿因]

4-4-1

부처님께서 말씀하셨다. "보살이 이 삼매를 듣고서 믿고 수지하여 수행하면 사방에서 다 옹호하여 두려움이 없으며 계를 완전히 갖추므로 훌륭하게 되느니라. 깊은 지혜에 들어가면 마땅히 사람들에게 말씀을 퍼지게 하여야 하고, 한 사람 한 사람 전전하며 서로 가르쳐서, 마땅히 이 삼매가 세간에 오래 머물도록 할 것이니라."

佛言：「菩薩聞是三昧信受持修行者，四面皆擁護無所畏持戒完具，是
爲高明。智慧深入，當分佈語人，展轉相敎，當令是三昧久在世間。」

어떤 보살이 부처님께서 말씀하신 반주삼매를 들었다면 첫 번째 믿음이
생기고, 둘째 수지하여 이 법을 받아들이며, 셋째 기꺼이 수행합니다.
이런 사람은 호법을 매우 많이 하는 사람입니다. 그는 이 세간에서
놀라 허둥대지 않습니다. 왜 그렇습니까? 그는 의지처가 있고 마니주를
찾았기 때문입니다. 이러한 사람은 지혜로운 사람입니다. 만약 그의
지혜가 천천히 깊이 들어가면 그는 응당 이 법을 다른 사람에게 강설해야
합니다. 그런 다음 한 사람 한 사람 전하여 이러한 삼매가 세간에 오래
머물게 해야 합니다. 법이 세간에 오래 머뭅니다. 사람에 의지해 수행하
면 맞습니까? 그렇지 않습니다. 법은 단지 경본經本일 뿐입니다. 어떤
사람이 닦으면 이 법은 어떻게 되겠습니까? 비로소 줄곧 세간에 머물게
됩니다.(* 《반주삼매경 강술》 보충)

《현호분》은 이 단락의 경문 앞에 이르길, "혹은 어떤 비구가 신근信根이
깊고 두터우며 혜근慧根이 밝고 예민하여, 이미 과거에 제불여래의 처소
에서 가까이 지내며 받들어 섬겼으며, 정법을 듣고 가르침대로 수행하여
모든 선근을 심었느니라. 그들은 이 보살염불현전삼매를 들으면 바로
독송하고, 의리를 사유하느니라." 하였습니다. 이 삼매를 능히 믿고
독송 수지하며 내지 여법하게 수행할 수 있는 자는 모두 과거세에
부처님을 만나 법을 듣고 모든 선근을 심은 까닭에 금세에 호법하기로
발심하고 가르침을 전할 수 있습니다.

《용서정토문龍舒淨土文》에 이르길, "대자大慈보살《권수서방게勸修西方偈》
에 이르길, 두 사람에게 닦을 것을 권할 수 있으면 자신이 정진하는

공덕보다 뛰어날 수 있고, 십여 명에게 권하면 복덕이 이미 무량하다. 백천 명에게 권하면 진정한 보살이라 이름하고 또한 만여 명에게 권할 수 있으면 이 사람은 바로 아미타부처님이시다." 하였습니다.

아미타부처님께서는 인지因地에서 5겁 동안 홍원弘願을 사유하시고 불가사의 조재영겁兆載永劫[53]에 보살행을 쌓고 심어 불국토를 장엄함은 바로 중생을 성숙시키기 위함입니다. 그래서 사람들에게 염불하여 극락에 태어나길 권할 수 있음은 모두 고통 중생을 제도하여 극락세계에 가는 대원의 배 한 척에 따라 기뻐하는 것이고, 이 자리에서 바로 여래가업如來家業을 맡는 것입니다. 이는 결코 쉬운 일이 아니므로 사람들에게 정토를 수행할 것을 교화 인도하는 공덕은 무량합니다.

4-4-2

부처님께서 말씀하셨다. "어리석은 자는 스스로 전생에 공양하지 않았고 공덕도 짓지 않았으며, 도리어 스스로 잘난 체하여 비방하고 질투를 많이 행하고 재물을 탐하기 때문에 명예를 구하고자 하고 다만 시끄럽게 떠들고자 하며 심오한 경을 믿지 않느니라. 또 이 삼매를 듣고 믿지도 않고 좋아하지도 않으며 배우지도 않고 도리어 이 경을 비방하여 부처님께서 말씀하신 것이 아니라고 말하느니라."

佛言:「癡人自於前世不供養作功德 , 反自貢高 , 多行誹謗嫉妒 , 貪財利故欲求名譽 , 但欲諍說不信深經 , 聞是三昧不信不樂不學 , 反誹謗

---

53) 만억을 조兆, 십만조를 재載라 하고 장시간이란 뜻인 범어의 겁파劫波를 줄여 겁이라 한다. 곧 매우 오랜 세월을 가리킴.

是經 , 言非佛所說。」

이 삼매를 듣고 여법하게 닦지 않고 단지 명성과 이익을 구하는 자는 과거 세상에 부처님께 공양을 하지 않았고 모든 선근을 심지도 않으면서 단지 교만심으로 스스로 타인과 시비하고 오르지 이익을 구하였습니다. 그래서 지금 세상에 비록 법보를 만났어도 법보를 수호하지도 유통하지도 않습니다.

[삼매를 의심한 숙인내과宿因來果]

4-5-1

부처님께서 발타화에게 말씀하셨다. "지금 내가 그런 까닭으로 이와 같이 그대에게 말하노라. 만약 선남자 선여인이 진귀한 보물을 가지고 삼천세계 국토에 가득하도록 보시한다면, 설령 이런 공덕이 있어도 이 삼매를 듣고 믿어 좋아하는 이만 못하며 그 복도 더 적으니라."

佛告跋陀和 :「今我故語汝如是 , 若善男子善女人 , 持珍寶滿三千國土 布施 , 設有是功德 , 不如聞是三昧信樂者 , 其福過彼上。」

이는 세간의 재산을 위해 공양함과 말씀한 대로 수행하며 공양함의 두 가지 공덕을 비교한 것입니다. 한 국토의 진귀한 보물을 부처님께 공양한 공덕이 어찌 이 삼매를 듣고서 믿고 좋아하는 것만 하겠습니까! 《화엄경》에 이르길, "모든 공양 중에 법공양이 가장 제일이니라(諸供養中 法供養最)." 하였습니다.

4-5-2

부처님께서 발타화에게 말씀하셨다. "내가 말한 것과 다름이 없느니라. 지금 그때문에 이렇게 말할 뿐이니라. 지금 내가 이 삼매를 말하는 것을 보고 의심하는 이는 그 사람은 도리어 뒤에 나쁜 스승의 곁에만 있을 것이요, 바르게 지키는 훌륭한 스승의 처소에서도 그 공덕을 충분히 말하지 못할 것이니라. 이와 같은 무리는 점점 나쁜 스승과 함께 다니고 섬기며 이 삼매를 듣고 믿지도 좋아하지도 배우지도 아니하느니라. 왜 그러한가? 그 사람은 부처님을 가볍게 여기고 지혜도 적은 까닭에 믿지 않기 때문이니라."

> 佛告跋陀和 :「如我所說無有異 , 今故說是語耳。今見我說是三昧有疑
> 者 , 其人去卻後除在惡師邊 , 正使善師所其功德不足言 , 如是輩人 ,
> 轉與惡師從事 , 聞是三昧不信不樂不學。何以故 , 其人所更佛少 , 智慧
> 少故不信耳。」

《현호분》에 이르길, "현호여, 이 대중 중에서 어떤 사람은 지금 내 앞에서 직접 내가 이와 같은 삼매 설하는 것을 듣고 내가 멸도한 후에도 그가 태어나는 곳마다 다시 또 이 삼매보를 듣게 되는데, 비록 듣지만 믿지 않고 비방하며 헐뜯고 비웃으며, 선우를 멀리 여의고 나쁜 사람을 따르느니라. 현호여, 또 한 사람은 좋은 사람의 처소에서 이 삼매와 깊고 미묘한 경전을 듣고도 믿음을 내지 않고 진실하다고 생각하지 않으며, 깨달아 이해할 수도 없는데, 하물며 나쁜 사람의 처소에서 이 경전을 듣고 능히 믿음을 내고 또 깨달아 이해하겠는가? 왜 그러한가? 현호여, 제불여래께서 말씀하신 것은 믿기 어렵고, 제불세존의 지혜는 알기 어렵기 때문이니라." 하였습니다.

어떤 사람이 선근이 매우 적어서 비록 오늘 법회 중에 앉아서 부처님께서 이 삼매를 설하심을 들어도 의심하여 믿고 좋아하는 마음을 내지 않는다면, 이 사람은 후세後世에 당연히 업력에 따라 악한 벗을 따르고 악한 스승을 따르고 모실 것입니다. 왜냐하면 그는 과거 세상에 부처님을 만났어도 가벼이 여기고 지혜가 부족한 까닭입니다.

4-5-3

부처님께서 발타화에게 말씀하셨다. "이 삼매를 듣고 경솔하게 웃지 않고 비방하지 않으며 의심하지 않고 갑자기 믿었다가 갑자기 믿지 않거나 하지 아니하며, 환희하고서 좋아 쓰고 배우고 외워 지니는 자는 내가 다 미리 알아 그것을 보나니, 그 사람은 한 부처님이나 두 부처님께 지은 공덕뿐만이 아니요 모두 백 분의 부처님께 이 삼매를 들은 바이니라. 후세에 이 삼매를 듣고 쓰고 배우고 염송하며 수지하길, 하루 밤 하루 낮일지라도 그 복은 헤아릴 수 없으니, 스스로 아유월치에 이르러서 원하는 것을 모두 얻을 것이니라."

> 佛告跋陀和 :「其有聞是三昧 , 不輕笑 , 不誹謗 , 不疑 , 不乍信、乍不信 , 歡喜樂書學誦持者 , 我悉豫知見之 , 其人不獨於一佛二佛所作功德 , 悉於百佛所聞是三昧。卻後世時聞是三昧。書學誦持守之一日一夜 , 其福不可計 , 自致得阿惟越致 , 所願者得。」

어떤 사람이 이 삼매를 듣고 환희하고서 믿고 좋아하며 수지 독송하면 이 사람은 당래에 불도를 이룰 것입니다. 그는 이전 세상에 여러 부처님을 조우하여 이 반주삼매법을 이미 들었기 때문입니다.

경문을 쓰고 배우며 독송 수지하면 생각마다 부처님을 친견하게 되므로 그 공덕은 헤아리기 어렵습니다. 《법화전기法華傳記》에 이런 이야기가 있습니다.

"석승연釋僧衍은 《법화경》을 독송하며 안양(극락)을 즐겨 구하였다. 경에 이르길, 「곧 안락세계에 이르는 까닭이니라(即往安樂世界故)」 하였다. 매일 한 번씩 삼 년 동안 천 번을 읽었다. 꿈에 자기 몸 좌우에 날개가 나서 법화문자로써 문양을 만들고 날아오르려 하자 곧 몸이 저절로 가벼워져 서방에 날아갔다. 칠보지七寶地에 이르자 궁전이 서로 나란히 있고 그곳엔 천인이 가득하였다. 자신의 몸을 돌아보니, 날개가 문득 큰 보배 연화대를 이루었다. 낱낱의 문자는 1장丈 6척인 부처님 몸으로 변하여 각각 게송을 설하되, 「그대가 오탁악세에 있으면서 묘법을 독송했으되, 중생의 업장으로 인해 오직 글자만 보았을 뿐이나 사실은 삼신원만三身圓滿 부처님이시니, 이제 날개를 달고 본래 몸으로 돌아 왔도다.」 게송을 듣고 연화대를 보니 6만 9천 3백여 화신부처님께서 연꽃잎 위에 앉아 계시고, 연화대 위의 부처님은 아미타부처님이었다."

4-5-4

부처님께서 발타화에게 말씀하셨다. "내가 비유를 말할테니 들어보라. 어떤 사람이 한 부처님 찰토를 취해 모두 티끌 같이 부수어 그 티끌 하나를 취해 다시 부수어 한 부처님 찰토의 티끌 수와 같이 하면 그 수가 어찌 많다 하지 않겠느냐?"

발타화가 말하였다. "매우 많고, 매우 많습니다. 천중천이시여."

佛告跋陀和 :「聽我說譬喻 , 有人取一佛剎悉碎如塵 , 取一塵皆復盡
破 , 如一佛剎塵 , 云何是塵數寧多不也?」跋陀和言 :「甚多!甚多!
天中天。」

이 단락의 경문은 매우 많은 수량을 서술하고 있습니다. 《현호분》에
이르길, 「"또 현호여, 비유컨대 어떤 사람이 이 삼천대천세계의 일체
대지를 취해 모두 갈아서 티끌로 만들고, 또 일체 초목과 가지 잎을
취하여 크고 작고 간에 모두 가는 티끌로 만드는데, 그 사람이 그때
그 티끌의 무더기에서 가는 티끌 하나를 취하여 또 부수고 분석하여
먼저 것과 같은 가는 티끌 수를 만든 뒤에 그런 후에 다시 그 일체
티끌을 취하여 차례로 분석하여 모두 그 처음의 가는 티끌 수와 같게
한다면, 현호여 어떻게 생각하느냐, 가는 티끌의 수는 많다고 할 수
있겠느냐?" 현호는 대답하였다. "무척 많겠나이다. 세존이시여."」하였
습니다.

취일불찰실쇄여진取一佛剎悉碎如塵 취일진개복진파取一塵皆復盡破 여일
불찰진如一佛剎塵

이는 수량이 얼마인지, 설명하고 있습니다. 한 부처님 찰토를 모두
갈아서 티끌로 만들고, 다시 그 가운데 티끌 하나를 취해 갈고 부수어서
한 부처님 찰토의 가는 티끌 수와 같아지도록 만듭니다. 이와 같이
한 부처님 찰토, 티끌 티끌은 모두 이와 같습니다. 이것을 그 수량으로
삼습니다.

4-5-5

부처님께서 말씀하셨다. "어떤 보살이 티끌 하나를 취하여 한 부처님 찰토에 놓아두어 그 수와 같은 부처님 찰토에 가득 찬 진귀한 보물을 다 가지고 제불께 공양한다 하여도 그 복의 공덕은 매우 적어서 이 삼매를 듣고서 배우고 쓰며 독송 수지하는 것만 못할 것이니라. 남을 위하여 설하고 지키며 수유의 짧은 순간 들어도 이 공덕은 다시 헤아릴 수 없느니라. 하물며 이미 삼매를 얻고 다 구족한 자이겠느냐?"

佛言 :「有菩薩盡取一塵置一佛剎, 其數爾所佛剎, 滿中珍寶悉持供養諸佛, 其福功德少少耳。不如聞是三昧學書誦持, 爲他人說守, 須臾間聞, 是功德不可復計。何況已得是三昧悉具足者。」

취일진치일불찰取一塵置一佛剎 기수이소불찰其數爾所佛剎 만중진보滿中珍寶

이것은 용량이 얼마인지 설명하고 있습니다. 티끌 하나하나마다 모두 한 부처님 찰토 양만큼의 진귀한 보물을 가득 채우고 가는 티끌 하나하나마다 모두 다 이와 같습니다.

왜 경법經法을 수학하는 공덕이 이와 같이 큽니까? 이는 자성自性에 계합하는 까닭입니다. 법은 모두 체體·상相·용用이 있어 자성에 계합할 때 성性을 부르면 용用이 일어납니다. 염불하여 득력하면 본래 갖추고 있는 무량한 성덕性德을 끄집어낼 수 있습니다. 그러나 성내는 마음을 일으키면 자성과 계합하지 않는 까닭에 인연 시절의 성性이 있습니다.

또한 자성이 깊고 넓은 정도는 지극히 헤아리기 어려워 끝(際畔)이 없습니다. 예를 들면 수도 물통으로 물을 대면 시간을 소모하고 힘을 낭비하지만 한바탕 비가 내리면 문득 대지의 가뭄이 해결되듯이, 자성에 상응하면 찰나에 일체에 두루 합니다.

질문 : 보시공양의 공덕과 법공양의 공덕, 이 두 가지는 서로 견줄 수 없다. 어떻게 유위有爲의 공덕이 자성공덕으로 바뀌는가?

답변 : 예를 들어 보시를 닦는데 있어 보시의 상에 머물지 마십시오. 《금강경》에 이르길, "보살은 법에 머무는 바 없이 보시를 행할지니, 이른바 색에 머무는 바 없이 보시하고 성·향·미·촉·법에 머무는 바 없이 보시하라. 수보리여, 보살은 이와 같이 상에 머무는 바 없이 보시하라. 왜 그러한가? 보살이 상에 머물지 않고 보시하면 그 복덕이 불가사의하니라." 하였습니다.

염불은 또한 이와 같이 닦아야 합니다. 부처님 명호를 똑똑히 염하고 이것에 머무르지 않아야 일심을 얻을 수 있습니다. 일심에 들어가면 곧 자성 무위에 들어갑니다. 이 일심은 실로 무소유입니다. 일심을 말하면 이 일심을 잃어버립니다. 이 일심은 문자·언어·심연상心緣相이 아닙니다. 문자·언어·심연상으로 구할 수 없습니다. 비록 불가득이지만 일심은 두루 충만합니다. 부처님 명호가 이르는 곳마다 이 일심이 있습니다. 그 가운데 맛을 행자는 스스로 압니다. 또한 익힌 음식(煮菜)처럼 짠맛·신맛·단맛 등의 맛에 머물지 않아야 일미一味에 들어갈 수 있습니다. 비록 일미에 들어갈 지라도 짠맛·신맛·단맛 등의 맛이 갖추어져 있습니다. 비록 갖추어져 있지만, 이것은 짠맛이고, 이것은 신맛이고, 이것은 단맛이라고 말할 수 없습니다. 짠맛이나 신맛이 난다면 그 멋진 일미를 잃어버릴 것입니다.

[게송偈頌]

4-6-1

부처님께서 이때 게송으로 말씀하셨다.

佛爾時說偈言：

만약 보살이 온갖 덕을 구하려면
마땅히 이 삼매를 설하고 받들어 행하라
믿고 즐겨 염송하며 의심하지 않는 자
그 공덕의 복 제한이 없으리라

「若有菩薩求衆德, 當說奉行是三昧,

信樂諷誦不疑者, 其功德福無齊限。

한 부처님 국토의 세계를
다 부수어 티끌로 만들어
일체 불국토의 수효보다 많고
가득 찬 진귀한 보물로 보시하여도
이 삼매 듣는 것만 같지 못하며
그 공덕의 복 위의 보시보다 나으리라

如一佛國之世界, 皆破壞碎以爲塵, 一切佛土過是數,

滿中珍寶用布施, 不如聞是三昧者, 其功德福過上施。

공덕을 비유로도 설명하지 못하니
너희에게 촉루54)하니 권하고 가르치며

힘써 정진하여 게으르지 말라

引譬功德不可喻 , 囑累汝等當勸教 , 力行精進無懈怠。

이 삼매를 염송 수지하는 자
이미 면전에 백천 부처님 뵙고
가령 최후의 큰 두려움도
이 삼매 지니면 두려울 것 없으리라

其有誦持是三昧 , 已爲面見百千佛 ,

假使最後大恐懼 , 持是三昧無所畏。

이같이 행하는 비구 이미 나를 보고
항상 부처님을 따라 멀리 여의지 않나니
부처님 말씀대로 다름이 없어
보살 항상 그 가르침 따르면
정각의 지혜바다 빨리 얻으리라

行是比丘已見我 , 常爲隨佛不遠離 , 如佛所言無有異。

菩薩常當隨其教 , 疾得正覺智慧海。」

이것은 중송重頌으로 경문의 뜻은 이전 장행의 문장과 합치합니다.

　　가사최후대공구假使最後大恐懼 지시삼매무소외持是三昧無所畏

임종시 곧 이 몸과 마음, 세계를 떼어버리게 되니, 이것은 한평생 가장

---

54) 말로써 부탁하는 것을 촉囑이라 하고 법으로써 잇는 것을 루累라고 한다.
부처님의 묘법인 진리를 간단없이 이어지게 함이니 이것을 촉루囑累라 한다.

큰 두려움입니다. 단지 믿음과 발원으로 인도함이 있으면 죽음을 고향에 돌아가는 것처럼 여겨 안상히 자재할 수 있습니다.

《연종보감蓮宗寶鑑》에 이르길, 「여산廬山존자(혜원 대사)는 제자인 승제僧濟에게 임종 무렵에 촛불 하나를 보내면서 말씀하시길, "그대는 생각을 서방정토에서 운영하라."하였다. 승제는 촛불을 잡고 생각을 황금빛 모습에 쏟아, 마음을 거두어 산란함이 없었다. 다시 승가 대중이 16관경을 염송하길 청하였다. 오경五更에 승제는 촛불을 친한 친구에게 주고서 곧 잠깐 동안 잤다. 잠에서 깨어나 말하길, "나는 꿈에서 아미타부처님을 친견하였다. 부처님께서 손을 드리워 접인하셨으니, 나는 곧 갈 것이다." 라고 말하고서 오른쪽으로 움츠리더니 떠났다. 이는 계·정·혜를 훈수熏修하여 얻는 것이 아니니, 어찌 생사의 언덕에서 온화한 표정을 하고 부드러운 말을 할 수 있겠는가. 길을 얻어 바로 행이 거리낌과 장애가 없어 생사의 관문을 한가로이 지나간다고 할만하다.」하였습니다.

임종 무렵에는 나와 나의 것 일체를 모두 떼어버리고 다시는 서로 따르지 않습니다. 의지할 사람도 도와 줄 사람도 없으니 보통 사람이 체험할 수 있는 것이 아니고 오직 자신이 느끼며 깨달아 알 수 있을 뿐입니다. 그 순간 아직 그 일이 없는 것처럼 얼굴색이 바뀌지 않고 침착하며 부드러울 수 있습니다. 설사 그 마음 속 세계가 항상 법희로 충만하지 못하더라도 이 생사가 바뀌는 즈음에 이것을 얻어 추호도 놀라서 허둥지둥하고 두려워하지 않을 수 있겠습니까?

사배품四輩品 제5

《문수사리불토엄정경文殊師利佛土嚴淨經》에 이르길, 「우리 본토本土의 부처님께서 보다 못하여 말씀하셨습니다. "너희들은 왜 저 인세계忍世界에 가려고 하는가? 저 인토忍土에는 5역逆이 억세고 폐악弊惡하여, 탐욕·질투·음욕·시기·욕설·저주와 마음에 성냄의 독이 많아 서로 해치며, 매우 거칠고 꼬여 있으며, 슬프게 하고 속여서 교화하기 어려우니라. 사바세계에 가서 스스로 깊이 괴롭히고 악하게 하지 말라."

우리들은 거듭 스스로 아뢰었습니다. "우리는 견딜 수 있는 힘이 있어 인계에 가려 하는 것입니다. 진실로 갖가지 번뇌와 해침을 만나 불에 태워지고 칼에 베이더라도 끝끝내 원망하는 마음을 갖지 않겠습니다. 세존과 모든 정사正士들은 능히 애쓰고도 자랑하지 않고 참으면서 중생들을 가르칠 수 있으니, 원하옵건대 즐겨 예배하고 모시면서 심오한 경전을 수지하겠습니다."

우리 본토 부처님께서는 이에 보내어 듣고 다시 분부하셨습니다. "가라, 선남자(族姓子)여! 뜻대로 하고 때를 따라 하라. 스스로 마음을 굳게 먹고 부디 의심하거나 게으르지 말라. 나의 본토에서의 백천 겁 수행은 인세계의 하루아침 정진보다 못하느니라."」 하였습니다.

「인세계忍世界」는 곧 사바세계로 이곳의 중생들은 탐·진·치가 맹렬히 타올라서 서로 상해를 끼칩니다. 그래서 본토에 있으며 수행하기가 몹시 힘들고 고생스러워도 이 세계의 중생을 위해 스스로 독려하고 참괴와 참회의 마음을 깊이 품어야 합니다. 본경에서는 사부대중 제자에 대해 무리마다 모두 정진하고 수행하는 중점이 이 있어서 4배품이라 부릅니다.

1. 비구比丘

[고를 두려워하여 계을 지니다(畏苦持戒)]

5-1-1

발타화가 부처님께 말씀드렸다. "무상의 천중천이시여, 만약 애욕을 버리고 비구가 되어 이 삼매를 들으면 마땅히 어떻게 배우고, 어떻게 수지하며, 어떻게 행해야 합니까?"

부처님께서 말씀하셨다. "애욕을 버리고 비구가 되어 이 삼매를 배우고자 하면 마땅히 지계를 청정히 해야 할 것이니, 털끝만치도 어겨서는 안 되느니라. 항상 마땅히 지옥의 고통을 두려워하여 아첨함을 멀리 여의면 이것을 청정하다 하느니라."

跋陀和白佛:「難及天中天, 若有棄愛欲作比丘聞是三昧。當云何學? 云何持? 云何行?」佛言:「棄愛欲作比丘欲學是三昧者, 當淸淨持戒, 不得缺如毛髮, 常當怖畏於地獄痛苦, 遠離於諛諂, 是爲淸淨。」

난급難及 천중천天中天

우리들이 말하는 무상無上의 뜻입니다. 즉 뛰어넘기 어렵다는 말로 무상의 뜻입니다. 「천天」은 이미 매우 존귀하다는 뜻으로 천계 중에서 가장 존귀한 분이란 말입니다. 이는 부처님에 대한 존칭입니다.(*《반주삼매경 강술》 보충)

약유기애욕작비구若有棄愛欲作比丘

세간의 오욕을 놓아 버리고, 출가하여 비구가 된다는 뜻입니다. 이는 비구계를 받아 비구가 됨을 말합니다.(*《반주삼매경 강술》 보충)

운하학云何學 운하지云何持 운하행云何行

우리들은 비구가 아닌데 이것이 우리에게 필요한가? 말할 필요는 없습니다. 이러한 것도 필요합니다. 단지 그가 비구라는 것을 여기서 특별히 강조하였을 뿐입니다. 반주삼매를 들은 비구는 어떻게 배워야 합니까? 「학學」은 학습, 청문입니다. 우리들이 학습하는 과정이고, 지금 듣고 있습니다. 「지持」는 독송입니다. 현재의 경법을 듣고 또 듣습니다. 단지 경문을 볼 수도 있고, 또는 사경할 수도 있습니다. 그래서 「지持」는 당신이 어떻게든 그것을 가지고 와서 수지하고 독송하는 것입니다. 수지하는 과정은 여전히 문자에 머물러 있습니다. 우리들이 막 학습할 때는 무엇이 필요합니까? 우리는 현재 여전히 언어문자를 사용하지만, 이것은 최저한도입니다. 왜냐하면 우리가 직접 법성을 증득하기 전에는 반드시 언어문자에 의지하여 이 법을 이해해야 합니다. 문자를 이해한 후에는 진일보하여 「행行」합니다. 「행行」은 이 법을 행지行持함입니다. 이 법을 행지하고 있는지, 어떻게 알 수 있습니까? 당신의 마음속에 두거나 당신의 입과 몸으로 표현합니다.

그래서 앞에서 말씀 드린 것처럼 반주의 뜻은 「상행도常行道」입니다.

당신의 삼업을 늘 이 법 위에서 행합니다. 이 법 위에서 행하려고 한 이상 당신은 반드시 두 단계를 거쳐야 합니다. 듣고 수지하여야, 당신은 비로소 내가 어떻게 닦아야하는지 압니다! 통상 여러분들은 "저는 듣고 또 듣습니다. 이 귀로 듣지만 듣고 나서는 잊어버리니 어떻게 닦아야 할지 모르겠습니다."라고 말합니다. 당신은 깨닫지 못했습니다. 그래서 「지持」의 뜻은 내가 수지할 수 있는 방법이 있고, 독송할 방법이 있다는 말입니다. 이와 같아야 「행」할 수 있는 방법이 있습니다.(* 《반주삼매경 강술》 보충)

청정지계清淨持戒

계戒는 고귀한 법으로 곧 성인이 행하는 법입니다. 단지 범부의 경우 아직 성류에 들지 않아 행하는 바가 고귀한 법에 부응하지 못하는 까닭에 이렇게 해서는 안 된다, 저렇게 해서는 안 된다고 말합니다. 이와 같이 청정하지 못한 것을 제거함으로써 곧 고귀한 행에 들어갈 수 있는 까닭입니다. 길을 걸어갈 때 이쪽저쪽을 돌아보지 말라, 팔을 흔들지 말라 … 등 행하는 대로 하면, 저절로 성인의 행과 같아집니다. 《사분율산번보궐행사초四分律刪繁補闕行事鈔》에 이르길, "처음에 성도聖道의 본기本基[55]를 말한 것은 《성실론成實論》에 이르길, 「계戒는 도적을

---

55) "부처님께서 도를 증득하신 후 자신의 독창적인 진리로 사람 무리를 교화하기 시작하셨다. 일체중생을 제도하여 다 같이 불법의 이락利樂을 얻기를 발원하여 승단을 조직하셨다. 승단 중에 또 집단생활의 공약을 제정하여 그것에 상응하는 작용을 발휘하여 정법이 오래 머물길 구하였다. 세간의 복보인 명성과 이익을 위해서가 아니라 이렇게 도를 위해 계를 제정하셨다고 말할 수 있다. 부처님의 뜻을 깊이 탐구하여 아래로는 삿됨을 버리고 바름으로 돌아감(翻邪三歸)에 이르고, 마침내 일실불도一實佛道를 위해 앞에서 이끄는 것입니다. 동시에 부처님께서는 계·정·혜 삼학을 창립하여 탐·진·치 번뇌(煩惑)를 맑게 다스리는 이기利器로 삼으셨습니다. 《성실론成實論》에 이르길, 「계戒는 도적을 잡는 것과 같고, 정定은

잡는 것과 같고, 정定은 도적을 묶는 것과 같으며, 혜慧는 도적을 죽이는
것과 같다.」라고 한 것과 같다. 현인과 성인은 세 가지 행을 차례로
행한다. 즉 경에 이르길, 「이 계를 의지하면 모든 선정과 고를 멸하는
지혜를 얻을 수 있다.」 하였다. 또《사분율四分律》에 이르길, 「삼독을
조복시켜 다하게 하는 까닭에 계학의 제정을 늘렸다.」 하였고, 또 「계는
행의 뿌리(行根)·잘 생긴 얼굴(面首)56)로 온갖 선법을 모아 삼매를 성취한
다.」라고 하였다. 또《대지도론》에 이르길, 「만약 이 계가 없다면 비록
고행일지라도 모두 다 삿된 행이다.」 하였고, 곧 경에 이르길, 「모든
선근 공덕이 생길 수 없다」 하였습니다.

정·혜를 닦고자 하면 계를 도기道基로 삼아야 합니다. 계가 악법을
제거하여 정행正行으로 인도하고 보여주기 때문입니다. 근본이 서면
도가 생깁니다. 만약 계를 지니지 않아 견고한 도기道基가 없다면 다른
행을 모두 닦아도 어떻게 그 위에 안립安立할 수 있겠습니까? 그래서

도적을 묶는 것과 같으며, 혜慧는 도적을 죽이는 것과 같다.」 (탐·진·치 삼독은
마치 도적과 같아서 우리들이 본래 갖추고 있는 지혜를 강탈한다) 이 계·정·혜
삼학은 반드시 연계해서 사용해야 한다. 그러나 처음 불법을 배우는 사람은 반드시
계를 배우고 자신의 사상·말·행동을 점검하고 신구의 삼업을 청정히 하여야
비로소 정정正定·정혜正慧를 건립하고 개발할 수 있습니다.《자자기資持記》에서는
「계·정·혜·해탈·해탈지견의 오분공덕五分功德은 계를 처음으로 삼는다. 무상
보리無上菩提는 계를 근본으로 삼는다. 어떻게 계를 범하여 내쫓기고서 달리 성도聖
道를 구하겠는가!」라고 말합니다.《대지도론大智度論》에서는 계학戒學을 버리고
성도를 구하고자 하는 것에 대해 「날개 없이 하늘을 날고자 함이고, 배 없이
강을 건너고자 함」이라 비유하여 불가능하다고 하였다. 우리들은 이러한 말을
좌우명으로 삼아야 한다."《재가율학在家律學》, 이매二理 법사.
56) "행근行根 면수面首, 이는 바라제목차(木叉)가 선상(善相)을 생함을 찬탄한
말이다. 계로 말미암아 만행이 생길 수 있어 뿌리와 같다고 비유하였다. 경에
이르길, 계가 없는 자는 온갖 선이 생길 수 없는 즉 그것이 증명이다. 또 논에
이르길, 계는 온갖 선의 뿌리가 되어 선 중에서 수승한 선을 생하고, 이 법을
넘어섬이 없어, 잘 생긴 얼굴(面首)에 비유한다." 계본서戒本疏·석계경서釋戒經序

삼매를 닦기 위해서는 지계를 중시하여야 합니다.

질문 : 삼매를 닦음에 왜 「청정지계淸淨持戒」가 먼저 필요합니까?

답변 : 지옥의 고통을 두려워하기 때문입니다. 지옥의 고통을 벗어나고자 한다면 청정한 계를 굳게 지녀야 하고, 언제나 정념正念을 제기하여 몸과 입을 방호해야 합니다. 하단의 경문은 한 단계 더 나아가 지계바라밀을 말합니다.

부득결여모발不得缺如毛髮

《사분률행사초자지기四分律行事鈔資持記》에 이르길, "《백유경百喻經》에 이르길, 어떤 사람이 소 250마리를 키웠는데, 그중 큰 소 한 마리가 호랑이의 먹잇감이 되었다. 그 주인이 생각하길, 이미 완전하지 않으니 어찌 지킬 필요가 있겠는가? 하고는 즉시 한꺼번에 도살하였다. 어리석은 비구도 또한 그러하여 이미 계 하나를 범하고서 나머지도 덩달아 움직이니, 자못 이 뜻에 들어맞다." 하였습니다.

범부의 심성은 타락하기 쉬워서 즐겨 방일하니, 이런 까닭에 나쁜 것은 아무리 작은 것이라도 하지 말아야 합니다. 이는 저지른 사소한 악업에 있는 것이 아니라 삼업을 방호하지 못한 것에 있어 과실과 우환이 무궁합니다. 위의 경에서 말한 비구니처럼 계를 하나 범하고서 계금戒禁의 마음을 전부 잃어버리는 잘못을 삼가 경계해야 합니다.

상당포외어지옥통고常當怖畏於地獄痛苦

중한 계를 범하든, 가벼운 계를 범하든 관계없이 느끼는 과보는 모두 지옥에 있습니다. 마음이 느긋한가, 황급한가에 따라 그 태어나는 곳이 달라집니다. 《철오선사어록》에 이르길, "만약 느긋하고 연약한 마음으로 하품의 십악十惡을 염하면 바로 축생법계에 떨어지고, 혹 느긋한 마음과 황급한 마음이 반반이어서 중품의 십악에 상응한다면 바로 아귀법계에 떨어지며, 만일 활활 타오르는 마음으로 상품의 십악에 상응하면 지옥법계에 떨어진다." 하였습니다.

《관음의소기觀音義疏記》에 이르길, "대경(열반경)에 이르길, 어떤 사람이 부낭을 차고서 큰 바다를 건너려 하는데 한 나찰이 이 부낭浮囊57)을 빌려달라고 했다. 처음에는 전부 빌려달라고 하자 그 사람은 주지 않았다. 다음에는 절반을, 다음에는 1/3을, 그 다음에는 손만큼 빌려 달라고 했고, 나중에는 가는 티끌만큼 빌려달라고 했다. 그 사람은 생각하기를 만약 티끌만큼 주겠다고 허락하면 공기가 점차 새어나가서 어떻게 바다를 건너겠는가? 그래서 모두 주지 않았다. 금계禁戒를 호지護持하는 것 또한 이와 같다. 만약 근본을 깨뜨리면 전부 주는 것과 같고, 승잔僧殘58)을 깨뜨리면 절반을 주는 것과 같으며, 사타捨墮를 깨뜨리면 1/3을 주는 것과 같으며, 바야제波夜提를 깨뜨리면 손만큼 주는 것과 같으며, 돌길라突吉羅를 깨뜨리면 티끌만큼 주는 것과 같다. 깨뜨린 것이 비록 적을 지라도 만약 겉으로 드러내지 않으면 생사의 저 언덕을 건너갈 수 없다. 보살은 엄중히 금하는 것 및 돌길라 등을 호지함에는 차별이 없다." 하였습니다.

원리어유첨遠離於諛諂

---

57) 부낭浮囊 : 바다를 건너는 사람이 빠지지 않도록 물위에 띄우는 큰 주머니. 불경에서는 계율(戒律)에 비유.
58) 비구와 비구니가 수지受持하는 구족계의 일부로서 5편篇, 7취聚의 하나. 만약 범할 경우에도 승단僧團에 남아 있을 수 있는 경우를 말함.

지계는 삼악도의 고통을 면하고 인천人天의 즐거움을 얻습니다. 스스로 짓고 스스로 받아 개인이 책임지는 것으로 바깥 경계와 조금도 상관이 없습니다. 그래서 바깥을 향해 아첨하고 비위를 맞추는 일을 멀리 여의어야 합니다. 아첨과 정직한 마음은 서로 맞지 않아 삼매를 성취하지 못합니다.

《성실론》에 이르길, "이제 삼매를 논하겠다. 묻건대, **삼매는 어떠한 모습인가?** 답하되, 마음이 한 곳에 머무는 것이 삼매의 모습이다. 묻건대, **마음을 어떻게 한 곳에 머무는가?** 답하되, 많이 익힌 것에 따라 이곳에 머물고 많이 닦지 않으면 빨리 떨쳐버리라. 묻건대, 어떻게 익혀야 하는가? 답하되, 즐겨 익힌 것을 따르라. 묻건대, 어떻게 즐길 수 있는가? 답하되, 신심이 거칠고 무거운 것을 괴로움(苦)이라 한다. 법에 의지하여 신심의 거칠고 무거운 모습을 제거하면 즐거움(樂)이 생길 수 있다. 묻건대, 어떻게 의지함(猗)이 생기는가? 답하건대, 환희로 인연한 까닭에 신심이 고르고 알맞다. 묻건대, 어떻게 기쁨이 생기는가? 답하되 삼보를 염하고 법을 듣는 등으로부터 마음이 기쁜 까닭에 생긴다. 묻건대 어떻게 마음이 기쁜가? 답하되 청정하게 계를 지니면 마음에 후회함이 생기지 않는다." 하였습니다.

그래서 이것이 마음을 고르게 단련하는 과정임을 아십시오. 먼저 계를 청정히 지니고, 마음에 후회하지 않는다, 후회하지 않으면 마음이 편안하고 안정될 수 있습니다. 지극히 **편안하고 안정한 심성이라야 희열喜悅 및 경안輕安에 머무는 방향으로 발전할 수 있습니다.**

청정한 계를 굳건히 지님은 삼매를 닦는 보조수행(助修)에 매우 힘이 될 수 있습니다. 어떻게 마음을 알 수 있는가(得見)? 먼저 의업을 간단히 말하면, 삼매를 닦을 때 계를 지니면 이 사람은 망상에 부딪힐지라도

닭이 계란을 품고 닭장 바깥으로 나가지 않는 것과 같이 계를 벗어나지
않고 범위를 지킵니다. 예를 들면 팔관재계八關齋戒를 받은 자는 반드시
마음을 저녁식사를 준비하는데 쓸 필요가 없습니다. 이에 반해 지계가
없는 자는 망상에 부딪힐 범위가 앞 사람과 비교해서 큽니다. 그래서
심력을 집중하여 점령해야 할 곳 또한 비교적 많아서 당연히 많은
노력을 들이고도 성과는 적습니다. 삼업을 모두 간략히 하면 훨씬 더
중요합니다. 지공智公 상인께서는《불칠강화佛七講話》에서 이르길, "저는
여러분 모두에게 법문 하나로 인연 따라 닦을 수 있음이 지계持戒임을
말씀드립니다. 당신이 무슨 일을 하든 관계없이 심지어 식사 시간이든
잠자는 시간이든 어떤 시간에도 모두 계를 지닐 수 있습니다. 만약
계를 삼가 엄격히 지키면 그는 반드시 삼업이 청정합니다. 삼업이 청정하
면 당신이 잡념을 말끔히 제거하여 일심으로 염불하도록 돕습니다."
하였습니다.

[계행에 모자라지 말라(勿缺於戒)]

5-1-2

"무엇이 원만하지 않은 계입니까?"

부처님께서 말씀하셨다. "색을 구하는 것이니라."

"무엇이 색을 구하는 것입니까?"

부처님께서 말씀하셨다. "그 사람이 뜻으로 생각하길, 「나는 지
계를 스스로 지켜서, 후세의 생에 하늘이나 혹은 전륜성왕이 될
것이다」라고 하는 것이니, 이와 같이 애욕을 좋아하게 되고 계행이

모자라게 되느니라."

「云何爲缺戒也？」佛言：「求色。」「云何爲求色？」佛言：「其人意念我持
戒自守，使我後世生，若作天，若作遮迦越王，如是爲樂愛欲，是爲
缺戒。」

결계缺戒

원만하지 못함으로 즉, 계를 지니면서 소득심所得心[59]을 품습니다. 지계
는 삼매를 수습하는 조연助緣으로 삼매를 성취하면 법이 무소유임을
봅니다. 그러면 곧 유위有爲로부터 무위無爲로 전입轉入하여 지계바라밀
이 바야흐로 원만합니다. 어떻게 바꿉니까? 유위의 계법戒法으로 삼업을
섭수하여 일심 청정으로 들어가십시오. 이 청정심이면 맞습니다. 운전을
배우듯이 처음 배울 때는 순서가 있어야 합니다. 익숙해진 후 곧 이것들은
이론이다, 저것들은 경험이다 나눌 수 없습니다. 지계는 바로 이와
같습니다. 만약 소득심을 품고 있으면 시종일관 관철할 수 없고, 겨우
피상적인 것만 얻어서 전체 모습을 볼 수 없습니다.

구색求色

유위법有爲法을 말합니다.

---

59) "부처님께서 말씀하시되 실로 얻을 바 없는 마음으로 보리菩提를 얻음이니,
얻을 바의 마음이 나지 않으므로 보리를 얻음이니라. 이 마음을 떠난 외에는
다시 보리를 가히 얻을 수 없으므로 실다움이 없다고 말함이요. 소득심所得心이
적멸寂滅하면 모든 지혜가 본래 있으며 만행萬行이 다 원만히 갖추어져서 항하사의
덕성을 쓰되 조금도 부족함이 없으므로 헛됨이 없다고 하느니라." 《금강경 오가해》,
육조대사.

차가월왕遮迦越王

이는 범어로 번역하면 전륜성왕轉輪聖王입니다.

어떻게 지계바라밀에 들어갈 수 있을까요?《열반경》에 이르길, "선남자여, 비유컨대 세간에 대중이 25리에 가득하였거든, 왕이 한 신하를 시켜 기름 한 그릇을 가지고 그 가운데를 경유해 지나가면서 엎지르지 않도록 하되, 만약 한 방울이라도 흘리면 너의 목숨을 끊으리라 하고, 또 한 사람을 보내 칼을 뽑아들고 뒤를 따라가며 위협하게 하였다. 신하는 왕의 교지를 받고 마음을 다해 기름 그릇을 붙잡고 대중 속을 지나가면서 비록 마음으로 다섯 가지 삿된 욕망 등을 볼지라도 늘 생각하길, 내가 방일하여 저 삿된 욕망을 탐착하여 이 그릇을 엎지르면 나의 목숨을 보전하지 못하리라 하여, 이 사람은 이렇게 두려워 한 인연으로 한 방울의 기름도 흘리지 않았느니라. 보살마하살도 또한 이와 같아서 나고 죽는 가운데 염혜念慧를 잃지 않고, 잃지 않은 까닭에 비록 오욕五欲을 보더라도 마음에 탐착하지 아니하며 만약 청정한 색을 보더라도 색色의 상相을 내지 않고 고苦의 상이라 관하고, 내지 식識의 상도 또한 이와 같아서 생生의 상도 짓지 않고, 멸滅의 상도 짓지 않으며, 인因의 상도 짓지 않고, 화합和合의 상이라 관하느니라. 보살은 그때 오근五根이 청정하고 근이 청정한 까닭에 근을 수호하여 계행을 구족하느니라. 모든 범부들은 오근이 청정하지 못해 잘 호지할 수 없어 근이 샌다(根漏) 하고, 보살은 영원히 끊은 까닭에 무루無漏라 하며, 여래는 뽑아버리고 근본을 영원히 끊은 까닭에 비루非漏라고 하느니라." 하였습니다. 이 보살이 이른바 염혜를 잃고서 바깥 경계(外塵)에 여실히 지견知見하지 못해 실유實有가 없는 상에 화합하면 계행이 모자라게 되니, 이를 애욕을 좋아함(樂愛欲)이라 합니다. 만약 여실히 지견하면 상을 본모습 그대로 보고, 근은 바깥 경계에 물들지 않아 오근이 청정합니다.

만약 이 불념佛念에 나아가면 곧 계戒입니다. 《염불경念佛鏡》에 이르길, "염불한 까닭에 모든 죄가 사라지면 곧 지계입니다." 하였습니다. 한창 염불을 할 때 명백하고 또렷해지며, 다른 연에 반연하지 않고 다른 생각이 없어 정념을 잃지 않습니다. 이 염에 머물지 않고 안으로 수호하는 공용(功)이 없는 까닭에 염에 머물지 못합니다. 염 바깥에 반연하지 않고, 바깥으로 산란함이 없으며, 또한 바깥 경계에 머물지 않습니다. 한 마디 한 마디 이와 같이 뒤섞지 않고 끊어짐이 없이, 단지 한마디 아미타부처님 성호를 염하면 당하에 지계바라밀을 구족합니다.

지계의 행에 구하는 바가 없어야 바라밀을 얻습니다. 불법 중의 일체 제행은 모두 이처럼 성취됩니다. 《염불인》에는 이야기 하나가 있습니다. 「(일본) 이세伊勢의 모 부인은 사바세계를 벗어나는(出離) 큰일을 위해 번뇌하며, 오랫동안 본원本願의 교화를 직접 받을 수 없음을 괴로워하였다. 아원阿園이 이 부인에게 말하길, "제가 반드시 안심을 얻을 수 있는 비전의 묘법을 알고 있는데, 2, 3년 받들어 행해 보실 생각이 있습니까?"라고 하자, 부인은 매우 기뻐하며 답하길, "다음 생(後生)의 큰일을 위해 생각한다면 어떤 일이든 기꺼이 하겠습니다." 아원은 그녀에게 "지금부터 3년간 멈추지 말고 염하십시오. 괜찮습니다. 아무것도 구하지 마십시오."라고 가르쳤습니다. 부인은 매우 기분이 좋아 돌아갔습니다. 3, 4일이 지난 후 부인이 다시 왔습니다. "저는 그녀의 말을 듣고서 3일간 아침부터 저녁까지 쉬지 않고 염했지만, 마음속의 고뇌는 조금도 변하지 않았습니다. 이렇게 하면 어떻게 가망이 있겠습니까?" 아원은 말했습니다. "괜찮습니다. 아무것도 구하지 마십시오." 부인은 또 말했습니다.

"여전히 아무것도 없습니다. 마음에 조금도 변화가 없습니다." 아원은 또 말했습니다. "괜찮습니다. 아무것도 구하지 마십시오." 이때 부인은 비로소 홀연히 범부의 몸으로 구제받음을 깨달았고, 마음이 열려서 뛸 듯이 기뻐하며 염불하였습니다.」

[그 행법을 서술하다(述其行法)]

5-1-3-1

부처님께서 발타화에게 말씀하셨다. "어떤 이가 이 삼매를 배우고자 하면 스스로 지계를 청정하게 지켜 완전하게 구족할 것이며 아첨하지 말고 항상 지혜 있는 이가 칭찬하는 사람이 되고, 경 가운데서 보시해야 하고, 정진해야 하며, 뜻을 강하게 하여 마땅히 믿고 권유하며 좋아할지니라."

佛告跋陀和 :「其有欲學是三昧者 , 淸淨自守持戒完具 , 不諛諂 , 常爲智所稱譽。於經中當布施當精進 , 所志當彊 , 當多信 , 當勸樂。」

기유욕학시삼매자其有欲學是三昧者 청정자수지계완구淸淨自守持戒完具

반주삼매를 수학하고 싶으면 계를 가장 중요한 조건으로 삼으십시오. 《대살차니건자소설경大薩遮尼乾子所說經》에 이르길, "모든 생사를 여의고 안온히 열반에 이르고자 하면 일체 여래께서 말씀하시길, 지계가 가장 제일이라. 계는 청량한 못과 같아 모든 선한 꽃(善花) 피어나고 또한 맹렬한 불길 같아 모든 악의 풀을 태워 버리네. 계를 잘 지녀 행하는 자는 마치 새가 허공을 날듯이 생사의 모든 갈래(諸趣) 악도 가운데 떨어질까 두렵지 않네. 악도의 큰 독용毒龍과 무명의 모든 나찰도 청정한 계 지니는 사람 보면 공경하여 해치려는 마음 버리네. 일체 여래께서 안온히 열반에 머물러 모든 악취의 도를 끊음은 모두 지계로 말미암은 까닭이네. 이런 까닭에 불자들이여, 위없는 도를 구하고자 하면 모든 선의 근본인 지계바라밀을 견고히 할지라." 하였습니다.

삼세제불이 모두 지계로 말미암아 악취惡趣를 떼어버리고 선의 근본(善本)을 견고히 합니다. 단지 삼매만 지계로 얻을 뿐만 아니라 안온히 열반에 이름 또한 이로부터 성취됩니다. 만자 높이의 누각도 평지에서 시작되듯이 발꿈치가 땅에 닿아있지 않으면 결국 높은 누각 빌딩도 세울 수 없습니다.

불유첨不諛諂

다음으로 아첨해서는 안 되고, 유위의 과보를 구해서는 안 됩니다.

당보시當布施 정진精進

이는 육바라밀을 간략히 말한 것입니다.

소지당강所志當彊

뜻은 부지런히 위없는 불도를 구해야 합니다.

당권요當勸樂

이상은 자신을 이롭게 함이고, 이것은 다른 이를 이롭게 함입니다. 다른 사람에게 이 반주삼매 닦기를 좋아할 것을 권하십시오.

5-1-3-2

"스승님 받들길 부처님같이 보면 삼매를 빨리 얻을 것이며, 만약 공경하지 않고 스승을 가볍고 쉽게 여겨 속이고 비웃으면 아무리 오래 이 삼매를 배워도 빨리 잊게 되느니라."

부처님께서 발타화에게 말씀하셨다. "이 보살이 만약 비구·비구니·우바새·우바이를 따라 이 삼매를 듣고 부처님같이 보고 늘 공경하고 존중하며, 아첨하는 뜻을 지니지 말아야 하느니라. 보살은 아첨하는 뜻을 지니지 말고, 늘 지성을 다할지니라."

> 「承事於師視當如佛。得三昧疾設不恭敬 , 輕易欺調於師 , 正使久學是三昧疾忘之。佛告跋陀和是菩薩若從比丘、比丘尼、優婆塞、優婆夷 , 聞是三昧當視如佛常敬尊 , 不當持諂意向。菩薩不得有諂意 , 常當至誠。」

부당지첨의향不當持諂意向

《비바사론》에 이르길, "마음이 올곧(端直)지 못한 자는 그 품성이 유혹하고 속이는 행을 기뻐한다."라고 하였습니다. 곧은 마음(直心)이 도량입니다. 선지식에게 첨곡諂曲[60]하면 그 좋아하는 것, 허위로 말한 것을 마음으로 따를 수 없습니다. 단지 그 환희심을 추구하려 하면 전혀 정직하게 도를 닦지 못합니다. 비록 몸이 선지식 곁에 있으면서 삼매행법을 들을지라도 마음이 올곧지 못하면 법기法器가 아니므로 오래 배울지라도 끝내 들어갈 수 없습니다.

---

60) "첨諂의 뜻은 첨곡諂曲이니 힘 있는 사람에게 아첨하고 받드는 것을 첨諂이라 하고, 마음이 왜곡되어 정직하지 못함을 곡曲이라 한다. 아첨과 왜곡은 자신뿐 아니라 남까지 망치게 하는 소인배의 심소心所이다." 유식삼십송[唯識三十頌], 혜거 스님 해설.

지성至誠

즉 진실을 말합니다. 안팎이 일여하고, 행한 대로 말하고, 말한 대로 행하며 가리고 덮음(陰覆)이 없습니다. 사람 앞이든 사람 뒤든 보이거든 보이지 않든 모두 허위 조작이 없습니다. 《관경소觀經疏》에 이르길, "지성至誠은 진실이란 뜻이다. (지성심을 내걸음은) 일체중생에게 신구의로 닦은 바 이해와 행위는 반드시 진실한 마음 가운데 지어야 함을 설명하고자 함이다. 밖으로 성현을 가까이 하고 부지런히 정진하는 상을 나타낼 수 없고, 안으로 허위의 마음, 각종 탐욕·성냄·삿된 생각을 품고 마음속에 여러 가지 남을 속이는 간사한 꾀가 있어 나쁜 습성을 조복하기 어려우니, 마치 독사와 전갈을 맞닥뜨리는 상황과 같다. 비록 삼업으로 수행을 하더라도 잡독의 선이라 하고, 혹은 허위의 수행이라 하며, 진실한 업이라 할 수 없다." 하였습니다.

하지만 만약 선지식의 전수가 없다면 법에 들어가 수행할 수 없고, 혹자는 그 문을 들어가지 않고, 혹자는 맹목적으로 닦습니다. 지금 출가를 하고 묘법을 들으면 물을 마실 때 그 근원을 생각하듯 스승님의 은혜를 잊지 말아야 합니다. 그래서 우리는 스승님을 부처님처럼 보아야 합니다.

5-1-3-3

"늘 홀로 있는 것을 좋아할 것이며 목숨을 아끼지 말라. 다른 사람에게 끌려가는 것을 희망하지 말며, 늘 걸식하되 청함을 받지 말며, 스스로 절도를 지켜 가진 것에 만족할 뿐이며, 경행하되 게을리 눕지 말라. 이와 같이 경 가운데 가르치나니, 이 삼매를 배워서

이와 같이 지켜야 할 것이니라.”

「常樂獨處止。不惜身命。不得㤲望人所索。常行乞食不受請。自守節度所
有趣足而已。經行不得懈臥。如是經中敎。學是三昧當守如是。」

「삼매」를 닦는 사람은 늘 환희하며, 「홀로 있는 것을 좋아」 하며 이렇게
닦습니다. 지나치게 자신의 「신명」을 아끼지 말아야 합니다. 비구는
추울까 염려하고, 더울까 염려하며, 굶주릴까 염려하며, 너무 피곤할까
염려하며, 이렇게 아파하고 아끼지 말아야 합니다. 또 그는 「비구」이기
때문에 다른 사람에게 그곳에 무슨 필요한 것이 있다고 말해서는 안
됩니다. 비구에게는 모두 탁발이고, 개별적으로 받는 공양이 없어야
합니다. 비구는 자신이 가진 것만 이용하고, 그것으로 충분하면 됐습니
다. 늘 「경행」하고 게으르게 드러누워 잠자지 말아야 합니다. 이것은
「경 가운데」 가르친 것입니다. 반주삼매를 닦는 비구는 마땅히 이렇게
행해야 합니다. (*《반주삼매경 강술》 보충)

앞에서 선사의 처소에서 반주삼매를 들음을 말했고, 여기서는 전일하
게 도를 행하고 수학함을 말합니다. 몸과 마음 안팎으로 교섭하여
하나로 통해 모두 내려놓아야 합니다. 현전하는 모든 일용 재화로
충분히 도를 닦을 수 있으면 좋습니다. 이렇게 한다면 본경의 〈행품〉에
서 말한 것처럼, 전일하게 삼매를 닦아서 기일을 정하여 깨닫습니다(專
攻三昧 剋期取證).

5-1-3-4

발타화가 부처님께 아뢰었다. “무상의 천중천이시여, 후세에 만약
게으른 보살이 있어 이 삼매를 듣고도 정진 수학하지 아니하면

어떻게 해야 하겠습니까?"

跋陀和白佛:「難及天中天， 後世若有懈怠菩薩， 聞是三昧不肯精進
學， 當云何？」

후세약유해태보살後世若有懈怠菩薩　문시삼매부긍정진학聞是三昧不肯精
進學　당운하當云何

이 단락의 경문은 다른 역본과 비교하면 문의라 비교적 명확하게 드러납
니다. 《반주삼매경》(권2, 〈사배품6〉)에 이르길, "만약 후세에 게으른 보살
이 있어 이 삼매를 듣고서도 기꺼이 정진하려고 하지 않고서, 그 사람은
스스로 생각하길, '나는 이후 장래에 부처님 처소에서 이 삼매를 찾을
뿐이라고, 어떻게 말하겠는가? 내 친구는 몸이 몹시 약한데다 병이
들어 수척해져서 얻지 못할까 두려워하더니, 이 경을 듣고도 게을러
도를 닦으려 하지 않는다.' 하였다." 하였습니다.

해태懈怠

마음에 감임성堪任性[61]이 없어 해이하고 나태하며 산만함을 말합니다.
《장아함경》에 이르길, "어떤 것을 여덟 가지 물러나는 법(退法)이라 하는
가? 여덟 가지 게으른 법을 말한다. 어떤 것을 여덟 가지 게으름이라고
하는가? 1) 비구가 걸식하여 밥을 얻지 못하면 곧 이렇게 생각한다.
'오늘 나는 마을로 내려가 걸식하였으나 얻지 못해 몸이 몹시 피로하니,
좌선도 경행도 감당할 수 없다. 이제 좀 누워서 쉬어야겠다.' 그리하여

---

61) "경안(pra rabdhi)이란 즉, 마음이 가볍고 편안하여 능히 선법을 감당할
수 있게 하는 성질(心堪任性)의 의식작용을 말한다."《아미달마구사론》권오민
교수.

게으른 비구는 곧 누워서 쉬며 기꺼이 힘써 정진하려고 하지 않아, 얻지 못한 것을 얻으려 하거나 거두지 못한 것을 거두려 하거나 증득하지 못한 것을 증득하려 하지 않는다. 2) 게으른 비구는 걸식하여 넉넉하게 먹고도 이렇게 생각한다. '나는 아침에 마을로 들어가 걸식하여 과하게 얻어먹어서 몸이 나른하고 무거우니, 좌선도 경행도 감당할 수 없다. 이제 좀 누워서 쉬어야겠다.' 그리하여 게으른 비구는 곧 누워서 쉬며 기꺼이 힘써 정진하려고 하지 않아, 얻지 못한 것을 얻으려 하거나 거두지 못한 것을 거두려 하거나 증득하지 못한 것을 증득하려 하지 않는다. 3) 게으른 비구는 가령 조금만 일을 하면 곧 이렇게 생각한다. '나는 오늘 일을 해서 몸이 몹시 피곤하다. 그래서 좌선도 경행도 감당할 수 없다. 이제 좀 누워서 쉬어야겠다.' 그리하여 게으른 비구는 곧 누워 쉴 것이다. 4) 게으른 비구는 가령 할 일이 생기면 곧 이렇게 생각한다. '내일 일을 하면 반드시 몹시 피곤할 것이다. 지금은 좌선도 경행도 하지 말고 미리 누워 쉬는 것이 좋겠다.' 그리하여 게으른 비구는 곧 누워 쉴 것이다. 5) 게으른 비구는 가령 조금 걸어왔더라도 곧 이렇게 생각한다. '나는 아침부터 걸어와서 몸이 몹시 피곤하다. 그래서 좌선도 경행도 감당할 수 없다. 나는 이제 좀 누워 쉬어야겠다.' 그리하여 게으른 비구는 곧 누워 쉴 것이다. 6) 게으른 비구는 가령 조금만 걸을 일이 생기면 곧 이렇게 생각한다. '내가 내일 걸으면 반드시 몹시 피곤해질 것이다. 그러니 지금은 좌선도 경행도 하지 말고 미리 누워 쉬는 것이 좋겠다.' 그리하여 게으른 비구는 곧 누워서 쉬며 기꺼이 정근하려고 하지 않아 얻지 못한 것을 얻으려 하거나 거두지 못한 것을 거두려 하거나 증득하지 못한 것을 증득하려 하지 않는다. 이것을 여섯 번째 게으른 비구라 한다. 7) 게으른 비구는 가령 조금만 아프더라도 이렇게 생각한다. '나는 중한 병에 걸려 심하게 아프고 수척해져서 좌선도 경행도 감당할 수 없다. 모름지기 누워 쉬는 것이 좋겠다.' 그리하여 게으른 비구는 곧 누워 쉴 것이다. 8) 게으른 비구는 앓던 병이 이미 나았어도 곧 이렇게 생각한다. '내 병이 나은 지 얼마 되지 않아서 몸이 수척해져서 좌선도 경행도 감당할 수 없다. 스스로 누워 쉬는 것이 좋겠다.' 그리하여 게으른 비구는 곧 누워서 쉬며 기꺼이 정근하려 고 하지 않아 얻지 못한 것을 얻으려 하거나 거두지 못한 것을 거두려 하거나 증득하지 못한 것을 증득하려 하지 않는다. 이것이 여덟 가지이 다." 하였습니다.

요컨대 걸식을 하든, 일을 하던, 길을 걷든, 병에 걸리든 등 어떠한 인연을 만나더라도 마음이 게을러서 모두 이유를 대어 쉬며 힘써 도를 닦지 않으려고 합니다.

5-1-3-5

만약 보살이 정진하여 배우고자 하는 자는 우리들이 마땅히 이 경을 따라 그것을 가르칠 것입니다."

「若有菩薩精進欲學者。我輩當隨是經敎之。」

정진精進

《장아함경》에 이르길, "어떤 것이 정진인가? 1) 비구가 마을에 들어가 걸식했으나 밥을 얻지 못하고 돌아와 곧 이렇게 생각한다. '내 몸이 더 가벼워져서 졸음도 적어졌으니, 마땅히 정진하여 좌선하고 경행해야겠다. 그래서 얻지 못한 것을 얻고 거두지 못한 것을 거두며 증득하지 못한 것을 증득해야겠다.' 이에 비구는 계속 정진하니, 이것을 첫 번째 정진비구라고 한다. 2) 정진하는 비구는 걸식하여 넉넉하게 먹고는 곧 이렇게 생각한다. '나는 이제 마을에 들어가 걸식하여 배불리 먹어 기력이 충만하니, 마땅히 힘써 정진하여 좌선하고 경행해야겠다. 그래서 얻지 못한 것을 얻고 거두지 못한 것을 거두고 증득하지 못한 것을 증득해야겠다.' 그리하여 비구는 계속 정진한다. 3) 정진하는 비구는 가령 할 일이 생기면 곧 이렇게 생각한다. '나는 일을 하느라 수행을 그만두었다. 이제는 마땅히 정진하여 좌선하고 경행하여, 얻지 못한 것을 얻고 거두지 못한 것을 거두고 증득하지 못한 것을 증득해야겠다.' 그리하여 비구는 계속 정진한다. 4) 정진하는 비구는 가령 할 일이 생기면 곧 이렇게 생각한다. '내일은 할 일이 있어 내가 수행을 그만두어야 할 것이니, 지금 마땅히 정진하여 좌선하고 경행해야겠다. 그래서 얻지 못한 것을 얻고 거두지 못한 것을 거두고 증득하지 못한 것을 증득해야겠다.' 그리하여 비구는 곧 정진한다. 5) 정진하는 비구는 가령 길을 걸을 일이 있으면 곧 이렇게 생각한다. '나는 아침에 길을 걷느라고 닦는 일을 그만두었다. 지금 마땅히 정진하여 좌선하고 경행하여, 얻지 못한 것을 얻고, 거두지 못한 것을 거두고 증득하지 못한 것을 증득해야겠다.' 그리하여 비구는 계속 정진한다. 6) 정진하는 비구는 가령 길을 걸을 일이 생기면 곧 이렇게 생각한다. '나는 내일 길을 걸어야 하기 때문에 수행을 그만둬야 할 것이니, 지금 마땅히 정진하여 좌선하고 경행해야겠다. 그래서 얻지 못한 것을 얻고 거두지 못한 것을 거두고 증득하지 못한 것을 증득해야겠다.' 그리하여 비구는 곧 정진한다. 7) 정진하는 비구는 가령 병에 걸렸을 때도 이렇게 생각한다. '나는 중한 병을 얻어 혹 죽을지도 모르니, 지금 마땅히 정진하여 좌선하고 경행해야겠다. 그래서 얻지 못한 것을 얻고 거두지 못한 것을 거두고 증득하지 못한 것을 증득해야겠다.' 그리하여 비구는 곧 정진한다. 8) 정진하는 비구는 병을 앓다가 조금 차도가 있으면 곧 이렇게 생각한다. '내 병은 처음보다 차도가 있지만 혹 다시 심해져서 내가 수행을 그만두게 될 지도 모른다. 이제 마땅히 정진하여 좌선하고 경행해야겠다. 그래서 얻지 못한 것을 얻고 거두지 못한 것을 거두고 증득하지 못한 것을 증득해야겠다. 그리하여 비구는 곧 정진하여 좌선하고 경행한다. 이것이 여덟 가지이다." 하였습니다.

정진하는 자는 인연이 어떠하든 모두 스스로 격려하고 힘을 내어 하고자 하는 것을 원만히 이룹니다.

같은 일이라 하더라도 마음이 게으른가, 정진하는가, 그 임하는 자세가 다름으로 인해 무엇을 할 것인가가 결정됩니다. 생각해 보십시오. 이렇게 무상한 마음을 잘 교육해야 하지 않겠습니까?

5-1-3-6

부처님께서 말씀하셨다. "훌륭하다. 발타화야, 내가 수희할 것이요, 과거·미래·지금 현재 계시는 부처님께서 수희할 것이니라."

佛言 : 「善哉 , 跋陀和 , 我助其歡喜 , 過去, 當來, 今現在佛皆助歡喜。」

「조환희助歡喜」 수희한다는 뜻입니다. 부처님께서는 발타화보살에게 이르시길, "나는 이렇게 정진하는 보살에 대해 매우 수희한다. 그리고 석가모니부처님만 수희하는 것이 아니라 과거·미래·현재의 부처님도 그를 수희하신다. 왜 그러한가? 왜냐하면 반주삼매는 매우 수승한 삼매이기 때문이다. 보살이 학습하고 싶다면 모든 부처님 과거·현재·미래 삼세제불께서 모두 매우 수희하신다." 하였습니다.   (*《반주삼매경 강술》보충)

[게송偈頌]

5-1-4

부처님께서 이때 게송으로 말씀하셨다.

佛爾時頌偈言 :

내가 말한 것과 같이 다 수지하여
늘 홀로 있으며 공덕을 행하라.
스스로 절도 지켜 모이지 말고
늘 걸식을 행하되
청함을 받지 말라
「如我所說悉受持 , 常獨處止行功德 ,
自守節度不聚會 , 常行乞食不受請。

법사를 공경하여 부처님같이 여기고
수면을 제거하면 뜻이 통하리니

늘 스스로 정진하여 게으르지 말라.

이같이 수행하는 자는 삼매 얻으리.

敬於法師視如佛, 除去睡眠志開解,

常自精進無懈怠, 如是行者得三昧。」

이는 총설로 장행문長行文의 중송重頌입니다.

2. 비구니比丘尼

[그 행법을 진술하다(述其行法)]

5-2-1

발타화가 부처님께 여쭈었다. "비구니가 보살도를 구하여 이 삼매를 배우고자 하면 마땅히 어떻게 행하여야 합니까?"

부처님께서 말씀하셨다. "이 삼매를 구하는 비구니는 스스로 잘난 체 하지 말고, 늘 자신을 낮추며 겸손할 것이며, 스스로 고귀하다 여기지 말고 스스로 위대하다 여기지 말 것이며, 질투하지 말고 성내지 말 것이며, 재물과 이익과 색을 탐하지 말라. 늘 청정하여 목숨을 아끼지 말며, 늘 경법 듣기를 좋아하고 많이 학습하라. 마땅히 음욕과 성냄과 어리석음을 버리고, 구슬로 장식한 좋은 옷을 탐하지 말며 마땅히 지혜로운 이를 칭찬하고 마땅히 훌륭한 스승을 공경하여 부처님처럼 여기며 아첨하는 뜻을 갖지 말지니라."

跋陀和白佛 :「比丘尼求菩薩道, 欲學是三昧。當云何行 ? 佛言 : 比丘尼

求是三昧者 , 不得自高 , 常當卑謙 , 不得自貴 , 不得自大。不得嫉妒 ,
不得瞋恚。不得貪財利色 , 常當淸淨 , 不得惜軀命。常樂經法念多學
問 , 當棄婬怒癡 , 不得貪好服飾珠環 , 當爲智者稱譽。當敬善師視如
佛 , 不得有諂意。」

부득자고不得自高 상당비겸常當卑謙

잘난 체 하는 사람과 겸손히 자신을 낮추는 사람은 서로 화합되지 못하고 공존할 수 없습니다. 수행인은 태도가 겸손해야 비로소 도에 들어가 수행할 수 있습니다.《하우청량夏雨淸涼》에 이르길, "수도인은 자신을 낮추지 자신을 높이지 않는다. 부처님께서는 자신을 높이는 자는 반드시 떨어진다고 말씀하셨다. 노자도 도를 닦음은 물과 같아서 큰 바다는 낮은 곳에 처하여 비로소 그 큰 모습을 이룬다." 하였습니다. 언덕 가장자리에 서면 큰 바다가 한 눈에 다 들어오는데, 바다가 이만큼 크구나 생각한다. 큰 바다에 깊이 들어갈수록 비로소 자신이 보잘 것 없음을 느끼게 됩니다.

왜 겸손히 자신을 낮추어야 합니까? 마음과 뜻을 절복시키기 위함입니다. 수도인은 마음과 뜻을 절복시킬 수 있어야 도에 들어갈 수 있습니다. 밀라레빠 존자께서는 그의 상사를 위해 마음과 뜻을 거듭 절복하고서 최후에 불후의 증오證悟를 얻은 것과 같습니다.

《보운경寶雲經》에 이르길, "겸손히 자신을 낮추는 마음인 까닭에 교만한 생각이 생기지 않느니라." 하였습니다. 늘 자신의 마음을 낮은 곳에 처하게 하면 저절로 도를 장애하는 교만심이 일어나지 않습니다. 일체 순경계와 역경계에 비로소 도가 있어 닦을 수 있습니다. 이는《법원주림法苑珠林》의 말씀과 같습니다. "이 행을 행하고자 하면 오직 스스로를 낮추고 덕을 옮겨서 다른 이에게 주라. 갓에 낀 먼지를 닦듯이 자신에게는 더러운 때를 떠맡고 남에게는 청정함을 보존하여 주라. 그래서 경에 이르길, 물러나서 얻음이 불도佛道이니라 하였다."

부득자귀不得自貴 부득자대不得自大

스스로 고귀하다, 대단하다 인식하지 마십시오. 위로는 법식法食을 먹어서 혜명慧命을 기르고, 아래로는 음식을 먹어 색신을 기릅니다. 자신에게는 하나라도 소유한 것이 없어 전적으로 타인에게 의지할 뿐만 아니라 수증修證도 일체중생에게 공통이므로 스스로 위대하다 여길 필요가 없습니다. 게다가 정인正因도 이와 같아야 도가 비로소 증장합니다. 《염불인》 가운데 마음에 새겨둘 만한 옛이야기가 있습니다.

「어느 날, 미카와(三河)의 장송長松은 시치사부로(七三郎) 집에 이르러 예방하였다. 그날 밤 시치사부로 집에 머물면서 서로 밤이 깊도록 불교에 대한 이야기를 마음껏 나누었다. 그날 밤 장송이 취침한 후 '시치사부로 이 사람은 유명한 동행同行이 있지만, 그의 불법에 대한 지견은 나만큼 깊지 못하다'라고 생각하였다. 그러나 밤에 이르러 인접한 방에서 잠을 자던 시치사부로가 갑자기 깨어나 곁에 있던 아내를 깨워서 말했다. "밤이 실로 너무 길어서 한번 잠들어 동이 트기까지 자면 얼마나 안타까운지! 깨어났으면 법희를 함께 누립시다!" 아내는 일어났고, 두 사람은 함께 염불하고 오래지 않아 또 잠에 들었다. 잠시 후 아내가 시치사부로를 깨웠다. 두 사람은 또 계속해서 칭명염불을 하였다. 장송은 아직 깊이 잠들지 않아 처음부터 끝까지 들었고, 자기도 모르게 부끄러워 쥐구멍에라도 들어가고 싶었다. 이로부터 일생동안 모두 교만에 대해 깊이 경계하는 마음을 내었고, 진정으로 경건하게 무아로 법희를 느끼는 동행이 되었다.」

[게송偈頌]

5-2-2

부처님께서 이때 게송으로 말씀하셨다.

佛爾時頌偈言：

만약 비구니가 삼매를 구하면
늘 정진하여 게으르지 말라.
탐욕의 마음에 귀기울이지 말고
성내고 스스로 고귀하다는 생각을 버려라.

「若比丘尼求三昧，常當精進勿懈怠，

無得聽於貪欲心，除去瞋恚自高貴。

교만하거나 속이거나 희롱하지 말고
늘 지성으로 행하여 한결같은 믿음 세우고
훌륭한 스승을 공경하길 부처님같이 보라.
이같이 행하면 삼매 얻으리.

不得慢欺及調戲，常行至誠立一信，

恭敬善師視如佛，如是行者得三昧。」

이는 총설로 장행문長行文의 중송重頌입니다.

3. 우바새優婆塞

[그 행법을 서술하다]

5-3-1-1

발타화가 부처님께 아뢰었다. "만약 거사가 도를 닦음에 이 삼매를 듣고 배우고자 하면 어떻게 수행해야 합니까?"

부처님께서 말씀하셨다. "거사가 이 삼매를 배우고자 하면 마땅히 5계戒를 지녀 견고하게 할지니라. 술 마시지 말고, 또한 남에게 마시라고 권하지 말며, 여자와 친하게 지내지 말며, 타인을 가르치지 말지니라. 처자와 남녀를 사랑하지 말며, 재산을 탐하지 말며, 늘 집을 버리고 사문이 되길 생각할 것이며, 늘 부처님 사찰에 있으면서 팔관재를 수지할 것이며, 늘 보시하길 생각하되, 보시하고 나서는 '나는 마땅히 그 복을 얻을 것이다'라고 생각하지 않고, 일체중생을 위해 보시할지니라. 늘 대자비로써 훌륭한 스승을 공경하고 계를 잘 지키는 비구를 보고 경솔하게 그의 나쁜 점을 말하지 말지니라. 이러한 행을 짓고 나서 이 삼매를 배우고 지킬지니라."

跋陀和白佛 : 「若有居士修道 , 聞是三昧欲學者 , 當云何行 ? 」佛言 : 「居士欲學是三昧者 , 當持五戒令堅。不得飲酒 , 亦不得飲他人 ; 不得與女親熟 , 不得敎他人。不得有恩愛於妻子男女 , 不得貪財産。常念欲棄家作沙門。常持八關齋 , 當於佛寺中。常當念布施 , 布施已不念我自當

得其福 , 用爲一切施。常當大慈敬於善師。見持戒比丘 , 不得輕易說其
惡。作是行已 , 當學守是三昧。」

상지팔관재常持八關齋 당어불사중當於佛寺中

《현호분》에 이르길, "늘 가람伽藍에 머물며 팔관재를 닦을지라." 하였습
니다. 늘 부처님 사찰에 있으면서 팔관재를 수지하십시오.

거사가 반주삼매를 수학하려면 세 가지 항목에 주의하여야 합니다.

제1항 : 5계를 굳게 수지하라(堅持五戒)

《무량수경의소無量壽經義疏》에 이르길, "무슨 까닭에 이 다섯 가지만 밝혔
는가? 세상 사람이 (다섯 가지 악을) 짓기를 좋아하는 까닭에 일부러
드러내었다." 하였습니다. 5계에서 먼저 몸과 입을 제어하여 신업과
구업을 청정히 하여야 비로소 바른 의업을 닦을 수 있습니다.

첫째 살생을 금하는 계(殺戒)로 살생은 중한 성냄입니다. 인간으로 태어나
는 과보는 수승하여 도법道法을 감당할 수 있는 까닭에 마땅히 경계하고
그만두어야 합니다.

둘째 도둑질을 금하는 계(盜戒)로 인간은 누구나 자신의 한 몸이 살아가는
도구를 돌보려 하므로 도둑질을 하면 그를 괴롭히는 까닭에 마땅히
경계하고 멈추어야 합니다.

셋째 음욕을 금하는 계(婬戒)로 음욕은 무거운 탐욕입니다. 사랑은 마음을
결박하여 떼어버릴 수 없으므로 도를 장애하는 근원으로 이보다 큰
것이 없습니다.

셋째 거짓말을 금하는 계(妄語戒)로 이익을 구하기 위해 여러 사람의

마음을 미혹케 하고 세상을 속이는 것이므로 행해서는 안 되는 것입니다.

다섯째 술을 금하는 계(酒戒)로 술은 사람으로 하여금 뜻과 성정을 미처 날뛰게 하고 모든 악을 폭넓게 일으켜서 수행을 방해하고 선업을 그만두게 하고 우환을 낳는 근본인 까닭에 경계하고 그만두어야 합니다.

이 다섯 가지 악업(五惡業)을 지으면 장래에 다섯 가지 고통(五痛)과 다섯 가지 불길(五燒)의 괴로운 과보를 느낍니다. 이는 극락과 상대되는 것입니다. 《무량수경》(강승개 역본)에 이르길, "지금 내가 이 세간에서 부처가 되어 다섯 가지 악과 다섯 가지 고통과 다섯 가지 불길 가운데 처하여 가장 극심한 괴로움으로 삼아서 중생들을 교화하여, 다섯 가지 악업을 버리고, 다섯 가지 고통을 없애고, 다섯 가지 불길을 여의게 하여 그 뜻을 항복시키고 교화시켜서, 다섯 가지 선(五善)을 지니게 하여 복덕을 얻고 세간을 벗어나 장수를 누리고 나아가 니르바나(泥洹)의 도를 얻게 하려고 하느니라." 하였습니다.

게다가 청정한 계를 수지하지 않으면 삼매를 성취할 수 없습니다. 《수능엄경首楞嚴經》에 이르길, "네가 세간 사람을 교화하여 삼마지를 닦게 하려면 먼저 마음의 음욕을 끊게 해야 하느니라. 이것이 이 여래선불세존 如來先佛世尊께서 첫 번째로 결정한 청정하고 밝은 가르침(淸淨明誨)이라고 하느니라. 그러므로 아난아! 만약 음욕을 끊지 않고 선정을 닦는다면 마치 모래와 돌을 쪄서 밥을 지으려는 것과 같나니, 백천 겁이 지날지라도 뜨거운 모래일 뿐이니라. 왜냐하면 이것은 밥이 아니라 본래 돌과 모래이기 때문이니라.……두 번째로 결정한 청정하고 밝은 가르침이라고 하느니라. 그러므로 아난아, 만일 살생을 끊지 않고 선정을 닦는다면, 마치 제 귀를 막고 큰 소리 치면서 남이 듣지 않기를 바라는 것과 같나니,

이를 「숨기려고 할수록 더욱 드러내는 짓」이라고 하느니라.……세 번째
로 결정한 청정하고 밝은 가르침이라고 하느니라. 그러므로 아난아,
만일 도둑질하는 마음을 끊지 않고 선정을 닦는다면, 마치 어떤 사람이
새는 바가지에 물을 부어 채우려고 하나, 진겁塵劫이 다하도록 끝내
가득 채울 수 없는 것과 같으니라.……네 번째로 결정한 청정하고 밝은
가르침이라고 하느니라. 그러므로 아난아, 만일 큰 거짓말을 끊지 않는다
면, 마치 인분을 깎아 전단 모양을 만들고 향기 나기를 바라는 것처럼
옳지 않으니라.”하였습니다.

이 가운데 네 가지 청정하고 밝은 가르침은 곧 네 가지 엄중한 계법戒法입
니다. 음욕의 마음은 선정을 닦는 인이 아닌 까닭에 음욕을 끊지 않고
선정을 닦는 것은 모래와 돌을 쪄서 밥을 짓는 것과 같아서 끝내 성취할
수 없습니다. 살생을 끊지 않고 선정을 닦는 것은 정반대로 가는 까닭에
「숨기려고 할수록 더욱 드러내는 짓」입니다. 도둑질을 끊지 않고 선정을
닦는 것은 치우쳐 닦음(邊修)이고 치우쳐 샘(邊漏)으로 고기 담는 바구니에
물을 부어 채우는 것과 같아 가득 채울 수 없습니다. 거짓말은 청정한
법이 아닌 까닭에 거짓말을 끊지 않고 선정을 닦는 것은 똥으로 전단
모향을 만들고 향기를 내뿜을 수 없는 것과 같습니다. 오계를 굳게
수지하여 몸이 청정해야 비로소 염을 거두어 잊지 않고 삼매로 나아갈
수 있습니다.

제2항 : 그리워하고 사모하는 마음을 제거하라(去戀眷心)

　부득유은애어처자남녀不得有恩愛於妻子男女

집안권속에 대한 탐착을 제거하는 것입니다. 그래서 "늘 집을 버리고 사문이 되길 생각할 것이며, 늘 부처님 사찰에 있으면서 팔관재를 수지할" 수 있습니다.

부득탐재산不得貪財産

재산의 탐착을 제거한 까닭에 "늘 보시하길 생각하되, 보시하고 나서는 '나는 마땅히 그 복을 얻을 것이다.' 라고 생각하지 않고, 일체중생을 위해 보시할" 수 있습니다.

용위일체시用爲一切施

일체중생을 위해 보시를 행함을 가리킵니다.

제3항 : 선지식을 존경하고 모셔라(敬事善知識)

상당대자경어선사常當大慈敬於善師

이것은 「훌륭한 스승(善師)」을 존경하라는 말씀입니다. 「지계持戒」를 하는 비구를 보고 「비구」에게 지계가 있는지, 지계가 없는지 상관 없이 모두 그의 과실을 말해서는 안 됩니다. 이는 우바새가 수지해야 하는 매우 기본적인 사항입니다. (*《반주삼매경 강술》 보충)

[게송偈頌]

5-3-2

부처님께서 이때 게송으로 설하셨다.

佛爾時頌偈言 :

거사가 이 삼매 배우고자 하면

마땅히 오계를 지녀 무너뜨리지 말라.

늘 마땅히 사문 되기를 생각하고

처자와 재색을 탐하지 말라.

늘 부처님 사찰에서 팔관재를 지켜라.

「居士欲學是三昧 , 當持五戒勿毀缺 , 常當思欲作沙門 ,

不貪妻子及財色 , 常八關齋於佛寺。

잘난 체하고 남을 깔보며 업신여기지 말라

마음에 영화를 바라거나 욕심내는 것이 없고

경법經法을 받들어 행하고 아첨하는 마음이 없으며

인색함을 버리고 늘 은혜를 베풀지라.

不得貢高輕蔑人 , 心無榮冀思所欲 ,

奉行經法心無諂 , 棄捨慳貪常惠施。

늘 비구 승단을 받들어 공경하고

늘 뜻은 일행으로 게으르지 말라.

이 삼매 배우기를 마땅히 이와 같을지라.

常當奉敬比丘僧 , 常志一行勿懈怠 , 學是三昧當如是。」

이는 총설로 장행문長行文의 중송重頌입니다.

4. 우바이優婆夷

[그 행법을 진술하다]

5-4-1

발타화가 부처님께 말씀드렸다. "우바이가 이 삼매를 듣고 배우고자 하면 어떻게 수행하여야 합니까?"

부처님께서 말씀하셨다. "우바이가 이 삼매를 배우고자 하면 마땅히 5계를 지니고 스스로 세 가지에 귀의해야 할 것이다. 어떤 것이 세 가지인가 하면, 스스로 부처님께 귀명하고, 법에 귀명하며, 비구 승단에 귀명함이니라. 다른 도를 섬기지 말며, 하늘에 절하지 말며, 귀신에게 제사 지내지 말며, 좋은 날을 가리지 말며, 희롱하지 말며, 색상에 집착하여 거만 방자하지 말며, 탐욕의 마음을 두지 말며, 늘 보시를 생각하며, 기쁘고 좋아하는 마음으로 경을 듣고자 하며, 힘써 배우거나 훌륭한 스승을 공경 존중하며, 마음은 늘 근면하여 게으르지 말지니라. 만약 비구·비구니가 지나가면 자리를 만들어 식사를 대접해야 하느니라."

跋陀和白佛:「優婆夷聞是三昧欲學者 , 當云何行?」佛言:「優婆夷欲學者 , 當持五戒自歸於三。何等爲三?自歸命佛、歸命法、歸命比丘僧。不

得事餘道 , 不得拜於天 , 不得祠鬼神 , 不得視吉良日。不得調戲 , 不得
慢恣有色想。不得有貪欲之心 , 常當念布施。歡樂欲聞經 , 念力學問敬重
善師 , 心常拳拳不得有懈。若有比丘、比丘尼過者 , 以坐席賓食之。」

우바이가 삼매를 배우고자 하면 삼귀三歸·오계五戒를 받고 수습하여야
합니다.

당지오계當持五戒 자귀어삼自歸於三

불보佛寶에 귀의하여 깨달은 자를 귀의처로 삼아 지혜를 학습하고 일체
의혹을 끊습니다. 그래서 "다른 도를 섬기지 말며, 하늘에 절하지 말며,
귀신에게 제사 지내지 말며, 좋은 날을 가리지 않습니다." 불교도는
삼보에 귀의하여 마땅히 정확한 인생관이 있고 자아를 각성하여 자아가
운명을 조정하여야 합니다. 모르는 미래에 대해 외도 등을 향해 점치거나
안심을 구걸해서는 안 됩니다. 《염불인》에 있는 이야기입니다.

「어느 날 아내가 마침 고스케(五助)가 뜸뜨는 것을 돕고 있었을 때 상인
한 분이 와서 상태를 보고 곧 말했다. "오늘은 원행일遠行日로 뜸을
뜰 필요가 없습니다." 고스케는 솔직하게 답했다. "감사합니다. 이렇게
된 이상 나는 그녀에게 뜨지 말라고 하는 것이 좋겠군요." 고스케의
아내는 말했다. "불법의 이치 가운데 어떤 날이 좋다 나쁘다는 분별이
있을까요? 그분의 말을 듣지 마시고 계속 뜨세요." 고스케는 아내가
뜨지 않는 편이 좋겠다고 아내에게 의사표시를 했다. 잠시 후에 상인이
갔다. 고스케는 또 아내에게 그를 위해 뜸을 뜨라고 요청하자 아내는
말했다. "오늘은 원행일이라 방금 뜸을 뜨지 말자고 말하지 않았나요?"
고스케는 답했다. "원행일은 갔어요, 나를 도와 뜸을 뜨는 것이 좋아요!"」

법에 귀의한 까닭에 신심으로 법을 표준으로 삼아 행지行持하여 안온히
잘 머물러야 합니다.

　부득조희不得調戲 상당념포시常當念布施

몸이 법에 안온히 잘 머무는 것입니다.

　부득만자유색상不得慢恣有色想 부득유탐욕지심不得有貪欲之心 환악욕문
　경歡樂欲聞經

몸이 법에 안온히 잘 머무는 것입니다.

　염력학문경중선사念力學問敬重善師 심상권권心常拳拳 부득유해不得有懈
　약유비구若有比丘 비구니과자比丘尼過者 이좌석빈식지以坐席賓食之

승단에 귀의하는 까닭에 존경하여 받들며, 배우고 근면하여 게으르지
않습니다.

　심상권권心常拳拳

마음은 늘 근면합니다. 자기에 대해 공부하라고 하면 아마도 열심히
노력해서 할 것이지만, 훌륭한 스승을 공경 존중하라고 하면 아마도
고려해 볼 것입니다. 《염불인》에서는 이렇게 말합니다.

「그는 깊은 믿음이 자기 자신의 본원의 이치에 상응하고, 보은염불에
이어짐을 스스로 인정하였다. 그는 자주 말하곤 하였다. "만일 작업(工作)
에 관해 상의해보라고 하면 참예參詣할 수 없지만, 무상無常에 관해
상의해보라는 말은 매우 쉽게 실현될 것이네." 이처럼 그는 언제나

사원과 도량에 출입하였다.」

질문 : 왜 삼보에 대한 귀의를 선택해야 합니까?

대답 : 세간 출세간 중에 삼보가 가장 구경이고 원만하여 고의 바다를
건너는 자비의 배를 지어서 의지할 곳 없는 중생에게 생사의 큰 두려움을
해탈할 수 있게 하는 까닭에 중생은 응당 일심으로 귀명해야 합니다.
《증일아함경增壹阿含經》에 이르길, "어떤 것을 부처님께 귀의하는 덕이라
하는가? 모든 중생인 두 발 달린 것·네 발 달린 것·많은 발이 달린
것과 형상이 있는 것(有色)·형상이 없는 것(無色)과 생각이 있는 것(有想)·
생각이 없는 것(無想)들에서부터 저 니유선천(尼維先天 : 非想非非想處天)에
이르기까지 여래가 그 중에서 가장 존귀하고 최상이어서 어느 누구도
여래를 따를 자가 없느니라. 그것은 마치 소에서 젖(乳)을 얻고 우유에서
낙酪을 얻으며, 낙에서 소酥를 얻고 소에서 제호醍醐를 얻지만, 그 중에서
제호가 가장 존귀하고 최상이어서 그 어느 것도 미칠 것이 없는 것처럼,
모든 중생인 두 발 달린 것·네 발 달린 것·많은 발이 달린 것과
형상이 있는 것·형상이 없는 것과 생각이 있는 것·생각이 없는 것들에
서부터 저 니유선천에 이르기까지 여래가 그 중에서 가장 존귀하고
최상이어서 어느 누구도 여래를 따를 자가 없기 때문에, 모든 중생들이
다 부처님을 받들어 섬기는 것이다. 이것을 제일가는 덕을 받들어 섬기는
것이라고 말한다. 그 제일가는 덕을 획득하면, 곧 천상이나 인간 세상에
서 복을 받나니, 이것을 제일가는 덕이라고 하느니라.

어떤 것을 스스로 법에 귀의하는 것이라고 하는가? 모든 법인 유루有漏·
무루無漏와 유위有爲·무위無爲와 무욕無欲·무염無染과 멸진滅盡·열반涅

槃이 있지만, 그 중에서 열반이 가장 존귀하고 최상이어서 그 어느 것도 여기에 미칠 것이 없다. 그것은 마치 소에서 젖을 얻고 우유에서 낙을 얻으며, 낙에서 소를 얻고 소에서 제호를 얻지만, 그 중에서 제호가 가장 존귀하고 최상이어서 그 어느 것도 제호의 맛을 따를 수 없는 것처럼, 모든 법인 유루·무루와 유위·무위와 무욕·무염과 멸진·열 반이 있지만, 그 중에서 열반이 가장 존귀하고 최상이기 때문에 모든 중생들은 법을 섬기는 것이다. 이것을 제일가는 덕을 받들어 섬기는 것이라고 말한다. 그 제일가는 덕을 획득하면, 곧 천상이나 인간 세상에 서 복을 받나니, 이것을 제일가는 덕이라고 하느니라.

어떤 것을 스스로 성중聖衆에 귀의하는 것이라고 하는가? 이른바 성중이 란 대중이 많이 모여 있는 것으로 유형의 대중부류 중에서 여래의 대중인 승가(僧)가 가장 존귀하고 최상이어서 어느 대중도 성중에 미칠 대중이 없다. 그것은 마치 소에서 젖을 얻고 우유에서 낙을 얻으며, 낙에서 소를 얻고 소에서 제호를 얻지만, 그 중에서 제호가 가장 존귀하고 최상이어서 그 어느 것도 제호의 맛을 따를 수 없는 것처럼, 이른바 성중이란 대중이 많이 모여 있는 것으로 유형의 대중부류 중에서 여래의 대중인 승가가 가장 존귀하고 최상이어서 어느 누구도 성중에 미칠 자가 없다. 이것을 제일가는 덕을 받들어 섬기는 것이라고 말한다. 그 제일가는 덕을 획득하면, 곧 천상이나 인간 세상에서 복을 받나니, 이것을 제일가는 덕이라 하느니라." 하였습니다.

제호는 모든 음식 중에서 가장 맛있는 것으로 우유에서 낙을 추출하고, 다시 낙에서 소를 추출하며, 다시 소에서 제호를 추출합니다. 경문 중에서 부처님께서는 유정 중에서 지극히 존귀한 분인 까닭에 귀의해야 하고, 성법聖法은 제법 중에서 가장 구경인 까닭에 귀의해야 하며, 승단僧

團은 대중단체 중에서 최상인 까닭에 귀의해야 함을 「제호醍醐」라고
비유한 것입니다.

[게송偈頌]

5-4-2

부처님께서 그때 게송으로 말씀하셨다.

佛爾時頌偈言 :

우바이가 삼매를 배우고자 하면
5계를 지켜서 무너뜨리지 말고
훌륭한 스승 섬기기를 부처님같이 하고
하늘에 절하거나 귀신에게 제사지내지 말라.

「優婆夷欲學三昧 , 奉持五戒勿缺毁 ,

承事善師視如佛 , 不得拜天祠祀神。

살생이나 도둑질 · 질투를 없애고
서로 이간시켜 싸우게 하지 말며

除去殺盜及嫉妒 , 不得兩舌鬥彼此。

간탐하지 말며 늘 보시를 생각하고
악을 보면 덮어 가리고 오직 선에 기뻐하라.

不得慳貪常念施 , 見惡覆藏唯歡善。

아첨하고 삿된 음행을 하지 말며
늘 자신을 낮추어 겸손하고 위대하다 여기지 말며
비구 비구니를 공경하여 섬길지라.
이같이 수행하면 삼매 얻으리라.

不得諛諂有邪婬 , 常當卑謙勿自大 ,

敬事比丘比丘尼 , 如是行者得三昧。」

이는 총설로 장행문長行文의 중송重頌입니다.

옹호품擁護品 제6

[어떤 법을 닦아야 삼매를 빨리 얻는가 묻다(問修何法速得三昧)]

6-1-1

발타화보살·나린나갈보살·교일도보살·나라달보살·수심보살·마하수살화보살·인지달보살·화륜조보살 등 이 여덟 보살이 부처님께서 말씀하시는 것을 보고 모두 크게 환희하여 5백 벌의 좋은 옷을 가지고 보시하고, 자신을 가지고 귀의하며, 진귀한 보배를 가지고 공양했다.

> 跋陀和菩薩、羅鄰那竭菩薩、憍日兜菩薩、那羅達菩薩、須深菩薩、摩訶須薩和菩薩、因坻達菩薩。和輪調菩薩。是八菩薩，見佛所說皆大歡喜，持五百劫波育衣布施，持身自歸，持珍寶供養。

「오백五百」 벌의 「겁파육劫波育」, 즉 매우 좋고 고상한 옷으로 부처님께 공양합니다. 내지는 그 자신이 부처님의 시자가 됩니다. 혹은 세상에 희유한 지귀한 보배를 가지고 공양합니다.　(*《반주삼매경 강술》보충)

《현호분》에 이르길, "곧 5백 벌의 상의를 받들어 세존께 덮고, 또한 여러 가지 공양구로 세존께 공양하고 마음으로 법을 좋아하여 각기 여래를 몸소 받들었다." 하였습니다. 8보살은 법을 듣고 이익을 얻어 환희심이 더할 나위 없어 안팎으로 보시하기에 이르러 모두 부처님께 공양하여 다함없는 감사의 뜻을 표시하였습니다.

6-1-2

부처님께서 아난에게 말씀하셨다. "발타화 등 5백인은 사람 가운데 스승으로 늘 정법을 지니고 중생에 수순하여 교화하며 환희하지 아니함이 없다. 좋아하며 따르고 모시면 마음이 청정하여 욕심이 없느니라."

佛告阿難:「跋陀和等五百人, 人中之師, 常持正法隨順敎化, 莫不歡喜, 樂隨侍者心淨無欲。」

《현호분》에 이르길, "이때 세존께서 아난에게 이르시길, 이 현호보살은 그들 5백 도중徒衆의 옳은 스승이 되어 모든 법요를 설하고 교화·위로하여 그들을 기쁘게 하였느니라." 하였습니다.

요수시자樂隨侍者

선지식 곁에서 따르며 모시면 따를 때 기機에 감응하여 가르침을 받고 수습하여 도에 들어가고 해탈을 얻습니다. 《중아함경》에 이르길, "선지식을 받들어 섬기면 아직 듣지 못했던 것을 듣게 되고, 아직 듣지 못했던 것을 듣고 난 뒤에는 곧 이익이 되느니라. 이와 같이 선지식을 받들어 섬기면 받들어 섬기는 발생원인(習)이 되고, 선지식을 받들어 섬기는 일이 있으면 가서 예배드리는 발생원인이 되며, 가서 예배드리는 일이 있으면 좋은 법을 듣는 발생원인이 되고, 좋은 법을 듣는 일이 있으면 이계耳界의 발생원인이 되며, 이계가 있으면 법의 뜻을 관찰하는 발생원인이 되고, 법의 뜻을 관찰하는 일이 있으면 법을 수지하는 발생원인이 되며, 법을 수지하는 일이 있으면 법을 즐겨 염송 하는 발생원인이 되고, 법을 즐겨 염송 하는 일이 있으면 법인法忍[62]을 관찰하는 발생원인이 되며, 법인을 관찰하는 일이 있으면 믿음의 발생원인이 되고, 만일 믿음이 있으면 바른 사유(正思惟)의 발생원인이 되며, 바른 사유가 있으면 바른 생각(正念)과 바른 지혜(正智)의 발생원인이 되고, 바른 생각과 바른 지혜가 있으면 모든 근根의 보호 · 계율의 보호 · 후회하지 않음(不悔) · 환희歡悅 · 기쁨(喜) · 쉼(止) · 즐거움(樂) · 선정(定) · 여실히 봄 · 참다운 앎 · 싫어함(厭) · 욕심 없음 · 해탈의 발생인원이 되며, 만일 해탈이 있으면 곧 진지盡智[63]의 발생원인이 되느니라." 하였습니다.

6-1-3

이때 5백 명이 다 합장하고 부처님 앞에 서 있었다. 발타화가 부처님께 말씀드렸다. "보살이 어떤 일을 가져야 속히 이 삼매를 얻을 수 있습니까?"

부처님께서 말씀하셨다. "네 가지 일이 있느니라. 첫째는 다른 도를 믿지 않음이요, 둘째는 애욕을 끊음이요, 셋째는 마땅히 청정히 행함이요, 넷째는 탐함이 없음이니라. 이것이 바로 네 가지이니라."

時五百人 , 皆叉手立佛前。跋陀和白佛 :「菩薩持幾事 , 疾得是三昧 ?」

---

62) 법인法忍 : 지금까지 믿기 어려웠던 이치를 잘 받아들이고 의혹이 생기지 않도록 하는 것. 4제諦의 이치를 관하여 인가忍可하는 것을 말한다.
63) 10지(智) 중 하나. 모든 번뇌를 끊고, 4성제의 이치를 알게 되는 지혜.

佛言 :「有四事 , 一者、不信餘道 , 二者、斷愛欲 , 三者、當淸淨行 , 四
者、無所貪 , 是爲四。」

일자一者 불신여도不信餘道

불법과 외도를 가장 기본적으로 변별할 수 있는 것은 여실하게 일체법을
조견하는 반야지혜입니다. 그래서 부처님께 귀의하여 부처님의 무상지
혜를 배워야 합니다.

이자二者 단애욕斷愛欲

법에 귀의하고 선정을 닦아 욕착欲著을 제거합니다. 염불법문을 수행함
은 마땅히 《행책대사정토경어行策大師淨土警語》의 말씀과 같아야 합니다.

"요즈음 정업을 닦는 사람이 종일토록 염불하고 죄를 참회하며 발원하는
데도 서방이 아직 멀고 왕생을 보장하지 못하는 것은 다른 것이 아니라
정과 애착을 아직 뽑아버리지 못했기 때문이다. 만약 사바세계의 사랑을
무미건조하게 여기고, 바쁘거나 한가하거나, 움직이거나 고요하거나,
괴롭거나 즐겁거나, 걱정스럽거나 기쁘거나 관계없이 한마디 부처님
명호에 기대어 일체 경계와 인연에 동요되지 않을 수 있다면 번뇌
마군과 무시이래로 사량 분별하는 의식(情識)이 남김없이 소진되면 이
사람은 비록 현재 오탁의 세상에 살지라도 이미 몸 전체는 연화국
내에 앉아있게 됩니다."

사바세계에 대해 연연하는 마음이 일어나면 서방정토는 곧 십만 억
불국토 바깥에 있습니다. 비록 왕생 발원을 하였을지라도 마침내 정식
집착에 가두어 놓게 됩니다. 경계와 인연이 오면 억제할 수 없어 문득
정념을 잃어버립니다. 하나를 잃고서 많은 것을 잃어버리니, 매우 안타까

울 따름입니다.

삼자三者 당청정행當淸淨行

승단에 귀의하여 청정 계행을 배우고, 삼업을 바르게 닦아야 합니다.
이상이 곧 3무루학無漏學입니다.

사자四者 무소탐無所貪

삼계를 염착하지 마십시오.

[여법하게 수행하는 자는 현세에서 이락을 얻는다(如法行者 , 得現世利樂)]
6-2
이와 같이 수행하는 자는 금세에 곧 5백 공덕을 얻을 것이니라.
비유하면 자비심을 지닌 비구는 끝내 독으로 중독시키지 못하고,
무기로도 해치지 못하며, 불로도 태울 수 없으며, 물에 들어가도
빠지지 않고 해를 입지도 않느니라. 바로 겁이 다하여 탈 때에도
불 가운데 떨어져도 불이 곧 꺼질 것이니, 비유하면 큰물이 작은
불을 꺼버리는 것과 같으니라. 보살이 이 삼매를 지니면 혹 제왕이나
도적이나 물이나 불이나 혹 용·야차·이무기·사자·호랑이·원
숭이·아귀·귀신 등 일체 독 있는 짐승과 귀신이 사람을 희롱하고
자 하거나 죽이고자 하거나 사람의 옷과 발우를 뺏고자 하거나
참선하는 사람을 무너뜨리고 사람의 생각을 뺏고자 하여도 청하지
않은 숙명(과거세의 업보)을 제외하고는 이 보살에게는 마침내 어찌할

수 없으리니, 내가 말한 것과 다름이 없느니라."

부처님께서 말씀하셨다. "이 삼매를 지닌 자는 그 숙명으로 지어 놓은 것은 제외하고는 결코 눈이나 귀나 코나 입이나 신체나 마음에도 결코 근심이 없느니라."

부처님께서 말씀하셨다. "이 보살은 모든 하늘과 용과 귀신과 아수라·야차 귀신·가루라 귀신·견타라 귀신·마후륵 귀신·혹은 인비인들이 다 같이 이 보살을 찬탄하고 다같이 옹호하고 받들어 공양하며, 둘러보고 우러러 공경하며 서로 뵙고자 하느니라. 제불세존께도 또한 그러하느니라. 이 보살이 이전에 경을 독송한 적도 없고, 듣고 수지한 적도 없지만 이 삼매의 위신력에 의지한 까닭에 모두 스스로 그것을 얻게 될 것이니라. 만약 낮에 얻지 못한 자는 밤에 꿈속에서 모두 그것을 얻으리라."

부처님께서 발타화에게 말씀하셨다. "이 삼매를 수지하는 자의 그 공덕을 내가 한 겁 다시 또 한 겁이 다하도록 들려주어도 다 끝내지 못할 것이니, 지금은 간략히 그 중요한 것만 말하였느니라."

「如是行者，今世即得五百功德。譬如慈心比丘終不中毒，兵刃不加，火不能燒，入水不溺不害，正使劫盡燒時，墮是火中，火即爲滅，喻如大水滅小火。菩薩持是三昧者，若帝王、若賊、若水、火，若龍、夜叉、蟒、師子、虎、狼，狐貜、薜荔、鳩坁，一切毒獸及鬼神，欲嬈人，欲殺人，欲奪人衣鉢，壞人禪，奪人念故，欲中是菩薩，終不能也，除其宿命不請。如我語無異也。」佛言：「持是三昧者，終不痛目若耳鼻口身體，心終不憂，除其宿命所作。」佛言：「是菩薩爲諸天、龍、神，及阿須輪、夜叉鬼神、迦樓羅鬼神、甄陀羅鬼神、摩睺勒鬼神，若人非人，皆共

讚譽是菩薩 , 皆共擁護承事供養 , 瞻視敬仰思欲相見 , 諸佛世尊亦然。
是菩薩所未誦經前所不聞持 , 是三昧威神悉自得之 , 若晝日不得者 ,
夜於夢中悉得之。」佛告跋陀和 :「其有持是三昧者 , 我說其功德 , 一劫
復過一劫 , 不可盡竟 , 略說其要爾。」

오백공덕五百功德

이는 공덕이 매우 큼을 비유한 것입니다. 우리들이 비록 정토에 이르지
못하였을지라도 이 오탁악세에서 마땅히 급히 공덕을 닦아 속히 삼계화
택三界火宅을 벗어나야 합니다. 《무량수경》(강승개 역본)에 이르길, "큰
불이 타올라 몸을 태우는 것과 같으니라. 만약 스스로 그 가운데 일심으로
마음을 제어하고, 몸을 단정히 하고 생각을 바르게 하며, 언행이 서로
부합하며, 지은 바가 지극히 성실하며, 말하는 바는 진여의 말이고, 마음과
입이 나빠지지 않으며, 오직 일체 선을 짓고 어떤 악도 행하지 않으면,
그 몸은 홀로 생사를 벗어나서, 그 복덕을 얻고 이 세간을 벗어나 (유루의
복보인) 천상에 태어나며, (무루의 복보인) 니르바나의 도를 성취하게 되느니
라." 하였습니다.

이 예토로부터 서방정토에 도달하는데 필요한 탈 것은 공덕의 배입니다.
그리고 모든 선법 중에 마음을 제어하는데 염불을 가장 상선上善으로
삼습니다. 그래서 《관무량수경》에 이르길, "염불인은 사람 가운데 분다
리화이니라." 하였습니다. 《염불경》에 이르길, "염불하는 자는 사람
중에 분다리화이니, 이 꽃은 모든 꽃 가운데 가장 좋고, 염불하는 자는
일체 사람 중에 가장 좋아서 비유한 것이며, 모든 죄를 없애는 까닭에
좋은 중생이니라." 하였습니다. 이는 일반적인 선한 사람이 아닐 뿐만
아니라 마음 가운데 불념佛念·정념淨念을 보존하여 마음이 청정한 까닭

에 몸과 입 또한 청정하고 삼업이 청정하여 지은 업이 모두 정토의 자량資糧으로 그 주위에 정토의 기분을 느끼는 까닭에 묘호인妙好人[64]이라 합니다.

자심비구종불중독慈心比丘終不中毒

이 비구는 자비심을 지니고 있어 큰 용광로와 같아 모든 길상하지 않은 것을 녹여버릴 수 있습니다. 그래서 사람이든 사람이 아니든 내지 무정이든 관계없이 모두 해를 끼칠 수 없고 심지어 바꾸어서 옹호하고 받들어 공경합니다. 보현 십대원을 수지하여도 이와 같은 부사의력이 생깁니다. 《화엄경》에 이르길, "혹 다시 어떤 사람이 깊은 신심으로 이 대원을 받아 가지고 사구게 하나라도 수지 독송하고 내지 서사書寫한 다면 5무간업無間業을 소멸할 수 있고, 모든 세간에 있는 몸과 마음 등의 병과 갖가지 고뇌 내지 불찰극미진수의 일체 악업을 모두 없앨 수 있으며, 일체 마군과 야차·나찰 혹 구반다鳩槃茶나 비사사毘舍闍나 혹 부다部多 등 피를 빨고 살을 먹는 모든 악한 귀신들이 다 멀리 여의거나 혹 발심하여 가까이 와서 수호하느니라." 하였습니다.

그 밖에 《법화경》에서는 이르길, "가사 해칠 생각으로 큰 불구덩이로 밀치더라도 저 관음대성을 염하는 힘으로 불구덩이가 못으로 변하며 혹은 큰 바다에 표류하여 용과 고기 및 모든 귀신을 난을 당하더라도

---

64) "만약 계속 염불할 수 있다면 그 사람은 매우 희유하여 다른 물건으로는 비유할 수 있는 것이 없다. 그래서 분다리화로 비유한 것이다. 범어 「분다리芬陀利」는 좋은 꽃을 비유하여 부른 것으로 또한 묘호화妙好花, 희유화稀有花, 상상화上上花, 최승화最勝花라 이름한다. 이 꽃은 바로 백련화라고 전해진다. (왜 분다리화로 비유하는가? 하면) 일심으로 아미타부처님 명호를 염불할 수 있으면 사람 중에 호인好人이고 사람 중에 묘호인妙好人이며 사람 중에 희유인稀有人이요, 사람 중에 상상인上上人이며 사람 중에 최승인最勝人이다." 선도대사, 《사첩소》.

저 관음대성을 염하는 힘으로 파도가 능히 침몰시키지 못하느니라.
혹 수미봉에서 떠밀려 떨어지더라도 저 관음대성을 염하는 힘으로 허공
에 해가 걸리듯 하느니라."라고 하였습니다.

그래서 자성의 대자·대비·대원 등에 상응하여 모두 성덕을 함께 불러
서 일체 방해와 고난도 걸림이 될 수 없고 모두 다 뛰어넘을 수 있어
수의자재하게 됩니다.

제기숙명불청除其宿命不請

아래 경문인 「제기숙명소작除其宿命所作」과 문장은 다르나, 뜻은 같습니
다. 과거에 지은 업과 아직 예참하여 죄를 없애지 못한 인연을 표시합니
다. 그래서 그 과보를 받아야 합니다.

첨시瞻視

제때에 둘러보아 시키지 않아도 부족한 것이 갖추어집니다.

가확猳玃·벽려薜荔·구지鳩坻

가확은 축생도畜生道의 중생을, 벽려는 아귀도의 중생을, 구지는 축생도
畜生道의 중생을 각각 가리킵니다.

정법을 비방하고 십악을 행한 천제(闡提)라도
마음을 돌려 염불하면 죄가 모두 없어진다.
날카로운 검이 곧 아미타불의 명호이니
부처님 명호를 한 번 칭념(稱念)하면
죄가 모두 없어진다.
― 반주찬(般舟讚)

권조품勸助品 제7

[4종수희(四種隨喜)]

7-1

부처님께서 발타화에게 말씀하셨다. "보살은 이 삼매 가운데 네 가지 일에 있어 수희하느니라. 과거 부처님께서는 이 삼매를 가지고 수희하여 스스로 아뇩다라삼야삼보아유삼불을 이르게 되었고, 그 지혜를 모두 다 구족하였느니라. 현재 시방세계 무앙수 부처님께서도 또한 이 삼매 가운데 네 가지 일로 수희하고, 당래에 또한 이 네 가지 일로부터 수희할 것이며, 나도 수희할 것이니라."

佛告跋陀和:「菩薩於是三昧中, 將有四事助其歡喜, 過去佛持是三昧, 助歡喜自致得阿耨多羅三耶三菩阿惟三佛, 其智悉具足。今現在十方無央數佛, 亦於是三昧中, 四事助歡喜得。當來亦當從是四事助歡喜得。我悉助歡喜。」

권조勸助

수희隨喜의 뜻입니다. 네 가지 일에 도와 기뻐함은 바로 네 가지 수희를 말합니다. 즉 삼세불 및 당래중생에 대해 수희의 마음을 일으킴입니다. 소연所緣의 대상이 다르기 때문에 네 가지 수희로 나뉩니다. 과거불·미래불·현재불 및 일체중생과 같이 성취하길 원하는 까닭에 네 가지 수희라고 합니다.

이 단락의 경문은 《현호분》에서 매우 또렷하게 설명하고 있습니다. "어떤 것이 네 가지 수희라고 하는가? 이른바 저 보살마하살은 마땅히 이와 같이 생각하느니라. '저 과거의 일체 여래·응공·등정각께서는 각자 옛적에 보살도를 행했을 때 모두 수희로 인하여 이 삼매를 얻고, 삼매로 인하여 다문多聞을 구족하셨으며, 다문으로 말미암아 빨리 아뇩다라삼먁삼보리를 성취하셨나니, 나도 오늘 마땅히 이와 같이 수희로 인하여 이 삼매를 얻고, 삼매로 인하여 다문을 구족하고, 다문으로 말미암아 빨리 무상보리를 성취하겠노라.' 현호여, 이것이 보살마하살의 제1 수희공덕취功德聚이니라.

현호여, 저 보살마하살은 마땅히 이와 같이 생각하느니라. '저 당래의 일체 여래·응공·등정각께서는 각자 옛적에 보살도를 행할 때 모두 수희로 인하여 이 삼매를 얻고, 삼매로 인하여 다문을 구족하셨으며, 다문으로 말미암아 빨리 아뇩다라삼먁삼보리를 성취하셨나니, 나도 오늘 마땅히 이와 같이 당래에 수희로 인하여 이 삼매를 얻고, 삼매에 귀의하여 원만한 다문을 구하고, 다문으로 말미암아 빨리 저 무상보리를 성취하겠노라.' 현호여, 이것이 보살마하살의 제2 수희공덕취이니라.

현호여, 이 보살마하살도 마땅히 이와 같이 생각하느니라. '그리고 지금 현재 무량무변 아승지의 모든 세계에 있는 일체 여래·응공·등정각께서는 각자 옛적에 보살도를 행할 때 또한 수희로 인하여 이 삼매를 얻고, 삼매로 인하여 다문多聞을 구족하셨으며, 다문으로 말미암아 현재 모두 무상보리를 성취하셨나니, 나도 오늘 마땅히 수희하여 내지 빨리 무상보리를 성취하겠노라.' 현호여, 이것이 보살마하살의 제3 수희공덕 취이니라.

또한 현호여, 저 보살마하살도 응당 이와 같이 생각하느니라. '내가 지금 이미 삼세 일체 모든 여래께서 본래 과거에 보살도를 행하실 때 모두 수희로 인하여 이 삼매를 얻으셨고, 모두 삼매로 인하여 다문을 구족하셨으며, 모두 다문으로 말미암아 부처님을 이루셨음을 이미 우러러 배웠으니, 지금 나는 이 수희의 공덕으로 원하옵건대 일체 중생과 함께 같이 수희를 내어 삼매를 얻고, 같이 다문을 구족하여 모두 아뇩다라삼먁삼보리를 성취하게 하소서.' 현호여, 이것이 보살마하살의 제4 수희공덕취이니라."

경문을 통해서 수희심으로 인해 삼매를 얻고, 삼매로 인해 다문을 구족하며, 다문을 구족하여 무상보리를 빨리 성취함을 알 수 있습니다. 그래서 수희는 성불에서 없어서는 안 되는 인因의 마음입니다.

무엇을 수희(隨喜; anumodana)[65]라 합니까? 《법화현찬法華玄贊》에 이르길, "수隨란 순종을, 희喜란 기쁨(欣悅)을 일컫는 말로, 신심으로 순종하여 깊이 희열을 낸다는 말이다."라고 하였습니다. 곧 **타인이 행한 것에 대해 자신과 타인을 이롭게 하는 선법善法이 있어 몸으로 순조롭고 마음으로 수순하여 깊이 희열을 낸다는 뜻입니다.** 이고득락離苦得樂이 불법 수학의 목적이기 때문에 이는 스스로 짓고 타인을 가르침과 통합니다. 즉 자신이 이고득락 하는 것도 물론 기쁘지만, 타인이 즐거움을 얻은 것에 수희하는 것도 수행상으로 동등하게 중요합니다. 마음으로

---

65) '수희'라는 말은 범어 아누모다나(anumodana)의 한역인데 본래 뜻은 '마음에서부터 기꺼이 공감한다', 즉 '기꺼이 자신을 대상에 투입시킨다' '자진해서 귀의한다'고 하는 의미이다. 《법화경 50》, 현대불교.

자아의 고난을 초월할 수 있어야 삼매와 상응합니다. 게다가 삼매는 무분별심으로 입문합니다.

이런 심량은 자신과 타인의 상이 사라지고 서로 공덕이 됩니다. 이는 《지도론智度論》의 말씀과 같습니다. "수희는 어떤 사람이 지은 공덕이 있음을 보고, 마음으로 따라 기뻐하며 찬탄하여 말하길,「훌륭하다! 무상한 세계에서 치암(癡闇; 어리석고 깜깜함)으로 덮인 바가 되었는데, 능히 넓고 큰마음으로 이 복덕을 세웠도다!」비유컨대 갖가지 미묘한 향을 한 사람은 사고 한 사람은 팔며, 옆 사람은 곁에 있어도 또한 향기를 얻을 때 그 향기는 줄어들지 않고 두 주인은 잃어버리지 않는다. 이와 같이 어떤 사람이 베풂을 행하고 어떤 사람이 받으며. 어떤 사람이 곁에서 환희할 때 그 공덕은 모두 얻고 두 주인은 잃어버리지 않는다. 이와 같은 모습을 수희라 한다." 오직 지혜 있는 사람만이 수희심을 일으켜서 다른 사람의 즐거운 일을 따라 기뻐할 수 있는데, 이때 바깥의 상에 어떠한 손실도 노역도 없고, 마음속에 자성과 상응하는 까닭에 가없는 공덕을 얻습니다.

[수희의 공덕]

7-2

부처님께서 발타화에게 말씀하셨다. "이 삼매 중에 네 가지 일에 도와서 기뻐하는 일을 내가 이 가운데에서 비유로 조금만 말하리라. 사람의 수명이 백세일 때 어떤 사람이 길을 따라 곧장 잠시도 쉬지 않고 간다고 하자. 그 사람이 질풍보다도 더 빨리 지나간다면 그가 걸어간 길을 헤아릴 수 있겠느냐?"

발타화가 말하였다. "능히 헤아릴 수 없을 것이나, 오직 부처님의 제자인 사리불과 아유월치 보살만이 그것을 헤아릴 수 있을 뿐입니다."

부처님께서 말씀하셨다. "내가 그때문에 모든 보살에게 말하나니, 만약 선남자와 선여인이 이 사람이 지나온 곳마다 보배를 가득 채워서 보시하여도 이 삼매를 듣고 네 가지 일에 수희하는 것만 못할 것이며, 그 복도 보시하는 자보다 백천만억 배나 뛰어나니, 이 수희하는 복은 매우 크다는 것을 마땅히 알지라."

> 佛告跋陀和：「是三昧中四事助歡喜，我於是中說少所譬喻。人壽百歲隨地行至者不休息，其人行過於疾風，寧有能計其道里不？」跋陀和言：「無有能計者，獨佛弟子舍利弗羅，阿惟越致菩薩，乃能計之耳。」佛言：「我故語諸菩薩，若有善男子善女人，取是人所行處滿中珍寶布施，不如聞是三昧四事助歡喜，其福過布施者，百千萬億倍，當知是助歡喜福甚尊大。」

질문 : 수희공덕은 왜 이처럼 불가사의합니까?

답변 : 《취론석攝論釋》에 이르길, "보살이 자애自愛를 버리고 일체중생을 거두어서 자신의 몸으로 여기고 일체중생에게 보시를 행하면 곧 보살이 보시를 행한 까닭에 보살은 수희심을 일으켜 무량한 보시 복덕을 얻는다."라고 하였습니다. 중생과 부처는 같은 몸으로 자신과 타인의 분별이 없습니다. 이 같은 평등법성平等法性에 들어가는 까닭에 공덕 또한 그것을 따라 한량이 없습니다. 어떤 사람이 공을 이룬다면 물론 빛나겠지만, 이 같은 빛나는 배경을 더욱더 드러낼 수 있어야 비로소 더욱 더 아름답고 존귀한 한 폭의 그림이라 일컬을 수 있습니다. 만약 받쳐주는 배경이

경시하는 눈빛과 옳다고 여기지 않는 자세라면 성공하는 자 또한 단조롭고 가련해 보일 것입니다. 자세하게 생각해보면 전체 그림에 영향을 미치는 것은 갖가지 눈여겨볼 초점이 아니라 오히려 뒤에서 묵묵하게 두드러지게 하는 배경입니다. 그래서 수희의 공덕은 매우 크나큽니다.

마음으로 다른 사람이 성공하는 것을 보고 함께 좋아할 수 있음은 가장 수승한 일입니다. 질투하고 미워하지 말며, 자애로운 마음을 기르십시오. 마음이 온통 시원해지면서 다른 사람이 당신에게 수희하는 마음과 풍기는 향을 느끼게 될 것입니다. 《순정적 염불인》에는 세이쿠로(清九郎)를 묘사하는 한 단락의 문장이 있습니다.

"그는 마음으로 편안한 말을 할 수 있고, 거친 말을 할 줄 모르며, 부당하게 서로 빼앗는 일이 없고, 사람을 무시하며 자기 혼자 잘난 체하는 태도가 없습니다. 그는 요즘 들어 부드러운 빛이 닿는 경우도 있었고, 언제나 기꺼이 말석에 앉았으며, 겸허하고 명랑하며 넓은 경계를 품는 마음이 절로 펼쳐졌습니다."

[지나간 옛날의 실제 사례(往古實事)]

7-3-1

부처님께서 발타화에게 말씀하셨다. "구원의 헤아릴 수 없는 아승지겁 이전에 한 부처님께서 계셨는데, 이름이 「사하마제 등정각·무상사·조어장부(道法御)·천인사·불세존」이라 하였느니라. 이 부처님은 한적한 수행처에 머물러 계셨다. 이때 염부제는 종횡으로 18만억 리나 되었고 무려 640만 나라가 있었는데, 이 나라들은

모두 풍년이고 인민들이 매우 번성하였느니라. 「발타화」란 대국이
있었고 「유사금」이란 전륜왕이 있었는데, 부처님의 처소에 와서
예배하고 물러나 한쪽에 앉았느니라. 부처님께서 그 뜻을 아시고
곧 그를 위하여 이 삼매를 말씀하셨다. 왕은 그 말씀을 듣고서
수희하고 곧 귀중한 보배를 가지고 부처님 위에 흩으며 스스로
생각하길, 「이 공덕을 지녀서 시방세계의 인민들이 모두 안온해지겠
는가?」 하였느니라."

佛告跋陀和 :「乃久遠不可計阿僧祇 , 爾時有佛 , 名私訶摩提等正覺、無
上士、道法御、天人師、佛、世尊。在空閑之處。是時閻浮利縱廣十八萬億
里 , 凡有六百四十萬國 , 悉豐熟人民熾盛。有大國名跋陀和 , 有轉輪王
惟斯芩 , 往到佛所禮畢卻坐一面。佛知其意便爲說是三昧。其王聞之助
歡喜 , 即持珍寶散佛上 , 自念曰 : 持是功德令十方人民皆安隱。

석가모니 부처님께서는 말씀하셨습니다. 과거세, 매우 오래 전 「헤아릴
수 없는 아승지」로, 이때 부처님 한 분이 계셨는데 그의 이름은 「사하마
제」라 하였습니다. 사하마제는 범어로 번역하면 사자의獅子意라는 뜻입
니다. 한적한 수행처에서 성불하셨습니다. 「한적한 수행처」란 바로
아란야阿蘭若를 말합니다. 「염부리閻浮利」는 우리들이 말하는 염부제입
니다. 종횡으로 18만억 리나 될 정도로 면적이 넓었습니다. 그 가운데
무릇 640만억이나 되는 수없이 많은 국가가 있었고, 그 국가마다 모두
나라가 태평하고 인민들이 평안하였습니다. 이때 매우 큰 국가가 하나
있었는데 그 이름은 「발타화」였습니다. 그 중에 전륜성왕이 나왔는데
「유사금」이라 하였습니다. 전륜왕은 사하마제 부처님의 처소에 가서
정례하고 물러나 한쪽에 앉았습니다. 부처님께서는 그의 품행(根基)을

아시고, 그에게 반주삼매를 설하셨습니다. 유사금 전륜왕이 이를 듣고 난 후 매우 수희하여 진기한 보배로 부처님께 공양하였습니다. 그가 이렇게 공양할 때 생각이 일어났습니다. "이렇게 공양한 공덕으로 시방 세계의 인민이 모두 열반을 얻을 수 있을까?" 그래서 이때 일어난 그의 마음은 '중생이 안락한 마음을 얻을 수 있을까?'였습니다. 이것은 매우 정확히 수희하고 회향하는 마음입니다. (*《반주삼매경 강기》보충)

7-3-2

"그때 사하제부처님께서 반열반에 드신 뒤 유사금왕의 목숨이 다하여, 다시 그 집에 태자로 태어나니 이름이 「범마달」이었느니라. 그때 이름이 「진보」라 하는 비구가 있었는데, 이때 사부대중 제자들을 위하여 이 삼매를 설하니, 범마달이 이것을 듣고 수희하고 뛸 듯이 좋아하며 가지고 있던 백억 어치 보배를 그 위에 뿌리고, 또 좋은 옷을 공양하였으며, 불도를 구하려는 뜻을 발하고 천 명의 사람들과 함께 하였기에 비구는 이들을 사문이 되게 하였느니라. 그는 이 삼매를 구하고 배우기 위해 천명과 함께 그 비구를 받들어 모시고 8천 년 동안 쉬지도 게으르지도 않았느니라. 이 삼매를 한번 듣고서 네 가지 일에 수희하고 높고 밝은 지혜의 경지에 들어갔느니라."

時私訶提佛般涅槃後, 惟斯芩王壽終, 還自生其家作太子, 名梵摩達。 爾時有比丘名珍寶。是時爲四部弟子說是三昧。梵摩達聞之助歡喜, 踊 躍持寶直百億散其上, 復持好衣供養之, 以發意求佛道, 與千人俱, 於是比丘所作沙門。求學是三昧, 與千人共承事師八千歲不休懈, 得一

聞是三昧四事 , 助歡喜入高明智。

이때 사하제 부처님께서 열반에 드신 이후 유사금 전륜성왕도 목숨이
다하였습니다. 그가 목숨이 다한 이후 그의 복보가 매우 커서 이렇게
다시 그들의 왕이 되었습니다. 그 황가의 태자는 범마달이라 하였습니다.
여기서 범마달 태자가 세상에 나온 때를 말하는데, 그때 그 나라에는
「진보珍寶」라는 비구가 한 분 계셨는데, 그는 「사부제자四部弟子」를 위해
반주삼매를 설하였습니다. 이 태자도 가서 듣고 난 후 그도 매우 환희하여
많은 백억의 진귀한 보배를 진보 비구에게 공양하였고, 게다가 매우
좋은 의복을 공양하였습니다. 그때 그는 진보 비구에게 공양한 후 발심하
였고 불도를 구하겠다는 뜻으로 바로 출가를 발심하고, 천 명의 사람들과
함께 하였기 때문에 이 진보 비구가 이들을 사문이 되게 하였습니다.
이 반주삼매를 구하기 위해서 그는 일천 명과 함께 같이 이 진보 비구를
받들어 모시고, 8천 년 동안 모두 휴식하지 않고 게으르지도 않았습니다.
단지 이 8천년 동안 그는 단지 한 번의 기회가 있어 반주삼매를 들을
수 있었습니다. 8천년 동안 한 번 들었으니 많겠습니까? 적겠습니까?
매우 적습니다! 단지 그 한 번 들은 이후로 그는 네 가지 수희를 일으켰습
니다. 이러한 공덕이 있어 매우 좋은 지혜를 성취할 수 있었습니다.

(*《반주삼매경 강술》 보충)

7-3-3

"이로 인하여 뒤에 다시 6만 8천 부처님을 친견하고 한 분 한
분의 부처님 처소에서 이 삼매를 듣고 스스로 부처가 되니, 이름을
「지라유체 등정각 · 무상사 · 조어장부 · 천인사 · 불세존」이라 하

였느니라. 이때 1천 명의 비구가 등정각을 얻었느니라. 그들은 모두 이름을 「지라울침」이라 하고, 헤아릴 수 없는 인민을 가르쳐 모두 다 불도를 구하게 하였느니라."

因是卻後更見六萬八千佛, 輒於一一佛所, 聞是三昧自致得佛, 名坻羅惟逮等正覺、無上士、道法御、天人師、佛、世尊。是時千比丘從得等正覺, 皆名坻羅欂沈, 教不可計人民皆求佛道。」

부처님께서 말씀하십니다. "이때 8천 년 동안 한번 반주삼매를 듣고 수희심을 일으킨 이후 이러한 인연으로 그는 뒤에 6만 8천 부처님을 만날 수 있었다. 이 6만 8천 부처님 한 분 한 분께서 그곳에서 모두 인연이 있어 반주삼매를 들을 수 있었다. 그래서 이러한 인연으로 그는 성불하였다. 그런 다음 1천 명의 비구도 그를 따라 학습하여 모두 성불하였다. 또 여전히 수많은 인민, 헤아릴 수 없는 인민을 가르쳐 모두 불도를 구하게 하였다."

그래서 부처님께서는 여기서 비록 8천 년 동안일지라도 그는 이 진보 비구를 매우 공경하여 받들어 모셔서 8천 년에 비로소 한 번 들었으니, 바로 그 한 번의 인연으로 그는 이러한 수희의 마음을 발기하여 이러한 인연으로 나중에 끊임없이 부처님을 친견하고 법을 들을 수 있었고, 그런 후에야 비로소 불도를 성취할 수 있었다고 말씀하십니다. 부처님께서는 여기서 수희는 실제로 매우 큰 이런 공덕이 있음을 증명하여 말씀하고 계십니다. 실제로 수희하는 마음은 천천히 훈련할 수 있지만, 진정으로 몸과 마음이 순종하여야 합니다.

(*《반주삼매경 강술》보충)

이 범바달 태자가 법을 듣고 수희함으로 인해 일념의 수희한 마음으로 안팎의 재산을 보시하고 반주삼매를 듣고, 이로 인해 원만한 무상불도에 이르렀습니다.

[스승을 따라 법을 구하라(當求法隨師)]

7-4-1

부처님께서 발타화에게 말씀하셨다. "어떤 사람이 이 삼매를 듣고 수희하여 배우고 수지·수호하며 독송하고 다른 사람들을 위하여 설하지 않겠는가?"

再來我們看喔 , 佛告颰陀和 :「何人聞是三昧 , 不助歡喜學持守誦爲人說者也 ?」

부처님께서 발타화에게 말씀하십니다. "만약 수희의 공덕이 이렇게 크나큼을 알고서 어떤 사람이 반주삼매를 듣고 수희하는 마음이 일어나 학습하고 수지하며 내지 독송하고 다른 사람을 위해 설하지 않겠는가?"

(*《반주삼매경 강술》 보충)

7-4-2

부처님께서 말씀하셨다. "만약 이 삼매를 지키는 자는 빠르게 부처가 될 것이요, 다만 듣기만 해도 그 공덕은 헤아릴 수 없나니, 하물며 배워 지니는 자이겠느냐? 만약 백 리나 천 리를 가서라도 이 삼매가 있다면 마땅히 구할지니, 하물며 가까이 있는데 더욱 배움을 구하지

않겠느냐? 만약 이 삼매를 듣고 배우고자 하면 마땅히 열 살 먹은 스승이라도 받들어 모시고, 공양하며 우러러보되 자신의 의견을 쓰지 말지니라. 마땅히 스승의 가르침을 따르고 늘 스승의 은혜를 생각할지니라."

> 佛言 :「若有守是三昧者 , 疾逮得佛 , 但聞其功德不可計 , 何況學持
> 者？若去百里千里 , 有是三昧當求之 , 何況近而不求學也？若有聞是
> 三昧欲學者 , 當承事其師十歲 , 供養瞻視不得自用 , 當隨師敎常念師
> 恩。」

부처님께서 말씀하십니다. "만약 반주삼매를 지持·수守하면 이 사람은 매우 빨리 성불할 것이다. 만약 반주삼매를 듣는다면 듣기만 하여도 그의 공덕은 계산할 수 없다. 하물며 학습하고 수지하는 사람은 그의 공덕이 더욱더 한량이 없다고 확실히 말할 수 있다."

부처님께서는 또 말씀하십니다. "만약 우리들이 머무는 곳과 백 리, 천 리 떨어져 있다면 백 리 천 리가 매우 먼 거리가 맞겠느냐? 단지 그곳에서 어떤 사람이 반주삼매를 설하고 있기만 하면 이렇게 그곳에 가서 배움을 구하는데, 하물며 매우 가까이 있어도 배움을 구하지 않는다면 이것은 매우 애석한 일이다. 만약 반주삼매를 듣고서 학습하고자 하는 사람이 있다면 반드시 이런 선지식을 받들어 모셔야 한다."

공양첨시부득자용供養瞻視不得自用

이는 선지식의 의견을 따르되, 당신 자신의 의견을 쓰지 말라는 말씀입니다.

(*《반주삼매경 강술》보충)

7-4-3

부처님께서 말씀하셨다. "내가 이런 까닭으로 너를 위하여 그것을 말하느니라. 이 삼매를 들으려고 4천 리를 가는 자는 그 장소에 가서 진실로 이 삼매를 얻어 듣지 못하여도 그 공덕은 헤아릴 수 없느니라. 왜냐하면 한결같이 정진하는 까닭에 장차 그것을 얻어 스스로 부처를 될 것이니라."

佛言:「我故爲汝說之, 聞是三昧去四千里者, 往到其所, 正使不得聞, 其功德不可計也。所以者何? 專精進故, 會當得之致作佛。」

부처님께서는 그에게 말씀하십니다. "만약 반주삼매를 듣고 당신이 머무는 곳까지 4천 리나 멀리 떨어져 있어도 당신이 듣고 싶다면 그 사람의 법회에 가서 끝마친다. 4천 리가 아무리 멀어도 그곳 사람의 법회에 서둘러 가면 원만하다. 비록 진실로 듣지 못해도 단지 당신의 공덕은 한량이 없다. 왜 그러한가? 당신의 마음이 줄곧 정진하여 학습하고 싶기 때문이다. 당신의 이런 정진하는 마음으로 이후 당신은 인연이 있어 이런 삼매를 들을 수 있고 성불할 수 있다."

(*《반주삼매경 강술》보충)

생사는 드넓고 고苦의 바다는 가없습니다. 만약 묘법과 밝은 스승이 없다면 어떻게 저 언덕에 도달하고, 한바탕 무명의 큰 꿈을 끝낼 수 있겠습니까? 법보를 추구하려면 머리에 불을 끄는 마음을 갖춰야 하는 까닭에 거리가 백 리, 천 리나 되어 이처럼 아득히 멀지라도 노력하여 배움을 구한다면 일체 제행의 모든 노력이 헛되지 않을 것이고, 지은 바 모두 깨달음에 이르는 길인 까닭에 "장차 그것을 얻어 스스로 부처가 될 것이니라." 하였습니다.

이와 관련하여 《염불인》에 이런 이야기가 나옵니다.

「요이치(與市)는 한바탕 꿈을 꾼 후 대단히 놀랐습니다. 곧 저녁마다 모두 2, 3리 바깥 지방까지 가서 법을 듣고 생사를 벗어나는 도를 찾았습니다. 그러나 그는 아직 낮에 힘들고 무거운 일이 많아서 해질녘에 이르러서야 서둘러 도량에 갔습니다. 그래서 왕생 설법이 절반이 지나거나 심지어 설법이 다 끝나서야 도착하기도 했습니다. 비록 이와 같을지라도 그는 여전히 매일 밤 나아가 참예參詣하였습니다. 어떤 사람이 그에게 물었습니다. "당신은 매번 모두 늦어서 법을 들을 수 없는데, 무슨 쓸모가 있어 오십니까?"

요이치는 말했습니다. "설법이 완료된 후에 여전히 동수 여러분들과 이런 저런 대화를 하는 시간이 있으니, 큰 즐거운 일이 아니겠습니까?"

상대방은 또 질문했습니다. "저녁에 담소를 마친 후 시간이 늦으면 다음날 일도 해야 하고, 이렇게 4, 5리 길을 서둘러 돌아가야 하니 피곤하지 않습니까? 아직도 정신노동 할 여유가 있습니까?"

요이치는 답했습니다. "제 느낌에 타력 신심과 관련이 있는 법문은 제가 정말 들어가 들을 수 있어 대단히 기쁘므로 잠을 적게 자더라도 괴롭다는 느낌이 들지 않습니다. 게다가 매번 저는 오늘 저녁에 가서 또 귀한 존법尊法을 들을 수 있어 곧 백배로 정신을 차리고 일도 특별히 힘이 생깁니다. 바로 이렇게 4, 50일 간 와서 저는 하루도 중단 없이 설법을 들었습니다. 그래서 계속 이렇게 의심이 특히 무거운 사람들도 모두 불력의 가지를 느낄 수 있으니, 운무를 헤치고 거듭 광명을 보아 일념에 귀명하는 신심을 발할 것 같습니다. 저 같은 어리석은 사람이 어떻게 부처님이 무엇이고 법이 무엇인지 알겠습니까? 방향조차도 잡히

지 않지만, 여래께서는 오히려 저같이 어리석은 사람을 드넓은 대비의
품속으로 안아 들이시어 오래지 않아 저도 불과에 이르게 될 수 있다는
생각이 드니, 염불 이외에 제가 어떻게 보답할 방법이 있겠습니까?"
요이치는 여기까지 말하면서 감동하여 얼굴 가득 눈물을 흘렸습니다.」

지성품至誠品 제8

[부처님께서 스스로 본생담을 말씀하시다(佛自述本生)]

8-1

"옛날 한 부처님께서 계셨는데 이름은 「살차나마 등정각·무상사·
천인사·불세존」이었느니라. 그때 「화륜」이란 비구가 있었는데 그
부처님께서 반열반에 드신 후 이 비구가 이 삼매를 지녔느니라.
내가 그때 찰리종으로 국왕이 되었는데, 꿈에 이 삼매를 듣고는
깨어나서 곧 바로 이 비구를 찾아 가서 곧 귀의하여 사문이 되었느니
라. 그리하여 이 삼매를 듣고자 그 스승을 3만 6천 년간 받들어
모셨지만, 마장이 자주 일어나 결국 듣지 못하였느니라."

> 佛言 : 「乃往昔有佛 , 名薩遮那摩等正覺、無上士、天人師、佛、世尊。時有
> 比丘名和輪。其佛般涅槃後 , 是比丘持是三昧。我時作國王刹利種 , 於
> 夢中聞是三昧 , 覺已便行 , 求是比丘即依作沙門 , 欲得聞是三昧 , 承
> 事其師三萬六千歲 , 魔事數數起竟不得聞。」

이 경문은 《현호분》에서는 비교적 완전하게 설명하고 있습니다. "나는
그때 큰 나라 왕이 되었는데, 일심으로 전일하게 이 미묘한 삼매를
구하다가 꿈에서 「이것이 삼매처이다」라고 알려 주는 말을 들었느니라.
이미 깬 뒤에 드디어 몸소 비구 스승의 처소에 나아가서 이 삼매를
구하고 이로 인해 법사에게서 머리를 깎고 출가하길 청하였노라. 이

삼매를 구하여 듣고 받아들이기 위한 까닭에 몸소 화륜 법사를 받들어 섬기어 3만 6천 년을 지냈지만 천마가 장애하여 마침내 듣지 못하였노라."

이로써 이 반주삼매는 매우 만나기 어려움을 알 수 있습니다. 선근 복덕 인연을 구족하여야 합니다. 혹 선근은 있으나 복덕이 갖추어지지 않거나 혹 복덕은 있으나 선근이 없거나, 혹 선근 복덕은 있으나 인연이 갖추어지지 않은 경우 모두 이 법을 들을 수 없습니다.

[부처님께서 가르침과 훈계의 말씀을 하시다(佛語敎誡)]

8-2-1

부처님께서 비구·비구니·우바새·우바이에게 말씀하셨다. "내가 그때문에 너희들에게 말하나니, 서둘러 이 삼매를 갖되 잃어버리지 말아야 하느니라."

佛告比丘、比丘尼、優婆塞、優婆夷:「我故語汝等 , 疾取是三昧無得忘失。」

부처님께서는 과거에 이러한 경험이 있었기 때문에 현재 사부대중 제자들에게 말씀하셨습니다. "나는 현재 너희들에게 말하니, 서둘러 이 삼매를 취하여 증득하고, 이것을 잊어서는 안 된다." 그는 과거세에 국왕이 되어 복보가 매우 컸기 때문에 수행할 수 있었습니다. 그런 인연이 없었다면 장애가 매우 커 수행을 할 수 없었을 것입니다. "너희들 현재 사부대중 제자들은 인연이 있어 나의 말을 들었으니, 어떻게 해야 하겠느냐? 서둘러 이 삼매를 취하여 증득하라."

(*《반주삼매경 강술》보충)

질취疾取

이것은 부처님께서 중생에게 중요한 법을 가르치심입니다. 이 법을 빨리 듣고 받아들이며, 곧바로 수승한 인연을 잡아야 합니다. 부처님께서는 사부대중 제자들에게 이 법에 대해 깊고 간절하게 소중히 여기는 마음을 지니고 빨리 닦아서 빨리 증득하고 잃어버리지 말며, 내지 오랫동안 지持·수守함에 피곤해하거나 게으르지 말라고 권유하고 훈계하십니다.

8-2-2

"그 스승을 잘 받들어 모시고 이 삼매를 지니되 내지 일 겁, 백 겁이나 백천 겁일지라도 게으르지 말라. 훌륭한 스승을 수호하여 여의지 말지니라. 만약 음식이나 물품, 의복과 침구, 침상 등 보배보다 더한 것일지라도 아끼지 말지니라. 그리고 설사 이러한 것이 없다 하더라도 걸식을 하여서라도 스승에게 공급함은 이 삼매를 얻기 위함이니 게으르지 말아야 하느니라. 늘 자기 육신을 스스로 잘라서라도 훌륭한 스승에게 공양하거늘, 하물며 보물이겠는가? 말로 하기에 부족할 따름이다. 훌륭한 스승을 받들어 모시길 하인이 주인 모시듯 할지니, 이 삼매를 구하는 자는 마땅히 이와 같이 해야 할 것이니라. 삼매를 얻고 나서 굳게 지니고 늘 스승의 은혜를 생각할지니라."

「善承事其師，持是三昧至一劫，若百劫若百千劫，莫得有懈倦。守善師
不離，若飲食資用，衣被床臥珍寶以上勿有愛惜，設無者當行乞食給
師，趣當得是三昧莫厭。常當自割身肉供養於善師，何況寶物此不足言
耳。承事善師當如奴事大家，求是三昧者當如是。得三昧已，當堅持常念
師恩。」

"마땅히 선지식을 받들어 모시고 이 삼매를 수지하여 내지 일 겁, 백천 겁일지라도 게으르지 말라." 여기까지 말하는 것은 모두 선지식을 받들어 모시는 부분입니다. 부처님께서는 여기서 말씀하십니다. "반주삼매를 닦으려면 마땅히 선지식을 따르고 여의지 말아야 한다. 선지식이 필요로 하는 음식, 물품, 의복과 침구 등등을 아끼지 말고 그에게 공양하여야 한다. 만약 당신에게 이런 물건이 없다면 걸식하여 공급하여야 한다. 무엇을 위해서인가? 선지식이 있는 곳에서 게으르지 않고 반주삼매를 학습할 수 있길 희망해서이다. 더 나아가 우리 자신의 육신도 공양할 수 있는데, 하물며 보물은 말해 무엇 하겠느냐, 말로 하기에 부족할 따름이다! 이는 결코 어렵지 않다."

부처님께서는 여기서 선지식을 받들어 모시려면 하인이 주인을 모시는 것처럼 해야 한다고 말씀하십니다. "이 삼매를 구하려면 마땅히 이렇게 해야 한다. 만약 어느 날 이곳에서부터 반주삼매를 얻은 후에 마땅히 다른 사람이 우리들에게 이 반주삼매를 가르쳐준 처음 이것을 견지하고 이 스승의 은혜를 생각해야 한다."

(*《반주삼매경 강술》보충)

이것은 부처님께서 중생에게 스승을 공경할 것을 가르치신 것입니다.

마땅히 훌륭한 스승을 만나기 어렵다고 생각하고 온 힘을 다해 모셔야 합니다. 훌륭한 스승을 따르며 안팎으로 보시 공양함은 이 삼매를 구하기 위함으로 싫증내는 마음이 있어서는 안 됩니다. 스승과 제자(師資)는 법으로 서로 친합니다.

《대승집보살학론大乘集菩薩學論》에 이르길, "선남자여, 이런 까닭에 선지식과 가까이 지내며 받들어 모시는 자는 마땅히 이와 같이 작의作意할지니라. 이른바 마음은 대지와 같을지니 일체 중생의 짐을 져도 지치지 않는 까닭이요, 마음은 금강과 같을지니 뜻과 원이 무너지지 않는 까닭이요, 마음은 철위산(輪圍山)과 같을지니 설사 모든 괴로움을 만날지라도 기울어서 움직이지 않는 까닭이요, 마음은 노복(僕使)과 같을지니 모든 주어진 일(作務)을 따라가며 싫다는 마음을 내지 않는 까닭이요, 마음은 머슴(傭人)과 같을지니 먼지와 때를 깨끗이 씻고 교만함을 여의는 까닭이요, 마음은 큰 수레와 같을지니 무거운 것을 멀리까지 운송해도 기울어서 무너지지 않는 까닭이요, 마음은 좋은 말과 같을지니 포악하지 않은 까닭이요, 마음은 나룻배와 같을지니 오고감에 게으름을 피우지 않는 까닭이요, 마음은 효자와 같을지니 모든 친한 벗들에게 순종하는 안색을 짓는 까닭이니라."

대지처럼 지치지 않으며 짐을 지고, 뜻과 원을 가장 단단히 하고, 내지 효자처럼 상냥한 얼굴을 하라 함은 모두 경론에서 법문하는 것으로 훌륭한 스승을 받들어 모시는 사람은 마땅히 이를 배워야 합니다.

8-2-3

"이 삼매는 만나기 어려우니라. 설사 이 삼매를 백천 겁에 이르도록

구하지만, 그 이름을 듣고자 하여도 얻을 수 없으니, 하물며 배우고 정진하지 않음이랴. 이 삼매를 얻어서 정진하고 배우며 다른 사람에게 가르침을 전하는 자는 설사 항하사의 불찰토에 진귀한 보배를 가득 채워 매우 많이 보시할지라도 이 삼매를 배우는 사람만 못하느니라."

是三昧難得値, 正使求是三昧至百千劫, 但欲得聞其名不可得, 何況學而不精進。得是三昧精進學轉教人者, 正使如恒河沙佛刹滿中珍寶, 用布施甚多, 不如學是三昧者。

부처님께서는 이 반주삼매는 매우 만나기 어렵다고 말씀하십니다. 부처님께서는 말씀하십니다. "어떤 사람이 이 삼매를 구하여 백천 겁에 이른다면 매우 긴 시간이다! 그것의 이름을 듣고 싶어도 얻을 수 없다. 매우 얻기 어렵다! 하물며 학습하고 또 정진하지 않는다면 이는 실로 헛수고다! 만약 어떤 사람이 이 반주삼매를 얻어서 정진하고 학습하며 다른 사람에게 배울 것을 가르치면 이런 사람은 설사 항하사의 불찰토에 진귀한 보배를 가득 채워 보시한 공덕이 아무리 많을지라도 반주삼매를 학습한 공덕의 크기보다 못하다."

(*《반주삼매경 강술》보충)

부처님께서는 본생本生에서 법을 듣고자 출가하여 선지식을 받들어 모셨는데도 아직 얻지 못하였습니다. 지금 이 법을 몸소 증명하고자 제자를 위해 선설하시는 까닭에 제자들에게 가르치고 훈계하시니, 마땅히 잘 지持·수守하면 공덕이 한량이 없을 것입니다.

[이 경을 부처님의 인으로 찍는다(是經以佛印爲印)]

8-3

부처님께서 발타화에게 말씀하셨다. "만약 어떤 이가 배우고자 하면 마땅히 수희할지니라. 배우고자 하면 얻는다. 배움이란 부처님의 위신력을 가지고 배우도록 하는 것이다. 마땅히 이 삼매를 비단 위에 잘 쓰고 부처님의 인을 얻어서 찍고 잘 공양할지니라."

佛告跋陀和 : 「若有人欲學者 , 當助歡喜 , 欲學而得。學者持佛威神使學 , 當好書是三昧著素上 , 當得佛印印之 , 當善供養。」

부처님께서는 발타화보살에게 말씀하십니다. "만약 어떤 사람이 반주삼매를 배우고자 하면 마땅히 그를 수희하여야 한다. 그 사람이 배우고자 하면 격려하여야 한다. 그는 배우고자 하면 얻을 수 있다." 이것이 부처님께서 발타화에게 부촉하신 것입니다. 부처님께서는 또 말씀하십니다. "반주삼매를 학습함이란 부처님의 위신력에 기대는 것으로 그래야 비로소 학습할 수 있다. 그리고 마땅히 반주삼매를 비단 위에 서사해야 한다." 이전에는 모두 서사한 것을 사용하였습니다. "종이 위에 쓰고 그런 다음 부처님의 인으로 그것에 가지加持한다. 그런 다음 그것을 잘 공양한다." 우리들이《반주삼매》경본經本을 얻으면 서사하여야 합니다. 잘 서사하고 다시 부처님의 인으로 그것을 찍고서 그 다음에 이것을 잘 공양합니다. (*《반주삼매경 강술》보충)

《현호분》에 이르길, "여래의 위신력이 가지하기 위하여 이와 같은 대승 경전을 서사하고, 여래의 인印을 찍어서 봉한 뒤에 갑(匣藏) 속에 안치할지어다." 하였습니다. 이 법을 배우려면 먼저 경전의 문자를 잘 수지하여야 합니다. 부처님의 인을 찍어서 잘 공양하십시오.

8-3-2

무엇을 부처님의 인印이라고 하는가? 이른바 부당행이니, 탐할 것도 없고, 구할 것도 없고, 생각할 것도 없고, 집착할 것도 바랄 것도 없으며, 생을 받음도 없고, 취할 것도 꺼릴 것도 없으며, 머무를 것도 걸릴 것도 없으며, 매듭도 소유도 없어, 욕망이 다함이니라. 생함도 멸함도 없으며, 무너짐도 부서짐도 없느니라. 도의 요체와 도의 근본이 인이나니, 아라한·벽지불도 능히 미칠 수 없는데, 하물며 어리석은 자이겠는가? 이 인이 바로 부처님의 인이니라."

> 「何謂佛印?所謂不當行, 無所貪, 無所求, 無所想, 無所著無所願, 無所向生, 無所取無所顧, 無所住無所礙, 無所結無所有, 盡於欲。無所生無所滅, 無所壞無所敗。道要道本, 是印阿羅漢辟支佛所不能及, 何況愚癡者。是印是爲佛印。」

부처님께서는 "무엇을 부처님의 인이라고 하는가? 이른바 부당행不當行이다."라고 하셨습니다. 무엇이 「부당행」입니까? 「부당행」은 다른 판본 번역과 비교하면 잘 이해할 수 있습니다. 그것은 일체 제행은 만듦도 지음도 없음(無造無作)66)을 말합니다. 즉 여기서 말하는 「부당행」은 일체 제행, 일체의 유위법은 본래 만듦도 지음도 없다는 뜻입니다.

「향생向生」의 뜻은 무엇입니까? 생을 받음(受生)입니다. 「결結」은 번뇌의

---

66) "여래는 제법실성은 만듦도 없고 지음도 없음을 증각하였다(如來證覺諸法實性無造無作)."《대반야바라밀다경(大般若波羅蜜多經)》.

뜻입니다. 실제로 위에서 말한 그것들은 모두 무엇입니까? "욕망이 다함(盡於欲)"입니다. 당신이 욕망이 없으면, 당연히 "탐할 것도, 구할 것도, 생각할 것도 없다." 내지 "소유도 없다." 이들 모두는 "무욕"을 말합니다. 간단히 한마디로 말하면 이렇습니다. "생함도 없고 멸함도 없고 무너짐도 없고 패함도 없음"은 차이가 많지 않습니다.

그래서 두 번째 말한 것은 무엇입니까? 바로 「불생불멸」입니다. 여러분들은 불생불멸은 비교적 잘 이해하실 수 있을 겁니다.

「도요道要, 도본이인道本是印」, 이는 앞에서 말한 그 무욕無欲 내지 불생불멸이 불법의 요도이자 가장 종용하고 가장 중요함을 말합니다. 「본本」은 이 「인印」으로 성문과 연각 이승의 성인은 미칠 수 없습니다. 하물며 어리석은 범부이겠습니까! 어리석은 범부는 이러한 도리를 이해할 수 없습니다. 이 인을 부처님의 인이라고 합니다.

(* 《반주삼매경 강술》 보충)

불인佛印

마치 표기를 간별揀別로 여기는 것과 같습니다. 이 삼매를 닦음에 있어 무욕과 생멸 없음을 인印으로 삼습니다. 즉 무욕과 생멸 없음을 근본으로 삼고, 유위有爲를 근본으로 삼지 않습니다. 실제 수행시에는 또한 무욕과 부서지고 무너짐이 없는 진심眞心을 근본으로 삼습니다.

《기신론起信論》에 이르길, "심진여心眞如란 일법계一法界의 대총상大總相으로 법문의 체이다. 이른바 심성心性이라는 것은 불생불멸이다. 일체 제법은 오직 망념에 의지하기 때문에 차별이 있는 것이다. 만약 망념을

여의면 일체경계의 상이 없다. 이런 까닭에 일체법은 본래부터 언설상言
舌相을 여의었고, 명자상名字相을 여의었으며, 심연상心緣相을 여의어서
구경에 평등하여 변이變異가 없어 파괴할 수 없다. 오직 일심一心일
뿐이기 때문에 진여眞如라 이름한다." 하였습니다.

반주삼매를 닦음은 바로 이 진여일심眞如一心으로 들어가는 것으로 모든
상의 뒤섞임도 장애도 없고, 이 모든 장애와 물듦을 제거하면 바로
이 삼매입니다. 그 밖에 별다른 법이 없습니다. 그래서 무욕, 생멸이
없음을 인印으로 삼으라고 말씀하셨습니다.

《염불인》에 있는 이야기를 봅시다. "어떤 사람이 그에게 음식물을 베풀
때마다 그는 곧 기쁜 얼굴빛을 하고서「인연! 인연!」연이어 말했다.
설사 아무 것도 주지 않아도 이처럼 말할 뿐, 조금도 노한 기색이 없었다.
우연히 어떤 개구쟁이들이 그의 주위에 떼 지어 모여서 혹은 돌을
던지거나 혹 나무 막대기로 그를 때리거나 심지어 그가 입은 가마니를
찢어도 그는 조금도 마음에 두지 않고 단지「인연! 인연!」하였습니다.
이 때문에 노상의 사람들이 모두 그에게「인연거지」라고 별명을 지어주
었다."

이 걸인은 순경계이든 역경계이든 관계없이 모두「인연」두 글자로
풀었습니다. 마음속으로는 아침부터 저녁까지 끊어지지 않고 염불하였
습니다. 묻겠습니다. 그의 부처님 명호는 어디서 염합니까? 세간의
인연을 간파하는 지혜 위에서 염합니다. 세상과 싸우지 않은 지혜로
성결聖潔한 명호를 염합니다. 이 염하는 거룩한 명호는 드러나는 바깥
모습입니다. 이 경문처럼 그것은 공통되지 않은(不共) 지혜이자 곧 능지能
持67)의 마음으로「부처님의 인(佛印)」과 같습니다.

[회중이 큰 이익을 얻다(會衆得益)]

8-4-1

부처님께서 말씀하셨다. "내가 지금 이 삼매를 말할 때 1천8백억의
제천·아수라·귀신·용·인민들은 수다원도를 얻었으며, 8백 비
구는 아라한을 얻었으며, 5백 비구니는 아라한을 얻었으며, 1만
보살은 이 삼매를 얻었고, 무생법인(無從生法)을 얻어 그 가운데 섰으
며, 1만 2천 보살은 다시 퇴전하지 않았느니라."

> 佛言:「我今說是三昧時,千八百億諸天、阿須輪、鬼神、龍人民,得須陀
> 洹道,八百比丘得阿羅漢,五百比丘尼得阿羅漢,萬菩薩得是三昧,
> 得無從生法於中立,萬二千菩薩不復退轉。」

「수다원須陀洹」은 견도見道로 소승의 초과初果입니다. 「아라한阿羅漢」은
소승의 4과四果입니다. 「무종생법어중립無從生法於中立」은 무생법인無生
法忍을 가리킵니다. 「불부퇴전不復退轉」은 보살이 얻는 불퇴전지로 바로
보살 8지입니다.

(* 《반주삼매경 강술》 보충)

무상도사無上導師께서 비를 한번 내리시니, 두루 미쳐서 근기를 따라
수용하고 각자 법익을 얻습니다.

---

67) 능지能持 : 한량없이 깊고 많은 뜻을 알고 기억하여 잃지 않으면서 갖가지
선법을 능히 가지는 것.

[유통분流通分]

8-4-2

부처님께서 사리불·목건련 비구·발타화 등에게 말씀하셨다. "나는 무수겁으로부터 도를 구하여 지금 이미 부처가 되었다. 이 경을 가지고 너희들에게 부촉하나니, 수학하고 독송하며 지·수하며 잃어버리지 말지니라. 만약 어떤 이가 배우고자 하면 마땅히 구족하여 가르치고 속제와 진제에 안온히 머물며, 듣고자 하면 구족하여 설해줄지니라."

> 佛告舍利弗、目揵連比丘、跋陀和等:「我從無數劫求道，今已得作佛，持是經囑累汝等，學誦持守，無得忘失。若有欲學者，當具足安諦敎之，其欲聞者，當爲具足說之。」

사리불과 목건련은 부처님의 양대 제자입니다. 부처님께서는 말씀하십니다. "나는 무수겁 이래 보살도를 구하여 현재 이미 성불하였다." 부처님께서는 이 경을 가지고 성불하였고 그 후 줄곧 《반주삼매경》을 지持·수守하셨고 현재 이 경을 제자들에게 교대하여 주시려고 합니다. 이는 매우 중대한 교대입니다. 부처님께서는 처음부터 보살도를 구하셨습니다. 이 삼매를 구하는데 매우 고생하셨습니다. 마침내 성취하신 후 부처님께서는 이 법보를 줄곧 지켰고, 현재 비로소 제자들에게 넘겨주시려고 합니다. 그의 대 제자와 발타화 보살 등에게 부촉하시려고 합니다. 어떻게 하라고 말씀하십니까? "학습하고 독송하며 굳게 지켜서 잃어버리지 말라." 이 법을 잃어버리지 말라고 말씀하십니다. 만약 어떤 사람이 반주삼매를 학습하고자 하면 그에게 구족하여 가르쳐주고 나아가 「안제安諦」하여야 한다고 말씀하십니다. 「안제安諦」가 무엇입니까? 방금 말한 「부처님의 인(佛印)」은 어떻게 해야 합니까? 「인印」해 나갑니다. 염불은 이렇게 염해야 합니다. 만약 어떤 사람이 듣고자 한다면 이렇게 구족하여 그에게 설해야 합니다. 사상事相은 어떻게 닦을 것인가? 진제의 도리(諦理)는 어떻게 할 것인가? 이 두 가지를 모두 또렷하게 설해야 합니다. (*《반주삼매경 강술》 보충)

이 경문과 관련하여 《현호분》에 이르길, "또 아난이여, 만일 모든 선남자나 선여인이 이 삼매경을 수습하고자 하거나, 독송·수지하고자 하거나, 사유하고자 하거나, 열어 보이려고 하거나, 자세히 설하고자 하는 이는 마땅히 남에게 바른 믿음을 내도록 하는 까닭이요, 남에게 독송하도록 하는 까닭이요, 남에게 수지하도록 하는 까닭이요, 남에게 사유하도록 하는 까닭이요, 남에게 열어 보이도록 하는 까닭이요, 남에게 자세히 설하도록 하는 까닭이니라. 나는 지금 대승에 안온히 머무는 모든 선남자나 선여인 무리를 위하여 자세히 개발하고자 이와 같이 배우고 내가 이와 같이 교칙敎敕함을 늘 생각할지어다." 하였습니다.

부처님께서는 아난에게 이 《반주삼매경》을 학學·수守·습習·지持할 것을 부촉하십니다. 또한 어떤 중생이 이 법을 배우고자 한다면 응당 속제의 사상事을 닦는 방법 및 진제의 무생이체無生理體를 구족하여 교시敎示하라고 말씀하십니다. 사상을 닦음에 있어 바야흐로 증입證入할 수 있으면 단견(斷邊)에 떨어지지 않고 이체를 깨달음에 있어 관조觀照할 수 있으면 상견(常邊)에 떨어지지 않습니다. 이체에서나 사상에서 바야흐로 「구족안제교지具足安諦教之」라 일컫고, 이 경법을 후세에 남겨 전하게 하십니다.

8-4-3

부처님께서 이 경을 설해 마치자, 발타화보살 등 사리불·목련 비구·아난 및 제천·아수라·용·귀신·인민들이 모두 크게 환희하며, 부처님께 예를 올리고 물러갔다.

佛說經竟。跋陀和菩薩等舍利弗、目連比丘、阿難及諸天、阿須輪、龍、鬼神、人民, 皆大歡喜 , 爲佛作禮而去。

법회가 원만하여 대중들에게 세존의 거룩한 가르침의 법미를 받게 하였습니다. 보살께서 발원함으로 말미암아 수행을 원만히 성취하여 갖가지 비유 말씀 및 행지行持의 공덕으로 사부대중 제자에게 각각 다르게 법을 가르치고, 내지 권유하고 수희하여 무위無爲로 이끌어 돌아가게 합니다. 처음 발심으로부터 말미암아 과덕이 원만할 때까지 실제로 수지하는 중점을 열어 보이는 것에서부터 곁에서 비유로 수행을 권유함에 이르기까지 같이 그 얻은 바 복취福聚를 찬탄하고 인·비인이 모두 같이 옹호하여, 최후에 다른 사람을 수희하여 성취하는 바깥 환경과 보조하는 심행으로 말미암아 줄곧 핵심인 삼매불인三昧佛印에 이릅니다. 처음과 끝이 서로 연관되고 상호 호응하니 지극히 완전합니다. 법회대중과 더불어 듣고 마음이 크게 환희하고 법희가 충만합니다. 친히 안내하는 부처님의 은혜 깊고 광대하오니, 부처님 발에 정례하옵고 물러가나이다.

老實念佛

윤회에서 벗어나길 바라며 사유하고
오랫동안 깊이 생각하며, 밤낮으로 늘 부처님을 그리워하고
아미타부처님의 청정 불국토에 태어나고자 발원하길,
열흘 밤낮 내지 하루 밤낮 동안 중단하지 않는 사람은
목숨이 다할 때 모두 다 그 국토에 태어나게 될 것이니라.
-불설무량수경

끝맺는 말 : 말법시대의 반주삼매

정공법사

1.

부처님께서는 자비심에 우리들을 위해 사실진상을 설명해 주셨습니다. 부처님께서 도울 수 있는 것은 우리들이 이것에 이르도록 도울 뿐입니다. 그 뒤에 이어지는 일은 바로 우리 자신이 해결해야 할 문제입니다. 이 때문에 염불은 「노실하게 염해야(老實念)」합니다! 『화엄경』에서 길상운吉祥雲 비구가 사용한 방법은 바로 우리들이 일반적으로 늘 말하는 「반주삼매般舟三昧」로 이는 우리에게 대단히 좋은 참고를 제공합니다. 우리들은 현재 염불당을 지정(止靜; 좌선)·배불(拜佛; 절)·요불(繞佛; 경행) 세 구역으로 구분하는데, 여기서 요불이 바로 반주삼매입니다.

행책行策대사께서는 『정토집淨土集』 말미에서 우리들에게 염불당에서 염불하는 방법을 가르쳤습니다. 저는 그의 책을 보기 전에 일련의 방법을 생각했는데, 그의 방법과 매우 접근했습니다. 그들의 과거 도량은 크고, 머무는 사람들도 많아서 3개 반으로 나누어 운영하였습니다. 한 반마다 네 분의 법사께서 통솔하셨는데, 한 반은 요불을, 두 반은 지정을 하였습니다. 요불 시에는 소리를 내어 염하고, 지정 시에는 소리를 내지 않고 마음속으로 염하며, 몇 바퀴 요불한 후 다시 제자리로 돌아갑니다. 두 번째 반은 계속해서 요불합니다. 이러한 형태는 모두 업장이 매우 무거워서 장기간 경행할 수 있는 능력이 없는 말법중생들을 위한 것으로 앉아서 휴식을 취하게 하였습니다. 휴식은 조사의 대자대비심입니다.

진정한 반주삼매는 90일 모두 요불하는 것으로 앉아서도 안 되고, 누워서도 안 되며, 밤낮으로 중단하지 않습니다. 생각해보십시오! 현재 누가 이런 능력이 있습니까? 누가 90일 동안 할 수 있습니까? 그렇지만 고덕께서는 주해에서 후인들이 이런 체력·정신력이 없다는 점을 고려하여 7일로 고쳤습니다. 그는 7일을 말씀하셨지만, 저는 그것을 더 단축하여 하루로 만들었습니다! 하루 24시간 잠자지도 앉지도 드러눕지도 않을 수 있는 것이 바로 요불繞佛로 이 모두가 반주삼매의 수행방법입니다.

염불당에서 하루 동안 공부하는 것은 실제로 매우 힘듭니다. 측면에 의자가 있어 앉을 수도 있어 조금 휴식도 해보고, 걸어도 좋은 때라고 여기면 빨리 일어나서 돕니다. 몸에 병이 있어 앉을 수가 없으면 부처님께 휴가를 얻는 것이 이 방법입니다. 그래서 염불당에서 염불할 때「요불繞佛」을 위주로 합니다. 요불은 소리를 내야 합니다. 염불기가 있으면 염불기의 속도와 리듬에 따라 염불하면 매우 편리합니다. 법기가 인경만 있다면 한마디 부처님 명호「아미타불」의「타」자에 인경을 칩니다.

현재 일반인은 「아阿·타陀」 두 번 치지만, 실제로는 「타陀」자에만 치는 것이 확실히 매우 편리합니다. 이렇게 해야 마음을 거두어들일 수 있고, 진실로 「오로지 육근을 모두 거두어 들여 정념을 이어갈(都攝六根 淨念相繼)」 수 있습니다. 「정념淨念」은 의심을 품지 않고 뒤섞지 않음으로, 이렇게 염하면 마음이 청정해집니다. 「상계相繼」는 끊어지지 않음으로, 입으로 끊어짐 없이 염불하고 마음으로 끊어짐 없이 염불하는 것입니다. 만약 장기간 훈련하고 또 삼보의 가지를 얻으면 당신의 몸은 염불할수록 좋아지고 염불할수록 건강하며, 정신은 염불할수록 행복하고 얼굴은 염불할 수록 장엄할 것입니다. 이것은 필연적인 도리입니다. 학불의 효과가 여기서부터 보이고, 서방극락세계에 왕생함은 비로소 진정으로 자신이 생깁니다!

《음수사원화은덕飮水思源話恩德》, 1997년 호주 정종학회 강설

2.

질문 : 어떤 사람들은 임종시에 아미타부처님을 친견해야 진짜라고 말하는데, 몇몇 사람들은 반주삼매를 닦아서 시방세계 제불이 눈앞에 서 있는 것을 본다고 합니다. 묻습니다. 이는 연꽃이 피어 부처님을 친견하고 성불한다(否花開見佛、成佛)는 뜻이 아닙니까?

답변 : 부처를 친견함(見佛)에는 진짜로 부처님을 친견하는 경우도 있고

마라가 부처로 변해 나타나는 경우도 있습니다. 그렇다면 어떻게 판별할
수 있을까요? 당신 자신의 마음으로부터 판별해야 합니다. 마음으로
판별해도 정도상의 차이가 있습니다. 자신의 마음이 진정으로 청정하고
일체 염착이 없으면 진불眞佛을 친견할 것입니다.

진불을 친견하여도 환희심을 내지 마십시오. 한번 환희심을 내면 부처는
마라이고, 그가 당신의 마음을 파괴하며 당신의 마음은 청정하지 않습니
다. 우리들 염불인의 목표는 「일심불란一心不亂」인데 그는 당신의 일심을
파괴합니다. 당신의 마음은 산란하고 흔들립니다. 한바탕 흥겹고 기뻐서
다른 사람에게 "나는 오늘 부처님을 뵈었어. 부처님은 어떻고 어쩌하셔."
라고 말합니다. 당신은 부처님을 친견한 것이 아니라 마라를 본 것입니다.
세존께서는 《능엄경》에서 우리들에게 말씀하셨습니다. "부처의 경계를
보아도 그것에 아랑곳하지 않아야 좋은 경계이다. 만약 한번 상에 집착하
여 환희심을 내면 바로 이 경계는 마라의 경계이다." 그래서 부처인가
마라인가는 바깥에 있는 것이 아니라 자신의 마음에 있습니다. 자신의
마음으로 보아도 여전히 보지 않은 것과 같아서 예전 그대로 청정평등각
이고, 바깥 환경에 방해를 받지 않는 것이 부처의 경계입니다.

부처를 이렇게 말하면 좋습니다! 설사 마라를 보고, 요괴악마(妖魔鬼怪)
의 험상궂은 얼굴을 보더라도 당신의 마음이 여여부동하면 그 험상궂은
얼굴도 부처입니다. 당신에게 환희심을 일으키거나 혹은 원한심을 일으
키기만 하면 이는 모두 마라입니다. 당신의 번뇌를 불러일으킨다면
그 경계는 마라의 경계이고 번뇌가 생기지 않고, 심지가 청정평등하면

어떠한 경계이든 모두 부처의 경계입니다. 이는 부처님께서 능엄회상에서 우리들에게 부처를 마라와 어떻게 변별辨別할 것인가에 대한 하나의 원칙을 가르쳐 주신 것입니다.

당신은 이 원칙을 알고서 오늘날 이 세계에서 눈을 뜨고 많은 사람들을 보았을 때 혐오스럽게 보이면 마라의 경계가 현전하고, 환희심으로 보아도 마라의 경계가 현전합니다. 모든 경계를 보아도 마음이 움직이지 않으면 결정코 망상·분별·집착이 없고, 결정코 「아상我相·인상人相·중생상衆生相·수자상壽者相」에 집착하지 않는다고 말할 수 있습니다. 한 걸음 더 깊이 나아가 이런 생각도 모두 없다면, 즉 「아견我見·인견人見·중생견衆生見·수자견壽者見」도 모두 없다면 당신의 공부는 성취되었습니다.

어디에서 진정으로 수행합니까? 경계 상에서 일을 겪으면서 마음을 단련할 뿐, 경계를 떼어놓고 어디로 가서 수행하겠습니까! 우리 수행인은 시장에 가서 보고 배웁니다. 보고 배우는 것이 수행입니다. "상품은 매일 새로워지고 매달 달라지고 있습니다. 무엇이든 또렷하게 보고, 분명히 알고 있나요?" 저에게 묻습니다. 저는 모르지 않습니다. 저는 무엇이든 다 알고 있습니다. 이것이 지혜입니다. 지혜로 어떻게 봅니까? 여여부동하여 결정코 한 생각도 없습니다.

"이 물건이 매우 좋네요. 하나 얻고 싶군요." 당신은 정定도 없고, 혜도 없습니다. 그래서 이 경계에서 정도 닦고, 혜도 닦아야 합니다. 「정定」은 바로 마음이 일어나지 않음(不起心)·생각이 움직이지 않음(不動念)·분별하지 않음(不分別)·집착하지 않음(不執著)입니다. 이것이 정定이고 매우 깊은 선정禪定입니다. 「혜慧」란 무엇입니까? 무엇이든 또렷하게 보고, 무엇이든 분명히 알고 있으며, 세간 출세간법을 한번 언급하면 모르는 것이 하나도 없습니다. 어떤 일이든 절대 마음에 두어서는 안 됩니다. 계·정·혜 삼학은 모두 생활 한가운데 있습니다. 옷을 입고 식사를 하는 사소한 일까지도 모두 계·정·혜 삼학입니다. 그래서 부처님을 친견하면 응당 보아도 보지 말고, 다른 사람에게 말하지도 말아야 합니다.

옛날에 정토종의 초조이신 혜원대사慧遠大師께서는 세 차례 서방극락세계를 보았지만 다른 사람에게 한 마디도 꺼낸 적이 없었습니다. 그가 왕생할 때에 서방 극락세계가 현전하자 비로소 모두에게 이르시길, "서방극락세계를 세 차례 본적이 있고, 지금 현재 또 현전하니, 나는 그만 가야겠다." 사람들이 그에게 그가 본 경계상이 어떠한지 묻자, 그는 "《무량수경》에서 말씀하신 것과 완전히 같다."라고 답했습니다. 혜원대사가 활동하시던 시대에는 번역된 경전이 매우 적었습니다. 단지 《무량수경》만 번역되어 《아미타경》과 《관무량수불경》은 아직 한문으로 번역되어 있지 않아 그는 모두 보지 못했습니다. 그래서 최초 그들의 소의경전은 바로 《무량수경》으로 그가 본 극락모습은 "《무량수경》에서 말씀하신 것과 완전히 같습니다." 그래서 자신이 떠나기 전에는 다른 사람에게 (부처님을 친견한 사실을) 말해서는 안 됩니다. 이후 조사 대덕들께서는 우리들에게 만약 우리에게 경계가 있다면 자기 스승에게

말하여 스승님께 인증을 청할 수는 있지만, 마음대로 다른 사람에게
말해서는 안 됩니다. 왜 그렇습니까? 당신의 마음속이 이미 오염되면
이런 생각도 이미 오염되었습니다. 마치 하나도 보지 않은 것처럼 일체
경계를 잘 볼 수 있다면 좋습니다. 본 것을 내가 알고서도 마음에 인상을
남기지 않으면 이런 공부가 최고입니다. 십이인연十二因緣에서는 「애愛·
취取·유有」를 말합니다. 바로 「유有」를 끊어버림이 인상을 남기지 않음
이고, 최고의 공부입니다.

《학불문답學佛答問》 싱가포르 거사림 2001.08.22.

阿彌陀佛身金色
相好光明無等倫
白毫宛轉五須彌
紺目澄清四大海

光中化佛無數億
化菩薩眾亦無邊
四十八願度眾生
九品咸令登彼岸

두 사람에게 염불을 권할 수 있으면
자신이 정진하는 공덕보다 뛰어날 수 있고,
십여 명에게 권하면 복덕이 이미 무량하다.
백천 명에게 권하면 진정한 보살이라 이름하고
또한 만여 명에게 권할 수 있으면
이 사람은 바로 아미타부처님이시다
-대자大慈보살《권수서방게勸修西方偈》

부록1

귀향歸鄕 : 혜침법사慧琛法師

혜양慧讓법사

혜침慧琛 법사는 「진실로 생사를 위해 보리심을 발하고 깊은 신원으로 부처님 명호를 지념하라(眞爲生死, 發菩提心, 以深信願, 持佛名號)」 이 16글자를 염불법문의 일대 강종으로 삼으셨다.

2012년 9월 22일

마지막 학기 무량수경 독송회 제1차 개강일, 새벽 6시 45분에 스님께서는 사바세계 무상한 색신을 버리시고 서방정토에 상주하는 법신을 성취하셨습니다.

원래 스님께서는 얼마 전에 물었습니다. "언제 개강하죠?" 계속 주지를 맡을 준비하고 있는지 뿐만 아니라 이번 수업을 담당할 것인지를 포함해서 물어보신 것입니다.

2012년 6월 2일

제3학기 무량수경 독경회에서 스님께서는 몸에 병이 있으면서도 마지막 1차 토론을 주지하셨습니다. 이는 스님의 일관된 태도로 법을 위해서는 몸을 돌보지 않으셨습니다.

5월 중순부터 암에 걸렸다고 검사받은 이후 생사를 대면하며 털끝만큼의 두려움과 근심도 보이신 적이 없으셨고, 오히려 늘 위안을 주는 사람의 역할을 하셨으며, 사람들에게 슬퍼하지 말라고 부탁하셨습니다.

처음 병에 걸리셨을 때 근육과 뼈가 쑤시고 아파서 손으로 누르고 비벼야만 했습니다. 말학이 "효과가 있습니까?" 하고 물었더니, 스님께서는 "효과가 있는 기한은 이미 지났어요."라고 대답하셨습니다. 색신은 기한이 이미 지나버린 통조림 같이 점점 못쓰게 되기 시작했습니다.

비록 색신은 더 이상 쓸모가 없어 보여도 오히려 스님께서는 시종일관 설법을 그만두지 않았습니다.

한번은 말학과 법사님 한 분이 스님의 치료방식에 관해 다른 의견이 있었습니다. 며칠 후 스님께서는 말학에게 말씀하셨습니다. "인내가 필요하죠." 또 말씀하셨습니다. "이번 병이 우리들에게 선정과 지혜를 모두 증장시켜 줄 수 있길 바래요."

어느 날 스님께서는 갑자기 말학에게 "스님이 느끼기에, 한 사람은 보았다고 하고, 한사람은 보지 못했다 하는데, 어느 사람이 거리가 더 가깝습니까?" 생각해보라고 하셨습니다. 비로소 해공제일解空第一인 수보리 존자가 진실로 부처님을 친견하셨음에 분명합니다.

마지막 동안에 수秀 법사께서는 스님을 위해 스승님(지공 상인)의 법문을 읽어주셨고, 도道 법사께서는 스님을 위해 스님이 주해하신 《반주삼매경》을 읽어주셨습니다. 그리고 말학은 항상 스님이 교실에서 설법하시는 모습을 회상하면서 스님과 함께 담소를 나누었습니다. … 그리고 불법의 자윤滋潤이 스님의 색신 통증을 조금이나마 완화시켜줄 수 있길 기도하였습니다. …

왕생하기 2주 전, 스님께서는 암세포가 확산되고, 사지가 무력하여 침상에 누워계셨습니다. 이때부터 몸과 마음이 모두 순진한 어린 아이처럼 돌아가셨습니다. 하루는 잠에 들기 전, 스님께서 갑자기 아주 그럴듯하게 말씀하셨습니다. "당신에게 작은 비밀 하나를 알려드릴게요. 부처님을 많이 생각하고 세간사를 적게 생각하십시오!" 점점 더 수많은 일들에 대해 스님께서는 웃기만 하셨고, 답은 하지 않으셨습니다.

스님께서는 일찍이 말씀하신 것을 회상하면서 아미타부처님의 배 위에 누워 염불하셨습니다. 당시 스님께서는 필시 아미타부처님의 무량한 사랑에 둘러싸여 있었음에 분명합니다. 어느 날부터 매일 잠에 들기 전에 우리들은 늘 약속하였습니다. "아미타부처님께서 오시면 아미타부처님께 우리들을 데리고 집으로 돌아가 주시길 청합시다!" 스님께서는 마치 유랑한 지 오래되었고, 집으로 돌아갈 준비를 마친 아이와 같이 뛸 듯이 기뻐하셨습니다.

2012년 9월 19일

스님께서는 말씀하셨습니다. "꼭 약속해주세요. 마지막 동안, 있어도 좋고 없어도 좋은 일들에 대해서는 인연에 따릅시다!" 이는 자백紫柏 대사님의 말씀과 같았습니다. "생사의 진실로 큰일을 제외하고는 나머지 모두 의논할 수 있다."

이것은 스님께서 마지막 한차례 입으로 남기신 가르침이었습니다. 우리들은 학회에서 수많은 다른 의견이 있을 때 인연에 수순하였습니다. 이를 계기로 집착과 오만심을 항복시켰습니다. 말학은 답하였습니다. "최대한 해볼게요." 스님께서는 말씀하셨습니다. "최대한이라 말씀하시지 마시고, 꼭 약속해주세요."

거의 13년이나 되도록 이렇게 강요하신 적은 드물었습니다. 원래는 더 이상 있을 리가 없었습니다. … (말학은 스님께서 장차 인연을 따름으로써 한길로 본분을 다하시고, 남은 생을 끝마쳤음을 명백히 알았습니다.)

스님께서는 말학에게 말씀하신 적이 있습니다. "경을 넣어둔 책장 가장 상층 오른편에 작은 편지봉투가 있는데, 그 안에 아미타부처님 상호 한 장이 있어요. 만약 어느 날 내가 벽에 걸린 아미타부처님을 또렷하게 보지 못할 때 기억해두었다 내가 손에 쥐어주세요."

작은 불상을 꺼내는 날이 되었습니다. …

9월 20일 저녁 10시경, 말학은 강당에서 돌아왔더니, 교대하시는 법사님께서 곁에서 앉아 계시며, 스님이 가래를 뱉도록 거들었습니다. 법사님께서 가신 후에 말학은 스님께서 바지에 변을 본채로 여전히 잠을 자고 계신 것을 발견하였습니다. 이는 스님께서 첫 번째로 배변한 것을 알지 못한 것이었습니다. 저는 스님의 몸을 깨끗이 닦아 드리고, 저고리와 바지를 갈아입혔습니다. 밤에 스님께서는 온 몸이 뜨거워졌습니다. … 잠을 자는 동안 말학은 작은 불상을 꺼내어 옆에 두었습니다. 스님의 들숨 날숨에 따라 조념염불을 하면서 스님을 위해 입에 든 가래를 닦아내었고, 몸을 돌려 등을 손으로 쳤습니다. … 이것이 그때 유일하게 할 수 있는 일이었습니다.

9월 21일, 40도의 고열에 견디기 힘들고 혼란한 상황에서도 스님께서는 시종일관 침착한 태도를 유지하셨습니다. 모짜이양莫宰羊[68], 한 첩을 보고서 물었습니다. "무슨 일이 발생했나요?" 스님의 귀 옆에 대고 낮은 소리로 말했습니다. "스님께서는 어제 저녁부터 시작하여 지금까지 열이 나고 몸이 천천히 나빠지고 있어요. 속히 그것을 버리고 아미타부처님을 따라 집으로 돌아가셔야 합니다."

잇따라 혼수상태가 계속 이어졌습니다. … 스님께서 잠들었다 생각하고서 모두들 제각기 떠들기 시작했습니다. 이렇게 스님을 괴롭게 하자 스님께서 갑자기 아미타불 염불 소리를 내었습니다. 원래 스님께서는 또렷하셨습니다. …

우리들은 걱정하지 않았습니다. 왜냐하면 "노스님은 자연히 편안하고 한가한 법이 있기 마련"이기 때문입니다. 다만 아쉬워하며 스님께서 많이 편안하시길 희망하면서 불보살께서 호지하시고 보우하시어 스님께서 신심이 경안하시고 자재 길상하시길 기원하였습니다.

계속해서 고열이 물러나지 않았습니다. 저녁에 스님께서는 미리 기약하는 숨을 헐떡이기 시작하셨고, 아미타부처님을 쳐다보았습니다. 비록 몸은 편치 않았을지라도 두 번 미소를 지었습니다. 이로써 스님께서는 아미타부처님께 귀의하는 신앙에 대해 의심이 없음을 드러내셨습니다. 부처님의 명호가 스님의 마음속에 일찍이 뿌리를 내렸고, 매 호흡마다 아미타부처님 염불소리가 동반하였습니다. 이날 밤 우리들은 스님의

---

68) 타이뻬이 음식. 양고기 중에서도 신진대사를 높여주는 10여 종의 한약과 함께 8시간 이상 끓인 양고기 전골.

헐떡거리는 숨소리의 인도를 따라 밤이 새도록 염불하였습니다.

9월 22일 새벽 4시 정각, 스님께서 또렷한 색신의 무너져 내림(敗壞)이 눈앞에 나타났고, 이미 일심으로 염불하여 정토에 태어나길 구하셨습니다. 그러나 중생들의 원을 만족시키기 위해 얼굴 앞에 있는 탕약을 수순하여 복용하셨습니다. …

대략 새벽 5 : 30 경, 혜침慧琛 사형師兄 스님께서는 이미 힘이 다해 약을 먹을 수 없었고, 억지로 먹을 필요도 없었습니다. 현재 단지 아미타불! 이 첨약만 먹고 있습니다. 스님께서는 말씀하신 적이 있습니다. "제일의 첨약은 아미타부처님이십니다. 최후의 첨약도 아미타부처님이십니다." 세간의 인연은 결국 짧아서 환幻 같고 화化 같습니다. 이 한바탕 꿈은 좋든 나쁘든 서방에 도착하면 깨어납니다. 스님께서는 현재, 옆으로 누워서 아미타부처님의 품속에서 염불하고 계십니다. 우리들은 이미 사바세계에서 유랑한지 너무나 오래되어 아미타부처님께서 우리들을 데리고 집으로 돌아가길 청할 뿐입니다.

(일찍 스님께서는 억지로 색신이 괴로움을 받는 치료방식을 받을 필요가 없다고 부탁하시면서 말씀하셨습니다. "한 사람 한 사람 모두 다른 생명의 여정을 가지고 있습니다. 이것은 저의 업이니 제가 분명히 알아야 됩니다. 이 길은 제가 먼저 가보고 만약 좋지 않다면 뒤의 사람이 이 방식을 사용할 필요가 없음을 알 것입니다.")

스님 최후의 가르침은 이러합니다. "더 이상 나는 없다. 있는 것은 인연에 따라 자적自適하고 태연하게 처신할 뿐이다."

하오 5시 정각, 대중 승려들은 스님을 나무 침상으로 이동할 준비를 하였습니다. 말학은 다라니 포를 젖히고 보니, 스님께서 좋은 기분으로 미소를 지으셨습니다. 스님께 말했습니다. "우리들이 늘 같이 염불하던 곳, 우리들은 현재 연풍루蓮風樓에 있어요."

실제로 스님께서는 이미 연화국(극락세계) 사람으로 아미타부처님의 설법을 듣고 시방세계에 공양하러 갔습니다.

일전에 우리들은 스님께 물었습니다. "서방에 가시면 어디에 있든 우리들을 기억하고 기다리실 거죠." 스님께서는 말했습니다. "나는 놀러갈 거예요. 너희들을 기다리지 않을 거야." 다시 스님께 물었습니다. "누가 먼저 가나요?" 스님은 대답하셨습니다. "당연히 나죠."

왕생하기 하루 전날 어렴풋한 가운데 스님께서 말씀하시는 걸 들었습니다. "감사해요."

한동안 스님께서는 늘 우리들에게 감사를 표시했습니다. 그러나 정말 감사해야 하는 것은 우리들입니다. 스님께서는 언제나 한결같이 참된 정성으로 상대해주셨고, 사심 없이 가르쳐주셔서 감사드립니다. 스님께서는 참 정성의 대가는 "무아無我"라고 말씀하셨습니다. 오직 무아가 되어야 참 정성일 수 있습니다. 바로 마지막 동안에 스님께서는 이를 철저히 실천하셨습니다.

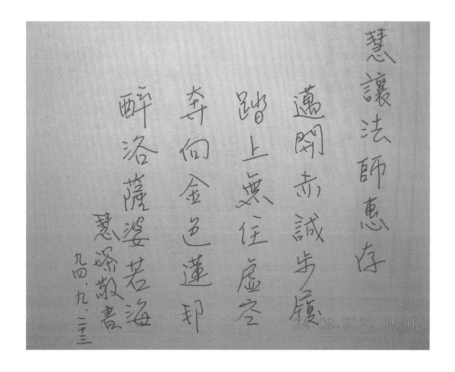

일찍 스님께서 말학에게 스님께서 편저하신《반주삼매경주般舟三昧經注》를 선물로 주시면서 책 가운데 게송 한수를 적어 주셨습니다.

邁開赤誠步履 참정성으로 한걸음씩 내딛을뿐
踏上無住虛空 허공처럼 길 위에 머물지 않고
奔向金色蓮邦 황금빛깔 극락세계로 달려가며
醉浴薩婆若海 살바야해 풍덩빠져서 멱을감네

이것이 바로 스님께서 이 세상 사바세계에 계시던 모습입니다.

보충기록 :

9월 21일 저녁 10시경, 화상께서 스님을 방문하러 오셨습니다. 당신이 보시기에 한 무리의 사람이 스님의 침상 곁을 둘러싸고 있어 갑자기 한마디 하셨습니다. "혜양 스님, 휴식하시게!" 스님께서 모두 다 쉬도록 청하심을 알고서 모두 다 잇따라 숙소로 돌아갔습니다.

스님께서 왕생하신 후 말학은 스님의 원고를 정리하다가, 스님께서 가장 쓰기 편한 한마디 말 가운데 스승님께서 말씀하신 "휴식하시게!" 가 실제로는 "애쓰셨네!" 임을 발견하였다. 분명히 스님께서도 그랬습니다. 왜냐하면 잇달아 계속 끊임없이 마지막 한 호흡에 이르기까지 줄곧 명호를 집지하셨습니다.

삼매를 증득하게 되면 윤회계를 벗어나
왕생극락하는 것은 필연지사이니,
조금의 의심도 할 여지가 없는 것이다.
삼매를 얻기 위해서는 문을 걸어 잠그고
바깥 모든 사람들과 대면을 끊고
말을 일체하지 아니하고,
일심一心으로 염불에 전력을 하지 않고는
결코 삼매를 얻을 수 없다.
-성일대사, '염불수행대전' 중에서

관음보살이 오른손으로 혜일스님의 이마를 만지시면서 말씀하시기를
"네가 법을 전해 자리이타自利利他를 바란다면 서방정토, 극락세계,
아미타국을 권하노니, 염불하고 송경誦經하여 정토에 회향하라.
저 국토에 이르고 나서 부처님과 나를 보면 큰 이익을 얻을 것이다.
너 스스로 마땅히 알아야 한다. 정토법문은 모든 수행 가운데
가장 수승한 것이다"라 설하고 홀연히 사라졌다.
- 송고승전

부록2

담허법사 법문 : 참선 화상과 염불 화상

담허倓虛법사法師

담허법사倓虛法師(1875-1963) : 중년에 출가하여 근대 천태종 고승인 체한 법사를 따라 수학하셨다. 불교교육을 일으키시고 도량을 건설하는 방면에 뚜렷한 공헌이 있다. 1925년 체한 노화상께서 담허에게 천태종 제44대 법권法眷을 전하시고, 담허대사는 천태종 44대 후계자가 되셨다.

제가 말씀드린 것으로 기억합니다. 2년 전에 말씀드렸었죠. 근래에는 말씀드린 적이 거의 드뭅니다. 하나는 참선 화상에 관한 이야기이고, 하나는 염불 화상에 관한 이야기입니다. 이 두 가지를 한번 비교해보겠습니다. 저는 이전에 체한諦閑 노법사님을 따라가서 가르침을 배웠습니다. 그는 그곳에서 참학參學하셨습니다. 체한 노법사님께서 이렇게 말씀하시는 것을 들었습니다. "자신에게는 좋은 점이 있어요. 남에게 경전을 강설해 주는 좋은 점이 있어요. 공부를 할 줄 몰라도 공부를 하고, 공부를 할 줄 알면 더 잘 할 겁니다." 그래서 저도 말씀드리겠습니다. 들은 적도 있고 듣지 않은 적도 있겠지만, 제멋대로 들으면 듣지 않은 것이나 마찬가지이니, 잘 들어야 합니다.

1. 참선 화상, 일념에 어긋나 자살하여 토지공이 되다

체한 노법사께서는 두 명의 제자를 거두었습니다. 큰 제자가 있었는데, 이 사람을 간단히 말하면, 어떤 사람이 체한 노법사를 따라 출가하라고 소개를 시켜주었답니다. 출가 전에 그는 이미 결혼을 하여 집사람이 있었고 작은 딸 하나를 낳았습니다. 그는 가족에게 상의도 하지 않고 출가를 하려고 했는데 당연히 그의 아내는 동의하지 않았죠. 이후 아마도 좋은 인연이면 말하기 어려웠을 겁니다. 아무튼 그의 발심이 단호하여 출가를 하지 않으면 안 되었고, 체한 노법사께서 그를 제자로 거두었습니다. 그는 참선하길 좋아했죠. 참선, 어디에 가서 참선을 하나? 중국에서 가장 유명한 선방(禪堂)은 전장(鎭江)의 금산사金山寺로 절은 장강長江 안의 작은 섬에 세워져 있습니다. 그는 자신이 발심 출가하여 당연히 매우 지극성심이어서 집도 필요 없었습니다. 아내에게 상의하지 않는 것이 좋겠다고 여겨 먼저 출가하였습니다. 딸은 몇 살 안 되어 형제 집에 맡겼습니다. 그의 아내는 생각을 떨쳐버리지 못하고 강에 뛰어들어 죽었습니다. 그는 상관하지 않고 어쨌든 출가하여 수행하려고 했습니다. 아내를 되살리려 노력하였으나 그것에 상관하지 않고 그는 참선을 해보겠다고 하였습니다. 체한 노법사께서는 이에 그를 금산金山 선방에 보내어 수행하게 하였습니다.

그는 매우 열심히 10여 년을 수행하여 조금 명예를 얻고 적지 않은 제자를 거두어 선방 수좌首座가 되었습니다. 제자가 되는 이도 있고, 공양을 하는 이도 있어, 먹을 것·입을 것·머물 곳이 모자라지 않았습니다. 그러자 마음속에 탐심이 생겨났습니다. 먹을 것이 생기고, 머물 곳이 생기고, 공경하는 사람이 생기면서 마음속에 자만심이 생겨났습니다. "당신들이 보기에 참선은 쉽지 않아." 그에게 망상이 치고 들어왔고 득의만만했습니다. 어찌 그가 출가할 때 그의 안사람 귀신이 그를 따라다닌 지, 10여년이 된 것을 모르겠습니까? 그의 안사람은 동의하지 않았고, 그가 출가하는 것을 원치 않았습니다. 귀신은 그를 따라다니며 그를 방해하고 싶었습니다. 그가 참선을 열심히 공부하여 호법신이 보우해서 귀신은 그에게 가까이 다가가 미혹시킬 수 없었습니다. 그런데 그가 망상, 탐욕, 자만심이 치고 들어오자 도행道行에서 물러나 잃어버리고 말았습니다.

호법신이 떠나고 귀신의 활동이 손쉽게 되자 돌연 그의 몸으로 달려들었고, 그를 현혹시켜 강물에 뛰어들게 했습니다. 그는 탐심과 미혹으로 인해 마음대로 할 수 없었습니다. 금산사는 사방이 모두 물이었습니다. 맑은 날, 산은 마치 천상에 있는 것 같았고 하늘은 강물을 비추었습니다. 그가 강에 뛰어들려고 했습니다. 그의 몸에 귀신이 붙어서 몸이 자기 마음대로 되지 않아 강물에 뛰어 들었습니다. 어떤 사람이 이를 보고 그를 구해 올라와서 "어떻게 된 일입니까?" 하고 말했습니다. 그는 어떻게 된 일인지, 전혀 몰랐습니다. 며칠이 지나고 그는 또 강물에 뛰어들었고, 또 다른 사람이 그를 구해 올라왔습니다.

금산사 방장方丈 화상께서는 "이거 좋지 않아! 수좌에게 마魔가 들렸어. 그는 물이란 걸 이해하지 못해. 아마도 익사할 수도 있어! 서둘러 그의 스승님이신 체한 노법사님께 알려 드리고, 그를 데리고 가시라고 청해야 겠다."고 말했습니다. 그의 스승이신 체한 노법사께서는 이때 마침 영파 寧波에서 절을 세우고 불상을 빚으며, 무너진 절을 중수重修하고 있었습니 다. 금산사에서 소식을 보내왔습니다. "당신의 제자가 이곳에서 두 차례 강물에 뛰어들었는데 죽지는 않았습니다. 그에게 어떻게 된 일인가? 물었더니 그도 모르더군요. 정신이 나간 것 같으니, 당신이 그를 데려가셨 으면 합니다!" 체 노법사는 그가 당신의 제자이기에 다른 사람이 가면 안 되겠다는 생각이 들었습니다. 체 노법사가 직접 한번 금산사에 가야만 했습니다. 그에게 오라고 해도 그는 오지 않았고, 가라고 해도 가지 않았습니다. 이것은 모두 체 노법사께서 말씀하신 것을 들은 것으로 모두 정말 있었던 일입니다.

실제로 그는 귀신이 몸에 달려들어 멍해진 것입니다. 평상시 그는 좋은 사람 같았고 좋은 말도 했습니다. 그는 강물에 뛰어들 때 전혀 모른다고 말했습니다. 체 노법사께서는 말씀하셨습니다. "가자! 훼방 놓지 말고. 그 사람들은 모두 수행인인데 너는 강물에 이렇게 뛰어들었다가 저렇게 뛰어들었다 하느냐. 나를 따라 가자!" 그때 윤선輪船은 삿대로 젓는 너벅선으로 강물 위를 움직였습니다. 윤선 안에 두 개의 침상이 있었는 데, 바닥에 하나, 위에 하나가 있었습니다. 체 노법사께서는 아래에서 주무시고 그는 위에서 잤습니다. 사람들은 잘 지냈고 도중에 평안히 아무 일도 없이 배에 앉아서 영파 관종사觀宗寺로 돌아왔습니다. 그가 금산사에 10여 년 있었기 때문에 신분이 있는 수좌로서, 당연히 승방 한 칸에 안주하면서 그곳에서 수행하게 되었습니다! 그리고 아무 일도 없었습니다.

어느 날 아침 식사 때에 그는 밥을 먹으러 가지 않았습니다. 체 노법사께서 그가 늘 정신이 빠져있어 염려하셨습니다. 일하는 사람에게 방을 뒤져서 그를 찾아보라고 했습니다. 그의 방안에는 아무도 없었고 뒤쪽의 창문이 열려있었습니다. 체 노법사께서는 말씀하셨습니다. "큰일이군! 좋지 않아! 이 방문은 모두 잘 닫혀있었는데, 창문으로 나가버렸군. 이거 좋지 않아! 강물에 뛰어들거나 하천에 뛰어들러 갔을 수도 있고……." 이때 절 안의 대중들에게 각각 따로 가서 찾아보라고 했습니다! 절 부근에 성벽 밖으로 호성하護城河가 있었는데, 물이 꽤 깊어 범선이 진입할 수 있었습니다. 먼저 사찰 내에서 찾았으나 사람이 없었습니다. 대중들은 하천변을 따라 오가며 찾았습니다. 하천은 절을 크게 둘러싸며 성으로 통해 있었습니다. 대략 반리 길을 찾다가 그가 이미 하천에 빠져 죽어있는 것을 발견하였습니다. 할 수 없이 다가가 건져 올리고서 시신을 매고 사찰 내로 돌아와 그에게 경전을 염하고 천도재를 지낸 후 매장해 주었습니다.

그런데 그가 출가할 때 어린 딸이 큰 성인으로 자라나 시집을 가게 되었습니다. 옛날 아버지가 출가하고 어머님이 죽자 친척집에 머물렀다, 외할머니 집에 머물렀습니다. 오늘 그의 딸이 왔습니다. 체 노법사께서 마침 사람을 보내 그의 딸에게 소식을 전한 것입니다. 모두 성 안, 성 바깥 멀지 않은 곳에 그의 딸이 울면서 오는 모습을 보았습니다. 그녀는 체 노법사님께 "저는 밤에 꿈을 꾸었습니다."라고 말씀드렸습니다. 또 "그녀의 부모님이 오늘 부임했습니다."라고 말했습니다. 체 노법사께서는 어디에 부임하였는지 물었습니다. 그녀는 그녀의 부친은 토지신 사당(土地廟)에서 토지신(土地爺)을 담당하고, 그녀의 어머님은 토지할매(土地奶奶)를 담당하고 계시다고 말했습니다. 이에 체한 노법사께서는 활연 대오하여 그 원인을 명료하게 알았습니다. 공교롭게도 사찰 바깥 멀지 않은 곳에 가장 최근 토지신 사당이 새로 세워졌습니다. 이때 동수 여러분이 모두 그에게 경을 염송해 주었고 그의 딸은 통곡하였습니다. 체한 노법사께서는 "너는 오늘 토지공을 맡았다. 우리들이 너를 위해 천도하니, 너는 우리들에게 모습을 드러내어 보여 주거라!" 이때 한바탕 회오리바람이 한참 동안 매우 크게 불었습니다. 법사께서는 이것은 반드시 그가 모습을 드러낸 것이라고 말했습니다. 체한 노법사께서는 이것은 참선하는 수행자가 일념의 짧은 순간에 어긋나면 이러한 모습에 떨어짐을 비유한 것이라 말씀하셨습니다.

2. 염불 화상, 폐관염불로 선채로 왕생하다

체한 노법사께서 말씀하셨습니다. 이전에 나는 제자가 한 명 있었는데 이 사람은 손기술자(手藝人)이었습니다. 속어로 「땜장이(鍋漏匠)[69]」라고 하는데, 바로 쟁반, 접시, 그릇, 자기 등이 부서지고 깨어져도 톱(鋸)[70]으로 잘 수리하여 다시 사용하도록 하는 기술자인데, 요즘은 없습니다. 옛날에는 그릇이 세 조각, 네 조각으로 깨어져도 톱 위에 올려놓으면 똑같이 사용할 수 있었습니다. 외국인들은 중국에서 톱 위에 올린 그릇, 대야를 보면 이것이 무엇인지? 모릅니다. 이 톱 위에 올려놓으면 사용할 수 있습니다. 이전 사람들은 모두 물건을 아껴 썼습니다.

그 당시 체한 노법사께서는 금산에서 참선을 하고 계셨습니다. 오래전에는 경전을 강설하셨습니다. 몇 년 동안 경전을 잘 강설하셨지만, 사람들은 모두 그는 참선을 한 적이 없어 그의 설법은 득력得力을 하지 못했다고 말했습니다. 노법사께서는 참선을 무엇이라고 느꼈을까요? 노법사께서는 금산에 여러 해 머물면서 그곳에서 참선을 하셨습니다. 이후 경전을 강설하면서 비로소 믿는 사람도 있었고, 듣는 사람도 있었습니다.

그가 금산에 머물 때 지객知客[71]을 담당하였습니다. 어느 날 고향집으로부터 고향사람 한 분이 오셨는데, 그의 어릴 적 소꿉동무였습니다. 체한 노법사께서는 원래 상인으로 그의 외삼촌을 따라서 의학을 배운 적이 있습니다. 이때 금산에서 지객을 담당하고 있을 때 고향사람이

---

69) 땜일(쇠붙이에 땜질하는 일)을 업으로 하는 사람을 말한다.
70) 일종의 특수 제작된 다리가 둘인 갈고리못(鉤釘)으로 파열된 도자기 등 기구를 꿰매고 보완해서 붙이는 것을 말한다.
71) 사찰에 오는 손님을 다른 승려들의 수행에 방해가 되지 않도록 손님을 보살피고 배려하는 직무.

그를 찾아온 것입니다. 그릇을 수선(鑢)하는 손기술자가 그를 찾아와서 출가를 하고자 하면서, 스승이 되어달라고 말했습니다. 체한 노법사께서는 말씀하셨습니다. "자네는 안 되네! 출가하기에는 나이가 너무 많아! 40여 살이라니! 책도 못 읽으니, 경전과 교법을 배워야 하는데 배울 수가 없을 것이고, 게다가 고행 또한 참아낼 수 있겠는가. 출가는 번뇌를 찾는 일이 아니지 않은가?" 그에게 여러 차례 권했지만, 그는 출가를 하지 않을 수 없다고 고집을 부렸습니다. 어릴 때부터 알고 있었고, 또 고향사람이고 해서 체 노법사께서는 어쩔 수 없이 말씀하셨습니다. "자네가 그래도 출가하고자 한다면 나의 말을 들어야 할 걸세. 나는 자네를 거두어 제자로 삼을 것이야." 그는 말했습니다. "그것은 당연하지. 자네를 사부로 인정하겠네. 자네가 무슨 말을 해도 반드시 듣겠네."

법사님께서 "자네가 내 말을 듣는다니, 자네 나이가 얼마나 많은데! 경전과 교법을 배워도 늦을 것 같고. 자네가 직접 수행하려면 나의 말을 듣게나."라고 말씀하자, 그는 "자네가 무슨 말을 해도 다 듣겠네. 나를 출가시키기만 하면"이라고 말했습니다.

또 법사님께서는 말씀하셨습니다. "예전에 땜질하는 한 손기술자가 있었는데 출가 수행하여 도를 성취하였지. 자네도 그를 따라 배우고 또 배우시게." 그도 말했습니다. "자네가 나를 거두어 제자로 삼기만 한다면 무슨 말을 하더라도 다 듣겠네."

이에 체한 노법사께서는 그를 제자로 받아들이며 말씀하셨습니다. "자네가 출가한 이후에도 계를 받을 필요가 없네. 내가 자네에게 작은 절을 구해줄 테니, 자네는 절문을 나서지 말고 노실老實하게 염불하시게. 내가 자네에게 몇 명의 공덕주를 구해 줄 테니, 자네를 호지護持하고 식사를 공양할 걸세."

당시에 남방 영파寧波에는 부처님을 믿는 사람이 매우 많아서 웬만한 마을마다 작은 절이 있었고, 모두 부처님께 절하고 부처님을 믿는 사람들이 있었습니다. "나도 가본 적이 있는데, 그곳에서 3년 내내 머물렀었지. 내가 자네에게 작은 절을 구해주겠네. 그 안에서는 아무것도 필요하지 않네. 자네는 단지 「나무아미타불」이 여섯 글자를 염하기만 하면 되네. 염불하다 지치면 쉬고, 잘 쉬었다가 다시 염불하여 깜깜한 밤이나 대낮에도 중간에 끊어짐 없도록 염하시게. 어떤 일에도 관여하지 말고 때가 되면 두 끼 식사를 하시게. 나는 자네에게 좋은 공덕주를 구해 주겠네."

체 노법사께서는 그때 명성과 인망이 매우 높으셔서 신도가 매우 많아 사람들에게 이런 일을 잘 처리할 것을 부탁하셨습니다. 그에게 수행방법을 가르치셨는데, 바로 폐관閉關으로 이를 방편관方便關72)이라고 합니다. 작은 사찰에 한 사람이 머물게 하고, 매일 노보살(老太婆)이 때에 맞춰가서 두 끼 밥을 지어 주러 옵니다. 그는 땜질 기술을 팔지 않아도

---

72) 폐관閉關에는 세 가지가 있다. 1) 방편관方便關으로 시일, 장소, 심리상태, 방법을 한정하고, 세상과 단절하며, 마음을 고요히 하고 수행함을 말한다. 2) 생사관生死關으로 생사를 끝마치기 위해 전일하고 순수하게 공부하되 일체를 내려놓고 마음을 장벽처럼 기한을 정해서 증득을 취하고 생사를 깨뜨릴 것을 서원함을 말한다. 3) 원만관圓滿關으로 육근의 문을 닫아걸고 육진에 떨어지지 말며 근진根塵을 멀리 벗어나서 동과 정에 평온함을 말한다.

됩니다. 체한 노법사께서는 그에게 이 수행법을 일러주셨습니다. 반드시 이 좋은 도를 닦으면 틀림없이 이익이 있을 것입니다. 그도 장래에 어떤 이익이 있는지 몰랐습니다. 체한 노법사께서는 곧 금산으로 돌아갔습니다.

이후 그는 3, 4년 염불 공부만 하였고, 어디로 가지 않았습니다. 그는 그때 처음 발심한 때라 용맹 정진하였습니다. 속담에 "출가 1년에는 부처님께서 눈앞에 계시고, 출가한지 3년이 지나면 부처님께서는 영산(靈山; 기사굴산) 저 멀리 떨어져 계신다."는 말이 있습니다. 사람들은 초발심 때 오직 이 법문만 말하면서 정성스러운 마음으로 끝까지 하나의 법문을 닦다가 시간이 길어지면 게을러지고 대단하게 여기지 않습니다.

그는 상세히 노법사의 말을 들었습니다. 단지 잠에서 깨어나기만 하면 염불하였습니다. 그는 종전에 땜질을 하면서 물건을 어깨에 메는 일을 하여 두 다리에 힘이 있으면 요불하면서 염불하였고 지치면 앉아서 염불하였습니다. 체한 노법사께서도 그의 염불이 어떠했는지는 모르셨습니다. 단지 이렇게 3, 4년을 염불했을 뿐입니다. 어느 날, 그는 밥 짓는 노보살에게 일러주었습니다. "내일 밥 지을 필요가 없어요. 저는 점심밥을 먹지 않을 겁니다." 노보살은 내일 어떤 사람이 그를 초청한 것이 틀림없다고 여겼습니다. 3, 4년 동안 그가 어디로 가는 것을 보지 못했기 때문입니다. 그는 그 지방에 두 명의 친척 친구가 있다고 말했습니다. 그는 나갔다가 얼마 안 되어 돌아온 후 노보살에게 말했습니다. "내일 아침에 밥을 지을 필요가 없습니다." 노보살은 그가 한번 나가서 내일 어떤 사람이 그에게 식사 초청을 한 것이 틀림하다고 여겼습니다.

둘째 날, 노보살은 스승님이 염려가 되어 식사 때 작은 절에 가서 외출에서 돌아오셨는지 살펴보았더니 안 계셨습니다. 작은 절은 빈궁하여 도둑질 당할 걱정은 없었습니다. 비록 문은 있었지만, 열려 있었습니다. 노보살이 말했습니다. "스승님이 식사하시고 돌아오셨나?" 안에는 대답하는 사람이 없었습니다. 방안으로 들어가 보니, 그는 얼굴은 창밖을 향하고 염주를 손에 쥔 채 침상 아래쪽에 서 계셨습니다. 노보살이 살펴보고, 그에게 말을 걸어보니 그는 대답하지 않았습니다. 자세히 살펴보니, 스승님은 이미 돌아가셨습니다! 서서 돌아가셨습니다. 염불하다 선 채로 돌아가셨습니다. 노보살은 깜짝 놀라서 인근 사람들을 향해 말했습니다. "스승님께서 선 채로 돌아가셨어요!" 이러자 여러 사람들이 보러 왔습니다. 스승님이 한 손에는 염주를 쥐고 다른 손에는 재를 움켜쥐고 있었습니다. 손을 열어보니 그의 손에는 8, 9원의 은화가 있었습니다. 그 당시 남방인이 가래를 뱉은 타구는 법랑 그릇이 아니라 안에 약간 물이 들어 있었습니다. 그것은 모두 재 상자이고, 네모난 잔 그릇으로 상자 안에는 작은 재(小灰)가 놓여있었습니다. 사람들은 재에다 가래를 뱉었고, 격일로 새로운 재로 바꾸었습니다.

그 가래를 뱉는 재 상자를 보니, 안과 밖이 온통 작은 재였습니다. 그의 손에 작은 재 하나를 집어내니, 손에는 8, 9원의 은전이 쥐어져 있었습니다. 사람들은 그가 땜질을 할 때마다 반드시 몇 원의 돈을 모았음을 알게 되었습니다. 그 당시 은전은 매우 귀한 것으로 모은

돈을 궤 상자에다 넣지 않고 자물쇠도 없는 가래받이 재 상자에 묻어 두었습니다. 누가 물건을 훔쳐도 가래받이 재 상자를 훔치겠다고 생각이나 하겠습니까! 그는 사후에 다른 사람이 모를까봐 걱정한 것입니다. 그는 돈을 손안에 꽉 쥐고 선 채로 염불하다 왕생하셨습니다. 그는 이 돈을 손에 쥐고 사람들에게 보여서 뒷일을 잘 처리하라고 미리 준비하셨습니다. 마땅히 이러한 이치는 체한 노법사님께서 말씀해 주신 것입니다.

그 후 그의 몇몇 호법거사께서 체한 노법사에게 소식을 전해 주었습니다. "당신의 제자께서 선 채로 돌아가셨습니다!" 체한 노법사께서는 배를 타고 둘째 날에 오셨습니다. 바라보니, 그렇게 선 채로 이틀, 사흘을 이렇게 똑바로 서 있었습니다. 체 노사부께서는 비로소 그에게 뒷일을 마쳐 주었습니다. 노법사께서는 말씀하셨습니다. "그렇지! 자네의 이번 출가는 헛되지 않았네. 당대의 법사와 견주어도, 방장주지와 견주어도 매우 뛰어나오. 자네처럼 이렇게 성취한 사람은 많지가 않구려!" 노법사께서는 그를 매우 찬탄하셨습니다.

저는 체한 노법사의 두 분 제자를 말씀드렸습니다. 한 분은 참선한 화상이시고 한 분은 염불한 화상이십니다. 여러분께서 비교를 한번 해보십시오. 참선하신 화상께서는 몇 년 동안 각고의 공부가 있었으나, 토지신이 되었습니다. 자유자재로 손기술을 부리는 땜쟁이, 이분께서는 3, 4년 염불하고서 선 채로 가셨으니 진실한 공부가 있었던 셈입니다. 저는 체한 노법사께서 두 차례 말씀하신 것을 들었습니다. 이것은 실제로 있었던 일로 사람들에게 매우 주의시키고 훈계할 수 있는 이야기입니다.
오늘 제가 이렇게 말씀드린 대로 여러분들께서는 염불법문이 참선과
견주어서, 지관 수행과 견주어서, 밀종의 수행과 견주어서 실제로 훨씬
뛰어나고 쉽다는 것을 모두 알아야 합니다! 염불법문은 사람마다 모두
행할 수 있고, 교리를 명백히 다룰 필요도 없습니다. 다만 (염불법문에)
의심을 품지 말고, (다른 수행과) 뒤섞지 말며, 중간에 끊어짐 없이
기꺼이 염불하기만 하면 틀림없이 아미타부처님의 극락국토에 왕생할
수 있습니다.

사람들은 지금 오로지 염불하고,
염念하는 사람들은 깊은 선禪에 들어가네.
초저녁에 단정한 마음으로 앉으면
서방세계가 눈앞에 있도다.
염하는 것이 곧 무념無念인 줄 알고,
무념이 곧 진여眞如인 것이다. 만약
이와 같은 중도의 뜻 요달하면
이름하여 법성주法性珠라 한다.
−법조대사, 정토오회염불약법사의찬

부록3

주야경행염불晝夜經行念佛의 수승한 점

연열演悅법사

주야경행염불방법은 일반적인 산심염불散心念佛과 다릅니다. 그것은 정토종에서 가장 이른 수련방법입니다. 이전 조사 대덕들은 몇몇 관문을 빨리 돌파하는 폐관閉關 비법으로 대용맹大勇猛 · 대정진大精進 · 대행지大行持의 원칙을 굳게 지키며 쉬지 않고 정진하면서 장시간 경행 중에 염불하고, 호흡과 신심을 결합하여 함께 염하였습니다! 몇몇 사람들은 장시간 수행으로 도달할 수 없는 효과, 즉 현생에 견불見佛하고 당생에 성취하여 부처님의 수기를 받고 무생법인無生法忍을 얻으며 불도를 원만히 성취하는 이러한 목표에 매우 빨리 도달할 수 있었습니다.

경행염불은 수학하는 동안 혼침(昏沈 ; 침울한 상태)과 도거(掉擧 ; 고양된 상태)에 빠지지 않는 효과를 거둘 수 있습니다. 몇몇 사람들은 염불할 때 잠깐 염불하여도 졸리는데, 경행염불을 하면 졸리지 않습니다. 염불을 할 때 몇몇 사람들은 마음속에 망념이 흩날려 그칠 수 없지만, 경행염불하면 마음이 매우 안정됩니다. 이것은 힘써 공부하는 방법이기도 하고, 양생養生의 도이기도 합니다. 정종의 조사이신 혜원慧遠 대사, 선도善導 대사, 승원承遠 대사, 법조法照 대사는 이 염불법문을 닦았습니다. 일반적으로 「반주삼매般舟三昧」라 불리며, 완전히 주야로 경행염불하는 것으로 앉지도 눕지도, 짚지도 기대지도, 무릎 꿇지도 절하지도, 기어가지도 않으며, 걸어가는 것을 제외하고 바로 선 채로 밤낮으로 24시간 중단하지 않고 요불繞佛하며 염불하는 것을 말합니다.

반주般舟라는 말은 본래 범어로 번역하면 불립佛立입니다. 그래서 반주삼매는 「불립삼매」라 불립니다. 또한 이 염불법문은 앉지도 눕지도, 잠자지도 않으며, 쉬지 않고 늘 걷기 때문에 「상행삼매常行三昧」라고도 합니다. 이 수행법은 《반주삼매경》에 나옵니다. 이 경은 현존하는 대승경전 중에서 가장 이른 경전이자 정토경전의 선구입니다. 심지어 옛날에는 이 경을 《불설아미타경》의 가장 이른 문헌이라고 여기는 대덕도 있었습니다.

그렇다면 왜 정토경전에는 《반주삼매경》이 없을까요? 부처님께서 경(반주삼매경 3권 본)중 〈수결품受決品 제7〉에서 "부처님께서 발타화에게 이르시길, 내가 반열반(般涅盤)에 든 후 이 삼매는 마땅히 40년 동안은 존재하나 그 후에는 다시 나타나지 않을 것이니라. 사라진 후에 난세에 불경이 잠시 단절될 때 모든 비구가 더 이상 불교를 이어 받지 않느니라. 그런 후 난세에 나라들이 서로 전쟁을 일으키느니라. 이때에 이 삼매는 마땅히 다시 사바세계(閻浮提)에 나타나느니라. 부처님의 위신력을 사용하는 까닭에 이 삼매경이 또한 출현하느니라."

이 때문에 우리 불교도는 반드시 목숨을 걸고 《반주삼매경》을 호지할 것이고, 피땀으로 《반주삼매경》을 호지할 것이며, 의지와 원력으로 《반주삼매경》을 호지하여 《반주삼매경》이 영원히 세상에 머물게 하고, 발양시켜 한층 더 빛나게 해야 하며, 전 세계 방방곡곡까지 유통시키고 나아가 진허공盡虛空 · 변법계遍法界까지 유통시켜야 합니다.

석가모니부처님께서 법을 전한 사람인 마하가섭존자는 바로 반주행법般舟行法으로 보리를 성취한 사람 중 한 사람입니다. 다문제일多聞第一인 아난阿難 존자는 49년 간 경전과 도법을 듣고 단지 초과인 수다원須陀洹만 증득하고 부처님께서 열반하신 후 경전을 결집할 때 500아라한이 모였는데, 아난존자는 아라한이 아니라 결집에 참여할 자격이 없어 거절당하고 문밖에 있었습니다. 그 후 아난존자는 7일 밤낮으로 반주를 행하고 최고의 소승 4과인 아라한을 증득하여 문틈으로 날아 들어가 경전을 결집할 수 있었습니다. 또 주리반타가周利盤陀伽 존자란 분이 있었는데, 대중들이 누구나 다 그의 자질이 우둔하여 도를 성취할 수 없다고 여겼습니다. 부처님께서 이를 아시고서 그에게 빗자루를 주시고 매일 정사精舍를 청소하면서 "먼지와 때를 치운다."고 입으로 염하라 분부하셨습니다. 주리반타가는 비록 성향이 우둔하였지만 스승님의 가르침을 따라서 경건한 마음으로 봉행할 수 있었습니다. 한 자루의 빗자루는 한 마디 구결口訣입니다. 마음에 잡념이 없이 한 길(一路)을 쓸면서 여태껏 중단하지 않았습니다. 3년의 시간이 지나 아라한과를 증득하였는데, 그가 수행한 것도 반주행입니다.

부처님께서는 《법멸진경法滅盡經》에서, 《반주삼매경》은 말법시대에 가장 일찍 마구니에 의해 사라지게 되는 경의 하나라고 말씀하셨습니다. 왜냐하면 반주염불행법은 단도직입적으로 수행하여 득력할 때 쉽게 윤회를 벗어나 극락에 왕생하기 때문입니다. 현대 염불인의 왕생율(이병남李炳南 거사께서는 당대 사람으로 염불하여 진정으로 왕생하는 경우는 만분의 몇에 불과하다고 법문하신 적이 있다)과 대비하면 반주법문을 수습한 정토종 초조 및 그 당시 따르던 무리 123인 한 사람 한 사람이 왕생하여 모든 염불인에게 100% 왕생율을 바라도록 하였기에 학습할 만한 가치가 크며 염불인의 진정한 귀결점입니다.

반주수행의 특징은 단도직입적으로 수행해서 실제 증명하는 것으로 결코 우물쭈물하지 않습니다. 가장 간단하고 직접적이며, 문제를 회피하지 않고 직접 정곡을 찌릅니다. 곳곳마다 조작성操作性을 갖추면서도, 곳곳마다 모두 제일의제第一義諦입니다. 반주의 발걸음은 이와 같고, 반주의 호흡도 이와 같으며, 반주의 음성도 이와 같으며, 반주의 심법 또한 이와 같습니다.

반주의 걸음걸이는 반주행법의 기초와 근본이 있는 곳입니다. 일체의 수증修證이 다 반주의 걸음걸이 가운데 구체적으로 드러납니다.

1) 발을 내딛으면서 명호를 불러야 합니다. 발을 내딛으면서 명호를 부르면(踏帶上喊), 생명력이 있고 발을 내딛음을 따라 명호를 부르면(喊追隨

踏) 근根이 생깁니다. 두 가지를 결합하면 공덕이 10배 이상 증가합니다.

2) 발을 내딛는 단계는 걷는 단계 이상을 넘어섭니다. 왜냐하면 발을 내딛는 것이 있어야 반주행법이 있다고 말할 수 있습니다.

3) 몰래 내딛는 것(暗踏)은 내딛는 걸음에 진정한 생명을 부여합니다. 드러내 내딛는 것(明踏)은 반드시 오래 지속해서는 안 됩니다. 드러내 내딛는 것은 내동內動73)으로 전환하기가 매우 어렵습니다.

4) 발을 내딛는 것과 명호를 부르는 것의 유기적 결합은 전체 신체에 생명을 부여합니다. 전체 신심이 함께 융합되고, 신심이 함께 진동하는 것은 반주행법의 근본이 있는 곳입니다.

반주행법 중에 몇 가지 곤란과 관문을 만나는 것을 분별할 줄 알아야 합니다. 예를 들면 고통의 관문, 혼침의 관문, 경계상境界相과 상마想魔74)

---

73) "태극권은 내공권의 종류의 하나로서 내외를 같이 훈련하고 밖에서 안을 유도하고 다시 안에서 밖에 이를 것을 요구한다. 두 가지 내용이 있다. 1) 점차 매 하나의 자세를 복식 심호흡과 결합시켜 복부의 격근 승강활동과 흉부의 폐호흡 활동이 협조 진행하게 할 뿐만 아니라 점차 심화시킨다. 흉부, 등부, 복부 근육은 호형회전 중에서 세밀한 단련을 받게 된다. 2) 동작이 어떤 방향으로 가려면 먼저 내장 기관의 움직이는 방향을 잘 배치하여 외형을 이끌어야 한다. 내장 기관이 끊임없이 스스로 안마하고 압력을 받아 회전하고 움직이게 한다. 그렇게 함으로써 근육 내층도 세밀하고 정확한 단련을 받게 한다." 다음카페, 〈생활·운동 자연치유연구소〉
74) 상음想陰, 상온想蘊이라고도 함. 바깥 사물을 마음속에 받아들이고 상상하는 마음.

가 염을 빼앗는 상황 등이 있습니다. 수면은 사람마다 태어남과 동시에 모두 오는 것으로 입태入胎한 후부터 시작되므로 극복하기 매우 어렵습니다. 일반적인 행법은 한밤중이 되면 혼침이 언제나 생각지 못할 때 찾아옵니다. 대치하는 근본원칙은 같습니다. 즉 "큰 소리로 염불하고, 힘차게 발을 내딛으십시오!" 통상 염불당에서 이 같은 행법으로 원을 절반 돌면 정신을 차릴 수 있습니다. 요점은 혼침을 회피하지 않고 그것은 필연적으로 출현하는 것이라 여기고서 진실하게 받아들이는 것입니다. 관건은 혼침 중에도 여전히 염불을 유지할 수 있는가에 있습니다. 완강히 "물러나지 않고" 염불하면 "물러남이 없는" 과보에 대응합니다.

행법으로 이틀 밤낮을 보낸 후 몇 가지 경계상이 출현합니다. 거친 경계가 시작되는 경우 그 허상을 쉽게 볼 수 있어 속아 넘어가지 않습니다. 그러나 행법의 진행에 따라 경계상이 따라서 깊어지면서 눈에 보이는 것들이 변형되고, 진상眞相과 가상假相, 환각이 혼재되어 일어나면 분별하기가 쉽지 않습니다. 예를 들면 염불당이 평탄한 붉은 카펫이 행법이 일정한 때에 이르면 물결이 연이어 일어나는 형상으로 보이고, 어느 때는 또 카펫 중간의 볼록한 부분이 매우 크게 일어나서 높이가 1m 5 이상인 것도 보입니다. 벽이 보이지 않을 수도 있고, 공원이나 해변 등등 기타 현상으로 바뀌기도 합니다.

분별심에 기대면 경계의 관문을 통과할 수 없습니다. 일체경계는 진상과 가상의 구분이 없고, 단지 마음이 지은 것이 저절로 그림자로 나타나는 것에 지나지 않으며, 생생멸멸할 뿐입니다. 내가 닦은 것은 일체경계상에 여여부동함에 지나지 않습니다. 가경假境도 이와 같고, 진경真境또한 이와 같습니다. 대상(境)에 물들지 않고, 계界에 집착하지 않으며, 경계에 관계없이 바로 닦아서 무위無爲·무주無住·무집無執·무분별無分別을 지녀야 합니다.

소리의 감각도 달라집니다. 부처님 명호의 음성과 절주(節奏 : 음의 흐름)는 시간의 추이와 통솔하는 대중의 변화에 따라 모두 변화가 있습니다. 행법이 이틀에 이른 후 언제나 의문이 생기기 마련입니다. "이제 마음속에 무엇을 둘까? 여전히 부처님 명호인가? 부처님을 이렇게 염해도 좋은가?"

여러 행법은 모두 이 관문을 통과해야 합니다. 염불의 음성에 매우 강렬한 분별상이 생깁니다. 특히 혼침 때나 매우 피곤할 때 이러한 분별상이 극도로 분명히 드러납니다. 심지어 자꾸 번뇌가 생기고 자꾸 의심 불안이 늘어나는 지경에 이릅니다. 염불로 염하는 것이 넉자 명호도 아니고, 어떤 곡조도 아니며, 이런 절주節奏에 지나지 않을 뿐입니다. 진정으로 이 점을 체득하여야 비로소 진정으로 법계가 함께 진동하는 염불의 법열을 직접 음미할 수 있습니다.

경계상 그 자체는 행법자에게 이미 매우 많은 곤란을 조성하고, 상마想魔는 틈을 타고 들어옵니다. 이들 진상과 가상, 환각을 한 곳에 합쳐 이야기를 꾸며보면 이런 이야기는 논리가 엄밀합니다. 행법자 또한 비교적 집착하는 상태에 처해서 일반적으로 다른 사람의 권유를 듣기가 쉽지 않습니다. 비록 방관자의 눈에 더 바르게 보이지만, 왕왕 자신을 더 믿게 됩니다. 이 때 행법자의 스승에 대한 신심이 매우 중요합니다. 스승님의 지적을 들을 수 있어야 비로소 상마想魔가 염을 빼앗는 상황으로부터 벗어날 수 있고, 각종 경계에 좌지우지 되지 않으며, 마구니에게 지배되지 않습니다.

그러나 전체적으로 대치 원칙은 여전히 일치합니다. 즉 "**큰 소리로 염불하고 힘차게 발을 내딛으십시오!**" 염불이 근본입니다. 염불은 일체 험난하고 어려운 상황을 극복할 수 있습니다. 그리고 힘차게 발을 내딛으면 전체 몸을 같이 사용하여 염불하면 역량이 더 강해집니다. 가장 두려운 것은 행법자가 그 일을 자기식대로 행하는 것으로 즉 스승의 지도도 듣지 않고 동수들의 권고도 아랑곳하지 않는 것입니다. 이러면 꾸며진 이야기 줄거리 속에서 스스로 벗어날 수 없고, 경계상에 빠져서 스스로 떨치지 못합니다.

염불하는 사람들은 모두 극락세계에 왕생하고 싶어 합니다. 과거 이병남 노거사께서는 일만 명의 염불인 중에서 진정으로 왕생하는 사람은 단지 두 세 사람에 불과하다고 늘 말씀하셨습니다. 왜 이렇게 적습니까? 반주삼매를 행하면 알게 됩니다. 염불을 매우 많이 아주 잘 하는 사람도 고통이 오면 부처님 명호를 내버립니다. 혼침이 오면 부처님 명호를 잊어버립니다. 경계가 오면 부처님 명호가 달아나버립니다. ……

어떤 사람은 반주삼매를 행하기가 너무 어렵다고 말합니다. 임종시에 살아있는 소의 껍질을 벗기는 것과 같은 고통이 일어나는 것에 비하면 그것은 아무것도 아닙니다. 임종 전에 반드시 더 큰 고통·혼침·경계를 만나게 됩니다. 그때 이르러 부처님 명호를 꺼내지 못한다면 어떻게 왕생할 수 있겠습니까? 만약 왕생하지 못하고 삼악도에 가는 것을 긍정한다면 그것은 참으로 끔찍합니다!

그래서 반주삼매를 행하는 것은 임종을 예행 연습하는 것입니다. 평상시 먼저 잘 연습해두면 임종시 어떻게 응대할지 압니다. 우리들 한 사람 한 사람에게 단 한번의 기회가 있을 뿐입니다. 그러나 이번 기회도 여전히 체력이 가장 나쁘고, 심력이 가장 쇠약한 시간으로 진행되는데도 구체적인 정황에 대해 이해하지 못한다면 왕생할 성공률이 만분의 몇에 불과한 것은 합리적입니다. 만약 이미 "그것에 상관하지 말고 단지 염불만 하겠다(不管它 只管念)"를 실천하였다면 왕생할 성공율은 매우 높습니다.

318

도서출판 비움과소통의 정토서적들

어리석은 축생조차 왕생극락 하는데, 하물며 사람이랴!

저들이 비록 축생이지만 불성은 나와 평등하고,
무량한 윤회 가운데 혹 나의 부모였을 수도 있고
염불법을 만난다면 역시 성불할 수 있다는 것을
진실로 믿는다면 어찌 감히 살생할 수 있겠는가!

극락에 간 반려동물 이야기
《동물왕생불국기》

정종법사 지음 · 정전스님 옮김

122 * 182 | 부분 컬러 | 192쪽 | 8,000원

정토종과 선종, 화엄과 밀교의 정수를 담은
최후의 불경 '무량수경' 회집본 최초 강설

앞으로 올 세상에는 경전과 불법이 모두 사라질 것이니라.
나(석가모니불)는 대자비심으로 중생들을 불쌍히 여겨
특별히 이 경전을 남기어 백 년 동안 머물게 할 것이다.

무량수경 심요心要

불설대승무량수장엄청정평등각경 강해
佛說大乘無量壽莊嚴淸淨平等覺經 講解

정공법사 강해 · 허만항 편역 / 비움과소통
신국판 | 부분 컬러 | 740쪽 | 33,000원

320

도서출판 비움과소통의 정토서적들

시방세계의 건립은
모두 중생의 공업(共業)으로 이루어진 것이요,
유식(唯識)으로 나타난 것이어서
인연에 의하여 의탁하지 않은 것이 없다.
그러므로 비록 바깥 경계인 것 같으나
바로 일심으로 돌아가고 마는 것이다.
극락국토는 아미타불이
청정한 팔식(八識)으로 이룩한 정토로서,
만약 중생이 일심으로 염불하면
정념(正念)이 부처님의
정식(淨識) 중에 투입되는 것이다.

연관스님/보정거사 번역
46배판 | 250쪽 | 10,000원

《아미타불 48대원》
- 무량수경 · 아미타경과 정법개술(淨法槪述)

아미타불!
이 부처님 명호는
만덕萬德을 갖추고 있습니다.
내가 아미타불을 염하면,
나의 마음은 바로 이 한마디 아미타불입니다.
이 한마디에는 아미타부처님의 만덕이 들어있어
나의 마음을 성취합니다. 그래서
나의 마음은 아미타여래의 만덕을 불러와서
불가사의를 직접 깨칠 수 있습니다.
-정토삼부경과 염불감응록-

(아미타경 · 무량수경 · 관무량수경 · 정종심요 · 아미타불 염불감응록)

"염불할 때가 곧 견불見佛할 때이다"
생사 해탈 성불의 길 · 안락 평화 행복의 길

"염불 수행자의 목적은 정토에 태어나 성불하는 것입니다.
정토종의 깨달음(解門)은 정토삼부경에 의지하고
정토종의 실천(行門)은 곧 한마디 '나무아미타불'입니다"

무량수여래회 편역 | 국판 148*210 | 366쪽 | 13,000원

도서출판 비움과소통의 정토서적들

'나무아미타불' 6자 염불은
생사 해탈의 지름길

만약 발심하여 염불 한다면,
일념의 염불[一念念佛]이
일념의 깨달음[一念覺悟]이고,
염념의 염불[念念念佛]은
염념의 깨달음[念念覺悟]이다.

범부가 윤회를 벗어나는 지름길
《불력수행》

– 정토도언 · 불법도론 · 염불론 · 신사들의 염불법문

정전스님 편역 | 신국판 | 무선 | 흑백 | 308쪽 | 12,000원

南無護法韋陀尊天菩薩

畫家陳士侯提供

반주삼매경 심요

1판 1쇄 펴낸 날 2017년 7월 21일
강설 혜침법사 **편역** 허만항
발행인 김재경 **편집·디자인** 김성우 **교정·교열** 이유경 **제작** 재능인쇄
펴낸곳 도서출판 비움과소통
경기도 파주시 하우고개길 151-17 예일아트빌 103동 102호(야당동 191-10)
전화 031-945-8739 팩스 0505-115-2068
홈페이지 blog.daum.net/kudoyukjung **이메일** buddhapia5@daum.net
출판등록 2010년 6월 18일 제318-2010-000092호

© 혜침법사, 2017
ISBN 979-11-6016-023-9 03220